Im
Gegenwind
gewachsen

Biografischer Roman

für Moni

Ostar

Any Ostaal

Im Gegenwind gewachsen

Biografischer Roman

Impressum

Das Werk, einschließlich aller seiner Teile, ist urheberrechtlich geschützt. Jede Verwertung ist ohne Zustimmung der Verfasserin unzulässig.

©Anke Osterloh, Köln

Erscheinungsjahr: 2023

Veröffentlicht und gedruckt über Bookmundo

ISBN: 9 789464 853032

Dieses Buch widme ich meinem Vater.

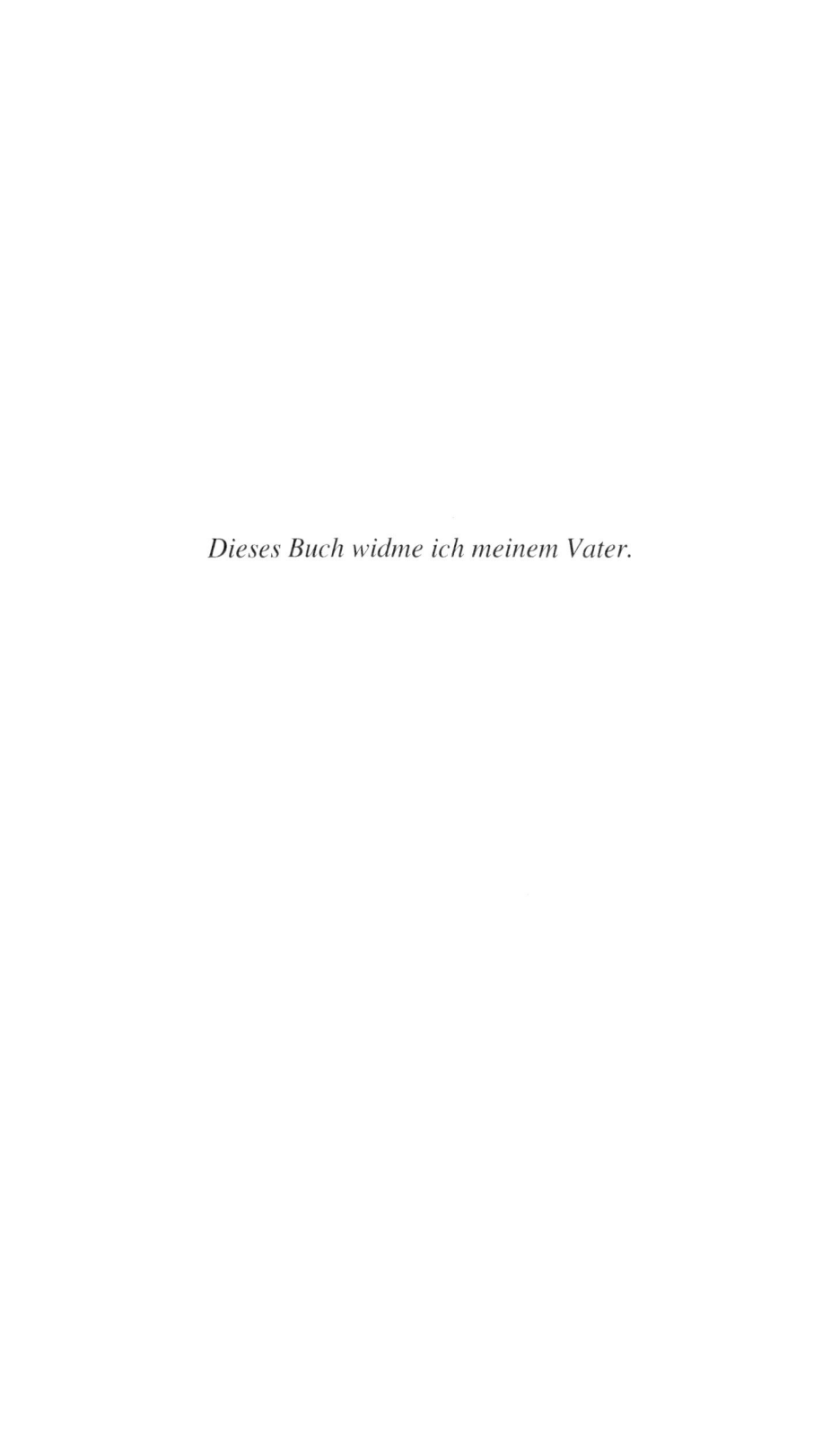

Gib niemals den Versuch auf, das zu tun, was du wirklich willst.

Leidenschaft und Mut ebnen den Weg.

Aber rechne auch mit Grenzen.

Inhalt

Einstieg 13 Kein Leben im Schongang · Rampenlicht?

Kindheit 21 Anfänge · Nestbau · Glutnest · Narben · Abenteuerland · Flamenco · Leben! · Nie wieder

Jugend 57 Das schwarze M · Alternativer Lehrplan · Chlorgas stinkt · ... in Zeiten der Telefonzelle · Kellerloch mit Lichtblick · Frau Iffland · Abschluss · Rausch

Firma 107 Neue Ufer · Erfolgreich aus dem Nichts · Wir machen alles! · ...oder warum der Lachs rosa ist · Schein und Sein · Der Packen · Programmänderung · ... deshalb lassen wir Sie fahren · Fels in der Brandung · Bis zur Knarre im Kühlschrank

Neue Zukunft 159 Neu-Anfang · Einstieg · Gut, dass Sie das sagen · Eigene Meinung · Schere im Kopf · Warum ich? – Warum nicht?! · Unsanfte Landung · Aufgeben oder Klassenbeste

Feuerwehr *207* Funkdienst · Wenn möglich, bitte wenden · Nacht der Nächte · Unter Männern · Domäne · Lageführung Großbrand · Zuversicht · A…uf Grundeis · Einsatz für die Einsatzkräfte

Ausgeschlossen *261* Fremdenpass · Schattenseiten · Stellensuche · Wen es betrifft · Reale Romantik im Tal · Generationenerfahrungen · Für manche fehlte nur der Besen · Zwischenstopp · Odyssee

Rettung *309* · „Schwitzialisten" · Schicht beim Bergbahn-Unglück · Bodenlos · Spooky · Krisenintervention · Hilfe für die Einsatzkräfte

Aufbruch *345* · Schlechter Umgang · Gerüchteküche · Giftpfeile · Die letzte Schneeflocke · Sackgasse · Angekommen

Epilog *370*
Über die Entstehung dieses Buches *373*
Dank *374*
Über die Autorin *377*

Wirklich - oder nicht?

Vieles habe ich genau so erlebt, einiges fantasievoll ergänzt und manches aus meinem Kopf in die Welt gesetzt.

Die Freiheit, Personen und Orte zu erfinden sowie Gegebenheiten nicht ungeschminkt zu unterbreiten, habe ich gründlich ausgenutzt. Dennoch ist es möglich, dass sich gerade das Unglaublichste genau so zugetragen hat.

Im Buch beschriebene Eigenschaften, Charakterzüge und Äußerungen passen zu vielen Menschen. Manchmal leider, manchmal glücklicherweise. Keine noch lebende Person ist real abgebildet.

Sollte sich dennoch im Buch jemand beschrieben sehen, ist das rein zufälliger Natur, gerne aber als Anregung aufzufassen, über das eigene Tun und Lassen nachzudenken.

Orte, Namen und Bezüge wurden geändert.

Einstieg

Kein Leben im Schongang

Es ist nicht immer ganz leicht, ein langweiliges Leben zu führen. Nicht öde langweilig, nein. Im Sinne von geregelt, kleinere und größere Ziele stellen sich in einer passenden Reihenfolge ein, mit überschaubarem Aufwand. Ein Werdegang, angefüllt mit kleinen und größeren Freuden und netten Höhepunkten, ohne großes Risiko. Kurz, ein angenehm langweiliges Leben.

Zumindest kenne ich viele, für die das die favorisierte Option ist. Und ich gehöre durchaus auch zu dieser Spezies.

Was aber ist, wenn sich dem immer wieder außergewöhnliche, völlig unvorhersehbare Dinge entgegenstellen?

Wie spannend und riskant sich vieles in meinem Leben entwickelte – einen roten Faden gab es immer: „Lass' dich nie unterkriegen!" Und erst recht nicht, wenn du klein, blond und Frau bist.

Ob einem das Zeug dafür in die Wiege gelegt wird? Ich weiß es nicht und glaube es auch nicht unbedingt. Es kommt so vieles einfach auf einen zu. Eigentlich immer. Bis zu dem Punkt, an dem du selbst entscheidest - entscheiden musst. Nicht wartest, dass es passiert oder andere es an deiner Stelle erledigen.

Für ein Mädchen meines Jahrgangs und meiner Herkunft wäre ein ganz normales Leben mit Schulabschluss, Lehre, Heirat, trautem Heim und Kinderkriegen der Regelfall gewesen. Ausbildung, Berufstätigkeit, okay - der Zeitgeist hätte das zugelassen und unter „emanzipierter Frau" verbucht.

So sollte es erstmal nicht kommen, nicht langweilig – und nicht immer nur angenehm. Für ein geradliniges, einfaches Leben war ich nicht bestimmt. Dass es Selbstständigkeit statt Notargehilfin und ein Sprung in die Welt des schnellen Geldes werden sollte, Brandherd statt Herd, Alpenland statt Großstadtrand war in den Anfängen alles andere als abzusehen.

Bis ich schließlich bei der Feuerwehr eingestiegen bin, war schon viel Wasser die Berge und den Rhein hinuntergeflossen. Mal in ruhigem Tempo, öfter in reißendem Strom, mal in geordneten Bahnen, mal Erde, Schlamm und schwere Baumstämme mit sich ziehend – sinnbildlich für das, was kommen sollte.

Was eintraf, kam mir so vor, als hätte das alles seine, besser *meine* Ordnung, nur manchmal eben unerwartet.

Wenn ich darüber sprach: „Mir passieren immer ganz lustige Sachen", waren die Reaktionen darauf bemerkenswert und endeten nicht selten mit: „Schreib' ein Buch!"

Also gut.

Kein Lebensentwurf für trübe Tassen.

Rampenlicht?

Das Drehbuch für das eigene Leben schreibt kein Mensch für sich allein.
Mein Weg fing zunächst mit einem ganz normalen Familienleben an. Völlig geplant, wenn auch nicht von mir, stand meine Wiege im Kohlenpott, am nördlichen Rand des Ruhrgebietes.
‚Pass' bloß auf, watte sachs, sons fängse dir gleich eine', rau aber herzlich versuchte meine Oma aus Duisburg mich mit ihrer direkten, zupackenden Art „auf das Leben" vorzubereiten.
Meine Eltern konnten, wenn sie wollten, auch lupenreines Hochdeutsch sprechen. Aber ein kleines bisschen von dem charakteristischen Ruhrpottslang, der eher zu Tante-Emma-Laden und Zechensiedlung als zwischen Aktendeckel und Edelstahlfassaden passte, blieb bei mir haften. Und damit wird diese Herkunft, zu der ich gerne stehe, nie ganz zu verleugnen sein.
Großgeworden bin ich später im Rheinland, also eine Art regionale Mutprobe in früher Kindheit. Auch wer nicht in Mitte der Republik beheimatet ist, könnte in diesem Ortswechsel ein gewisses Spannungspotential entdecken. Ein Indiz für einen besonderen Lebensverlauf?

Die Frage stellte sich für mich zunächst nicht und so begann der Start ins Leben aus meiner Sicht unspektakulär. Der Geburtsort, zwischen rauchenden Schornsteinen, Fördertürmen und ländlicher Idylle, ließ jedenfalls nicht auf Ereignisse von historischer Dimension schließen.

Ein unscheinbarer Geburtsort muss kein Hindernis sein, eine in der Öffentlichkeit allseits bekannte Person zu werden – so hat es zum Beispiel ja auch Würselen in der Eifel zu einem Kanzlerkandidaten gebracht. Aber darum geht es hier nicht, weder um historische Reichweite noch um ein Leben im Rampenlicht.

Es handelt davon, wie sich ein Leben anfühlt, wenn Selbstbestimmung und Entscheidungen gefordert sind. Wenn du mit deinem eigenen Kopf denkst, aufrichtig bist und bei dir bleibst, nicht nachahmen willst. Original statt Kopie eben.

Aber trägt nicht jedes Leben eine zeitgeschichtliche Dimension in sich, wenn man sie denn sehen will? Gibt es nicht doch die berüchtigten fünfzehn Minuten, in denen jeder einmal berühmt wird? Als erste Frau bei der Feuerwehr in Vorarlberg in den aktiven Dienst einzutreten, war schon so etwas wie ein universeller Paukenschlag, wenn auch eher mikrokosmisch gesehen.

Bis heute gern überhört, oder soll man besser sagen: UNerhört?

Ja, da gab es mal eine Hauptfeuerwehrfrau. Noch Jahre, ja fast Jahrzehnte später in der öffentlichen Chronik ausgeblendet. Einer Chronik, die liebevoll ausführlich über jedes einzelne Waldfest berichtet und nicht an detaillierter Beschreibung spart, wieviel Festmeter Schnittholz für den Bau der Waldfesthalle verarbeitet wurden.

So wie für die einen, jeweils zu ihrer Zeit, die Entdeckung Amerikas oder schwarzer Löcher im Weltall jenseits aller Fantasien war, überstieg die Vorstellung von einer Frau bei der Feuerwehr – die nicht die Putzfrau war – die Horizonte ganzer Generationen im Alpenland.

Erschütternd und bedrohlich für all diejenigen, die den Frieden der Aufgabenverteilung zwischen den Geschlechtern in den vorangegangenen Jahrhunderten, aus welcher Erwägung auch immer, auf ewig konserviert wissen wollten. Als könnte der Nachhall dieses Paukenschlages noch heute in den Ohren schmerzen. Als müsste man diesen Geist fest in der Flasche verschlossen halten, damit er nicht noch einmal hervorkommt und allen den Hals bricht.

Und bis heute hat dieser Paukenschlag nicht das Zeitalter eingeleitet, in dem die Feuerwehrfrau zum alltäglichen Erscheinungsbild gehört.

Der Weg bis dahin war von Gegensätzen geprägt. Aber sind es nicht gerade diese, die ein Leben aufregend machen, die sprudelnde, mitreißende Energie, Spannung und Tatkraft hervorbringen, ja geradezu herausfordern? Sei es bei mir als Flamencotänzerin, die sich – deutsch und dazu mit blonden Haaren – bis zu Bühnenauftritten durchtanzt? Sei es als Kind aus einer Arbeiterfamilie, das sich mit Erfolg als Unternehmerin betätigt? Begleitet von Zweifel, Neid und Missgunst. „Kann die das überhaupt?" „Kriegt die das hin?" „Wieso macht die alles anders als wir?" und „Wieso schafft die das auch noch?"

Aussteigen: Wie geht das, wenn man nicht weiß, was dann kommt? Partei ergreifen, ungeachtet der Folgen? Den eigenen Weg gehen, begleitet von Risiko, Spannung, Erfolg, aber auch von Unsicherheit und Wut.

Jede ist verletzbar, ganz egal wie sie rüberkommt!

Geholfen hat mir das Vertrauen darauf, dass es immer eine gute Lösung gibt. Und an sein Glück zu glauben, wenn man's findet.

Wenn aber das, was kommt, dich einzuengen droht, wenn die Umstände dir Lebensenergie und Luft zum Atmen nehmen, dann gehört gnadenlos dazu, zum richtigen Zeitpunkt abzuspringen und alles hinter sich zu lassen. Wenn man spürt, so geht's nicht weiter.

Deswegen handelt meine Geschichte auch von den Schwierigkeiten, den eigenen Weg selbstbestimmt zwischen Glück, Zufall, Zupacken und Abgrund aufzuspüren und zu verfolgen.

…. Kindheit

Anfänge

Meine Kindheit verlief easy, behütet könnte man sagen - was man in den Anfängen der 1970er Jahre so darunter verstand. Mein Vater war Elektriker und hatte sich bei der EC-Chemie, einem damals international renommierten Unternehmen, gelegen auf der Stadtgrenze zwischen Köln und Dormagen, als Schichtleiter beworben.

Alle Eigenschaften für eine Führungskraft brachte er mit, war souverän, behielt den Überblick, war entscheidungsstark und konnte seinen Platz behaupten. Er ließ sich die Butter nicht vom Brot nehmen und bekam den Posten. Für uns bedeutete das den Umzug mit der ganzen Familie, zunächst in eine große Wohnung im Umfeld des Werks.

Zons – die Idylle am Rhein - war der ideale Ort, seine Kindheit zu verbringen. Ein beschauliches, mittelalterliches Städtchen, umgeben von Grün und Natur mit eigener Fähre über den Rhein. Wir wohnten außerhalb der alten Stadtmauern, in einer kleinen, nach dem Zweiten Weltkrieg gebauten Arbeitersiedlung, mit Wiesen zum Spielen und vielen Kindern vor dem Haus – wenn nicht gerade die Wäsche aufgehängt worden war. Und uns ging es hier besser als im Kohlenpott. Wir Kinder waren eine Generation „weiter".

Meine Eltern hatten auf ihre Art den Krieg zu verarbeiten – gerade mal fünfundzwanzig Jahre her. Es waren nicht nur die Kriegszeiten selbst, die unsägliches Leid und Zerstörung gebracht hatten. Mein Vater wurde als Zehnjähriger zum Halbweisen und ungefragt zum Ernährer von Mutter und Bruder. Lange nach 1945 ging es darum, Brot zusammen zu klauben, ein Dach über dem Kopf zu organisieren. Es ging schlicht ums Überleben.

Mein Vater und meine Mutter waren im Ruhrgebiet geboren und aufgewachsen, dem dichtbesiedelten Industriegebiet, geprägt von Kohle, Stahl und Bergbau, mit Ruß überall und grauem Himmel. Später dann von Zechensterben und Strukturwandel gezeichnet, der nichts anderes als ein Ausdruck wachsender wirtschaftlicher Schwierigkeiten und liebloser Innenstädte war. Hier lebten nicht die „feinen Leute", insbesondere nicht nördlich des Sozialäquators, der Bundesautobahn A40, wo meine Eltern groß geworden waren.

„Malochen" hatten sie gelernt, und sie wussten, wohin sie wollten.

„Omma Hiller" wohnte auf der Bahnhofstraße in Duisburg. Eine Straße, wie ein grauer breiter Fluss. Nur an bestimmten Stellen zu überqueren, da in der Mitte die Straßenbahnen ratterten. Wir sahen „Omma Hiller" schon am Fenster winken, wenn wir auf der gegenüberliegenden Fahrbahn von Zons aus zu Besuch kamen, mussten aber ewig lange weiterfahren, um wenden zu können. Dann verschluckte uns die Wohnung im vierten Stock. Man konnte nicht mal eben raus zum Spielen.

Später, als wir schon eine Zeitlang in Zons wohnten, kam die „Omma" eher zu uns, und wir wuchsen ausschließlich zwischen Wiesen, Heide und Feldern auf. Spaziergänge zum Rhein bedeuteten für mich grenzenlose Freiheit. Wir besuchten Stina, das dicke Pferd, vor der ich im Gegensatz zu meinem Schaukelpferd keine Angst hatte. Wir holten Milch beim Bauern und veranstalteten Grasschlachten vor dem Haus. Freunde fürs Leben fand man vor der Haustür.

So verblassten unsere Erinnerungen an das „komische Deprigrau" vom Ruhrgebiet, „datt" und „watt" wurde uns von unserer Mutter konsequent ausgetrieben. „Wuaast" mussten wir solange korrigieren, bis es richtig hochdeutsch klang. „Pottplatt" übte ich trotzdem weiter mit meinen Cousinen und Cousins, freue mich heute noch, wenn ich es höre und fühle mich den Menschen aus dieser Sprachregion sehr verbunden.

Meinen Wurzeln verdanke ich auf jeden Fall eine „große Klappe", ohne den Spruch meiner Oma dabei zu vergessen. Ein Erbe, das mir immer wieder geholfen hat, prompt und unverblümt die Dinge beim Namen zu nennen, ungeachtet dessen, wer da vor mir stehen könnte. Die „Diplomatie" des Ruhrgebiets mit ihrem ganz eigenen Charme hatte ich ins Rheinland hinübergerettet.

Als ich ungefähr zwei Jahre alt war – ich konnte noch gar nicht so gut sprechen – lieferte ich der Familienchronik schon ein Beispiel dafür, dass ich gern zu dem kam, was ich wollte.

Meine Mutter und ich waren im Haus. Draußen auf der Straße klingelte es. Damals kamen noch alle an die Tür, der Kartoffelmann, der Gemüsebauer, der Milchwagen - und natürlich der Eismann. Die Sachlage war für mich eindeutig, ich rannte zu meiner Mutter.

„Eis, Eis!" piepste ich unmittelbar los. Meine Mutter hatte allerdings nicht die geringste Lust, mir zu diesem Zeitpunkt ein Eis zu kaufen, weil das Mittagessen fast fertig war.

„Ach, sagte sie, das ist doch nicht der Eismann, das ist der Kartoffelmann!"

Ich wusste allerdings schon ganz genau, wer welche Klingel läutete – eine einfache frühkindliche Konditionierung. Ich hatte das kleine „Dingding" vom Eisverkäufer gehört und nicht die dicke monströse Schelle vom Kartoffelwagen.

Von der Aussage meiner Mutter ließ ich mich nicht irritieren, ich war mir ja sicher, wer da draußen war. Deshalb blieb ich freudestrahlend beharrlich, um ihr so - ihre unangefochtene Autorität einbeziehend - mit einem schmetternden „Toffeleis, Toffeleis!" eine durchaus verbindliche Lösung für das Problem zu liefern.

Für sogenannte Dreiwortsätze oder erläuternde Erklärungen war ich noch zu klein. Aber auch heute denke ich oft,

Probleme konstruktiv zu lösen, kurz entschieden, knapp, reicht auch. Ich wollte mich jedenfalls nicht abbringen lassen von dem, was in meinem Kopf richtig war. Ein praktischer kindlicher Versuch, mich zu behaupten.

Ob ich das Eis bekam?

Ich weiß es nicht mehr, aber das war ja nicht der Kern der Geschichte, so wie sie mir später erzählt wurde.

Nestbau

Wenn auch der Nachkriegsboom seine letzten Ausläufer hatte, verkörperte mein Vater als Facharbeiter in leitender Position selbstbewusst den Anteil seiner Klasse am Wirtschaftswunder. Mit seinen knapp vierzig Jahren verdiente er gutes Geld und betrieb den Aufbau einer gesicherten bürgerlichen Existenz für sich und seine große Familie. Dazu gehörte, dass meine Eltern eigenhändig mit dem Bau eines Hauses am Rand des Kölner Stadtgebiets begannen.
Auch dort war seinerzeit eine noch ländliche Umgebung, in der das Leben nicht durch die Umbrüche und politischen Veränderungen der 1970er Jahre beherrscht war. Buchstäblich alle Hände wurden für Aufbau und Sicherung eines besseren Lebensstandards gebraucht.
Darauf konzentrierte sich das ganze Familienleben.
Aufbruchstimmung und politische Veränderungen gingen an uns vorbei. Alle mussten mit anpacken.
Es ging für uns nicht um Sympathie oder Antipathie mit Studentenbewegung und streikenden Arbeitern. Wir hatten schlicht andere Prioritäten. Die Ölkrise zu Beginn der 1970er Jahre, als die Ölzufuhr als politisches Druckmittel gegenüber Deutschland durch die Förderländer gedrosselt wurde, bedeutete bei uns nur, dass der Diesel für den Generator auf

dem Bau unverschämt teuer geworden war. Autofreier Sonntag war kein Thema. Es wurde eh auf der Baustelle gearbeitet.

Den Hausbau haben wir als Familie gestemmt. Als ich fünf war, konnten wir einziehen.

Um mich herum entwickelte sich eine Welt voll mit Accessoires, die ein modernes Leben in Wohlstand ausmachten. Die Einrichtung war äußerst geschmackvoll – das war das Terrain meiner Mutter, die alles stilsicher gestaltete.

Wir waren wie selbstverständlich umgeben von vielen Produkten, für die sich andere noch lange nach der Decke strecken mussten: Kaffeemaschine, Toaster, elektrischer Eierkocher in Orange. Gekauft wurden nur Markenprodukte.

Wir hatten vergleichsweise ein luxuriöses Leben: Regelmäßig Urlaub, Coca-Cola beim Ausgehen, „gute Butter", Wurst und Käse kamen auf den Tisch, die Wohlstandsmarker jener Zeit. Alle vier Kinder, besonders die drei Mädchen, wurden bestens ausstaffiert.

Später kamen das Motorboot und die große Orgel für meine Schwester dazu, ungeachtet der Frage, ob sie jemals sinnvoll bespielt werden würde. Wir lebten auf großem Fuß.

Dabei fielen die Dinge nicht einfach vom Himmel. Mein Vater musste dafür richtig schuften. Hatte er eine Freiwoche auf der Arbeit, ging er irgendwo eine Heizung einbauen, verputzte eine Wand oder zog eine Mauer hoch, schaffte Geld ran, damit er uns etwas bieten konnte. Daraus und aus den zusätzlichen Schichten zog mein Vater das nötige Geld. Aus dem Besitz resultierte sein wachsendes Selbstbewusstsein. Aber das war nur die materielle Seite.

Etwas anderes war viel wichtiger für mich: Mit dem neuen Haus kam neues Leben zu uns.

Mein Vater hatte die Annonce für einen Kater in der Zeitung gelesen und fuhr zu meiner großen Freude mit mir los – gegen den entschiedenen Protest meiner Mutter, den er einfach ignorierte, wie vieles andere von ihr auch. So zog Simba bei uns ein, meine erste Katze, ein aktiver, anhänglicher kräftiger Kater. Damit war ich nicht mehr allein, denn meine Geschwister tangierte das häusliche Geschehen nur noch am Rande.

Dieses Glück währte jedoch nicht lange.

Ich war krank, lag im Bett, konnte nicht reden, schlucken oder gar essen. In meinem verdunkelten Zimmer musste ich, wie das damals so üblich war, mit meinem Elend allein klarkommen.

Eines Nachmittags kam mein Vater zu mir, sah mich kurz prüfend an, befand mich anscheinend gesund genug für die Frage:

„Fällt dir denn gar nichts auf?"

In diesem Moment war mir nur mein elender Gesundheitszustand präsent, ahnte nicht die drohenden Wolken der noch kommenden Hiobsbotschaft.

„Der Simba ist weg. Hat sich ja sowieso keiner drum gekümmert!" versuchte sich mein Vater mit einer zahnlosen und - was mich anging - sogar unzutreffenden Erklärung.

Mit der Anschaffung der Ledergarnitur im Wohnzimmer hatte meine Mutter den Strich gezogen, während ich außer Sichtweite und durch meine Grippe außer Gefecht gesetzt war.

Meine Energien gingen von Null auf Hundert. Ich rastete aus, tobte, weinte, das Fieber stieg noch höher als zuvor, meine Hals- und Kopfschmerzen zogen sich weitere Wochen hin. Aber ich konnte es nicht rückgängig machen. Der schmerzvolle Verlust war die eine Seite, dieses Ohnmachtsgefühl die andere. Wie ich es hasste. Ich gab mir die Schuld, hielt mich selbst für verantwortlich, weil ich überhaupt krank geworden war, schwor mir, es anders zu machen, wenn ich mal groß sein würde.

Glutnest

Als viertes Kind war ich das Nesthäkchen. Meine Geschwister waren acht bis zehn Jahre älter. Für mich hatte das Vorteile: Ich war zu klein, um in den Produktionsprozess beim Hausbau eingespannt zu werden.
Für meine Geschwister brachte ich die Wahl zwischen Pest und Cholera mit: Auf mich aufpassen oder beim Bau helfen. Manchmal haben sie sich für mich entschieden, manchmal doch lieber für den Bau. So oder so, die Institution Helikoptereltern war noch nicht erfunden.
Sollten meine Schwestern doch mal auf mich aufpassen müssen, hatte ich es nicht so leicht. Heute noch lässt die Musik von David Cassidy, dem Siebziger-Jahre-Mädchen-Schwarm, Bilder in mir wach werden.
Waren meine Eltern nicht da, hatte meine Schwester ein Ritual: Sie tanzte bei lauter Musik ausgelassen vor dem großen Spiegel im Flur. Ich störte.
Also packte sie mich kurzerhand in die Badewanne, ins Dunkle, wohlwissend, dass ich mich nicht heraus traute. Im Badezimmer der alten Siedlungswohnung gab es Silberfischchen. In meiner Vorstellung wuchsen sie zu Monstern heran, überall huschten sie herum, widerlich, wie in einem Albtraum.

Zur Unterstützung ihrer - eher nicht wohlwollenden - pädagogischen Maßnahme machte sie die Tür zum Badezimmer zu und alles Licht aus. Ich kauerte mich in der Mitte der Wanne, machte mich so klein wie möglich, damit diese in meiner Vorstellung walross-großen Tiere mich nicht fressen konnten.

Dadurch habe ich zur späteren Verwendung früh gelernt, mich zu konzentrieren. In der Badewanne dachte ich einfach intensiv an meinen „Schatz", mein Taschengeld. Unter der letzten Nadelfilz-Fliese im Flur hatte ich ihn versteckt und hoffte inbrünstig, dass er nicht meinen Schwestern zum Opfer fiele.

Auch für andere Horrorszenarien taugte ich als Opfer. Meine Schwestern stritten sich lautstark, was mir ohnehin schon Angst machte. Die eine griff in die Küchenschublade und zog ein langes Messer heraus, schwenkte es bedrohlich – und stach zu! Kein Laut kam aus meiner verschnürten Kehle. Die andere schrie und zog den Pullover hoch: Blut!

Ich rotierte innerlich, wollte durchdrehen. Wie sollte ich, klein wie ich war, erkennen, dass es Filzstift-Rot war?

Ich hatte keine Chance. Um nicht im Rotationschwindel unterzugehen, entschied ich zu erdulden, dass von langer Hand geplant auf meine Kosten mit Entsetzen Scherz getrieben würde. Weichei konnte ich mir nicht erlauben.

Mich zu wehren sollte ich erst viel später lernen.

Erfahrungen mit erzieherischer Gewalt durch meine Eltern blieben mir als Kind bis auf einen kleinen Zwischenfall glücklicherweise erspart. Anders noch war es meinen Schwestern ergangen, die schon öfter mal richtig „einen abgekriegt" hatten. Auch hier war es gut, dass sich die Zeiten änderten, zu meinen Gunsten.

Bei der einzigen Backpfeife von meinem Vater nahm mich meine Mutter sogar in Schutz. Es ging um ein normales Streitgespräch am Mittagstisch, und mein Vater konterte eine Bemerkung von mir: „Du bist um zwölf genauso blöd wie mittags!" Auf meine Antwort: „Und du bist montags genauso doof wie dienstags!" war ich dran.

In dieser Zeit kam das noch überall vor. Als Offenbarung der Hilflosigkeit von Vätern gegenüber den Kindern, als Beschränktheit infolge der eigenen, ihnen selbst vorgelebten und erlernten Rolle, bezogen auf ein Ego, das keinesfalls von Kindern angekratzt werden durfte.

Narben

Für meine Mutter stellte sich in dieser Zeit so manches aus ganz anderer Perspektive als für meinen Vater dar. Ihr Leben bestand aus Arbeit von morgens bis abends, volle Stelle im Supermarkt an der Kasse, feste Rolle im Haushalt, kochen, vier Kinder versorgen, wirtschaften für die ganze Familie. Anfangs haben wir die ganze Woche – gefühlt - von zehn Mark gelebt. Das Sparen behielt sie chronisch bei, auch wenn später genug Geld für einen besseren Lebensstandard vorhanden war.

Sie war eine starke Frau, aber nicht auf dem Terrain der damaligen, entstehenden Frauenbewegung. Emanzipation sollte für sie erst später ein ganz praktisches Problem werden. Sie führte sozusagen das Familienunternehmen, ohne an den gesellschaftlichen Schaltknöpfen zu drehen.

 Uns grauste überwiegend vor dieser Form von Stärke. Wir verdrehten die Augen, wenn sie mal wieder ausflippte, machten uns lustig über ihre Zwänge: „Sollen wir ihr nicht auch noch einen Putzlappen für den Garten schenken?"

So wie sie wollten wir Kinder nicht sein!

War es die Überforderung bis zum Anschlag? Sicher auch. Und sie war in ihrer Rolle gefangen.

Es sollte alles immer perfekt sein. Das führte zu permanenter Hektik. Sie hatte viel zu wenig Zeit für sich. Das führte wieder und wieder zu unkontrollierten Ausbrüchen. Mit Folgen, die sie konsequent bestritt.

Die Anlässe waren nichtig. Eines Mittags – wir saßen, unter ihrer strengen Aufsicht immer sehr gesittet, alle zusammen am Tisch – sollte vom Hauptgang alles abgeräumt sein, um den Nachtisch servieren zu können. Alles gut – bis sie die Maggi-Flasche auf dem Tisch entdeckte. Allein und unschuldig stand sie noch da.

Eine Explosion aus Gas oder Dynamit hätten nicht schlimmer wirken können.

Dem Sachverhalt völlig unangemessen wütete sie aufbrausend und lautstark, griff nach der Flasche und pfefferte sie in Richtung Spülbecken – das sie nicht traf.

Ich saß – fast unsichtbar, aber nicht unverfehlbar - darunter, in der kleinen Hocke, die fünfjährige Kinder noch problemlos als bequeme Haltung praktizieren. Am Rande des Geschehens, hatte ich das Drama nicht näher verfolgt. Es wäre sicher als eine von vielen ihrer Ausbrüche in Vergessenheit geraten, wäre da nicht diese Scherbe gewesen, die mein Knie traf. Nur eine kleine Narbe, heute noch sichtbar.

Tiefer traf mich etwas anderes. Zum einen, meine Mutter so zu erleben und zum anderen vor allem, damit umgehen zu müssen, dass sie den Vorfall lebenslang vehement abstritt.

Er hat mich bis heute geprägt und erinnert mich daran, immer bei der Wahrheit zu bleiben.

Es war nicht die einzige Situation, in der meine Mutter ausrastete. Bei den kleinsten Anlässen polterte sie los. Wut und Aggression brachen sich übermächtig Bahn. Wir Kinder wussten oft nicht genau, was wir uns hatten zu Schulden kommen lassen.

Meine Mutter war durchaus lebensklug, aber dauerunzufrieden. Sie hatte viele Fähigkeiten. Doch solange ich denken kann, war das Glas für sie immer halb leer. Nie konnte sie wertschätzen, nie war etwas gut oder genug oder gar beides. Die Töpfe klapperten mehr als nötig. Alle sollten hören, dass sie nicht ihr eigenes Leben hatte.

Wie oft habe ich versucht, ihr Verhalten auszublenden, gehofft, dass „alles wieder gut werden würde". Ich wollte es meinen Eltern recht machen, wünschte innig, dass es ihnen gut ging und sie zufrieden wären mit dem schönen Leben, das wir führten.

Aber der Schaltknopf dafür war bei meiner Mutter schon lange verloren gegangen.

Meine Eltern waren geprägt vom Machen, vom Klappe-halten- -und-durch. Emotional eingefroren. Wie viele Frauen in dieser Zeit: hoffnungslos getrieben und überfordert. Weder offen für die große weite Welt noch für ihre eigenen Gefühle.

Die alten Rollenbilder für Männer und Frauen taten ihre Wirkung. Rebellion dagegen fing erst langsam an, erreichte meine Eltern nie.

Im Leben hätte mein Vater nicht daran gedacht, einen Kinderwagen auch nur in die Hand zu nehmen. Heute ist das glücklicherweise anders. Da setzt sich ein Papa auch mal hin und hilft bei den Hausaufgaben. Das hat mein Vater nur ein einziges Mal geschafft. Mit dem Ergebnis Nummer eins, dass er mich nach zwei Minuten angepfiffen hat:

„Maannn, warum kapierst du das denn nicht?"

Vollpädagogisch! Ich saß nur da und machte mich klein. Mit dem Ergebnis Nummer zwei: Ich habe ihn nie wieder gefragt. Und Nummer drei: Ich gehe bis heute an die Decke, wenn mich jemand für dumm verkaufen will.

Es gibt sie also, die gute Seite solcher Erfahrungen.

Abenteuerland

„Da kannst du hinfahren. Da ist Frau Ruter, die wartet auf dich, die weiß Bescheid!" hatte meine Mutter mir gesagt.
Es war das Ergebnis eines gefühlt ewigen Tauziehens um das Reiten. Wo und wann immer ich konnte, trieb ich mich auf den umliegenden Höfen herum, schaute zu, half mit im Stall, ab und zu fiel eine Reiteinheit für mich ab.
Richtige Reitstunden hatten meine Eltern jedoch aus finanziellen Gründen kategorisch ausgeschlossen. Einmal im Jahr durfte ich meine Leidenschaft zu den Pferden auf einem Ponyhof ausleben. Aber drei Wochen waren nicht genug, befand ich entschieden. Also „ritt" ich auf dem Thema so lange herum, bis meine Mutter mit ihrer Ader fürs Praktische im Supermarkt an der Kasse eine Kundin ansprach, die beim Melken auf einem großen Hof in der Nähe aushalf. Denn dort gab es auch Pferde.
Ich schnappte mir das kleine blaue Rädchen und fuhr mit meinen sieben Jahren die endlose Straße entlang. Nah war es nicht gerade, verglichen mit der Länge meiner Beine und dem Radius der Pedale. Egal, ich hatte ein Ziel, war Feuer und Flamme, neugierig und aufgeregt. Der Lenker meines kleinen Fahrrads führte bei Schlaglöchern und größeren Steinen ein gewisses Eigenleben. Für mich gab es nur:

Geradeausschauen und durchtreten. Aber wo ging es lang? Ich musste mich höllisch konzentrieren.

Zwei Dörfer sollte ich passieren und danach von der Hauptstraße irgendwo abbiegen. „Kannst du gar nicht verfehlen, wenn der Kölner Randkanal auftaucht, rechts", hatte meine Mutter gesagt, „dann siehst du auch gleich die Pferde und die Kühe". Jemanden nach dem Weg zu fragen schied aus, denn es gab keine Menschenseele weit und breit.

Eine solche Aktion liegt heute, gerade mal gut eine Generation später, jenseits der Vorstellungskraft der meisten Eltern, die oft schon ein mulmiges Gefühl beschleicht, wenn der Nachwuchs allein vor die Tür tritt. Da werden Kinder bis ins Klassenzimmer zur Schule begleitet, im SUV zum Spielplatz gefahren. Die großen Abenteuer finden eher zwischen Buchdeckeln oder vor Bildschirm und Leinwand statt. Vorgelesen wird von Räuber Hotzenplotz bis Ronja Räubertochter, gelebt wird zu Hause in der Zauberwelt von Harry Potter. Ich hatte mein eigenes Abenteuer.

Als ich auf dem Hof ankam, war die Fahrt zwar unfallfrei vonstattengegangen, aber ich verging fast vor Angst. Der Stall war dunkel, die Türen groß wie Fabriktore, reichten bis an die Decke. Und da war niemand. Anfänglicher Mut und meine ganze Energie, geboren aus der Perspektive, zu Pferden zu kommen, begannen zu zerbröseln, wollten sich mit mir zusammen auflösen. Am liebsten wäre ich im Erdboden versunken.

Wo war denn bloß Frau Ruter?

Wie vom Himmel geschickt erschienen in diesem Moment zwei Menschen auf der Bildfläche. Wie sich im Laufe der Zeit herausstellte war Helmut, der eine der beiden, das Faktotum, das Mädchen für alles, auf dem Hof. Klein und knorrig wirkte er. *Sicher ist er schon mindestens hundert Jahre alt*, dachte ich. Er kannte sich mit allem bestens aus, zeigte mir jeden Winkel und insbesondere jedes Pferd.

Damit war unsere Freundschaft besiegelt. Wir wurden ein Herz und eine Seele und nur das zählte. Die andere war Kerstin, eine blonde junge Frau, die derzeit eine Ausbildung zur Pferdewirtin auf dem Hof machte. Sie wuchs zum größten aller meiner Vorbilder heran. So wollte ich werden. Meine Zukunft war ausgemacht.

Todesmutig machte ich mich auf den Weg dahin: Ich half, die Pferde von der Wiese in den Stall zu bringen, auch wenn ich zwischen den vielen Pferdebeinen gut aufpassen musste. Hier war wiederum Größe relativ. Nachdem ich zunächst von sicherer Warte aus zugeschaut hatte, alles in meinem Kopf abgefilmt war, gelang es mir nach einiger Zeit, verirrte Herdenmitglieder allein in große Ställe zu manövrieren, nicht ohne mir dabei vor lauter Schiss manchmal fast in die Hose zu machen.

Aber Pferde sind höchst feinfühlige Geschöpfe, umsichtig und aufmerksam. Nur damals wusste ich das noch nicht so genau. In der Obhut von Helmut und Kerstin aber fühlte ich mich sicher. Mein Vertrauen wuchs von Mal zu Mal. Eine gute Grundlage für alles im Leben.

Unbefangen und frei konnte ich auf dem Hof zusammen mit den anderen Kindern herumtollen, auf dem Heuboden Buden bauen, mit den Babykätzchen spielen. Es war eine unendlich schöne Zeit, frei und prägend.

Auch beim Hereinholen der Kühe von der Weide machte ich mich nützlich. Frau Ruter führte mich in die hohe Kunst des Melkens ein. Ich durfte die Melkmaschine anschließen und eigenhändig vormelken. Im Ergebnis war zu sehen, was kleine Kinderhände in die Wege leiten können, wenn man sie denn lässt.

So kam ich zufrieden und ausgetobt, staubig und dreckig nach Hause. Stolz präsentierte ich den mitgebrachten Schatz, meinen „Arbeitslohn": einen Liter Milch in einer Colaflasche. Ganz gegen alle Gewohnheiten wurde ich mit großem Hallo von allen Seiten empfangen. Aus dem Rahm machte meine Mutter Sahne, wir Kinder tranken die Milch.

Ich fühlte mich groß.

Flamenco

Mit elf Jahren hatte ich die Hoffnung auf ein eigenes Pferd und eine Karriere im Reiten aus pragmatischen Überlegungen zu den Akten gelegt. Ok, dachte ich, Reitstunden kriege ich nicht, ein eigenes Pferd wohl auch nicht. So hielt ich Ausschau, was um mich herum passierte.

Erst später erfuhr ich, dass mein Vater sich bereits viele Gedanken zur Lösung meiner Probleme gemacht hatte. Erstmal hatte er sich erkundigt, was es kosten würde, ein Pferd unterzustellen - damals über dreihundert Mark, ein unvorstellbarer Betrag, dazu noch für eine Familie in unserer Situation. Aus seiner Sicht war deshalb die Lösung, ein Pferd einfach im Garten zu halten, mit Unterstand in der Garage. Ein bisschen Grün gab es ja schließlich durch den Rasen in der Mitte. Als er mir später davon erzählte, war ich heilfroh, dass ich angefangen hatte, Flamenco zu tanzen. Für mich war es eine unmögliche Vorstellung, ein Pferd allein in einen Garten zu stellen.

Was sollte kommen?

Es begann mit dem Segen und den Schwierigkeiten, erwachsen zu werden. Entscheidungen für mich treffen zu lernen. Durch meine beiden Schwestern, die eine war bereits mit einem Spanier verheiratet, die andere hatte einen spanischen

Freund, eröffneten sich neue Perspektiven. In diesem Umfeld gab es Kinder, und vor allem den Flamenco, in Traditionen verwurzelt und professionell betrieben. Im zarten Alter von vier Jahren hatte ich schon einmal einige Jahre lang in einer Ballettgruppe Zeit verbracht, aber das hier war etwas ganz anderes.

Flamenco! Mit offenem Mund schaute ich zu, sog die Bilder auf.

Kaum ein anderer Tanz kann Gefühle und ihre Widersprüchlichkeit so leidenschaftlich auf die Bühne bringen wie der Flamenco. Rhythmus, Dramatik und Eleganz sind in Gesang und Tanz vereint. Die vorherrschenden Farben, rot und schwarz, und die prachtvollen, charmant geschwungenen Kostüme untermalen das Feuerwerk auf der Bühne, ein Ausdruck spontaner Lebensfreude und Leidenschaft.

Improvisation macht jede Aufführung einzigartig. Die Tänzerin im Mittelpunkt übersetzt Anmut und Stolz in Bewegung, der Augenblick ist alles. Sie ist sich jeder ihrer Bewegungen bewusst, sie zelebriert sie. Den Rhythmus aufnehmend mit den Kastagnetten, klackernd, mit den typischen, nagelbeschlagenen Schuhen bringt sie ihre Gefühle nach außen, tiefsinnig, unschuldig, in Bann ziehend. Aufrecht, mit erhobenem Kinn, eine emotionale Offenbarung. Carmen wird zum Leben erweckt, die Gaunerin, die Liebhaberin, die Herzensbrecherin, die unabhängige, willensstarke, sinnliche Frau.

Ein anspruchsvoller Tanz, ein nationales Heiligtum, inzwischen Weltkulturerbe.

Ich war fasziniert, wollte unbedingt mitmachen. Anfangs hieß das für mich, am Rand zu stehen und zu klatschen, für Stimmung zu sorgen und anzufeuern. Mein Outfit war an die Gruppe angepasst: Rotes Kleid mit weißen Punkten, weiße Schuhe mit roten Punkten, Concha und Seidenblume im Haar.

„Ole, ole! Venga, venga!" „Arriba, arriba", rief ich und hüpfte voller Energie dabei auf und ab. Es machte mir einen Heidenspaß. Kostüm und kindlicher Charme zogen die Blicke des Publikums an, was mich noch mehr befeuerte. Der Funke sprang über. Die Leute kannten mich schon bald als die kleine Blonde mit der großen Klappe. Und mich beflügelten das Lachen und die Freude in ihren Gesichtern.

In Schloss Burg Wermelskirchen holte mich der Moderator während eines Auftritts ins Rampenlicht.

„Ja, wer bist du denn? Du bist doch 'ne Deutsche!" wurde ich vor tausend Augen interviewt.

Mehr als ein zartes „Ja". Mehr als diesen Piepser brachte ich nicht hervor. Im Zuschauerraum, ganz wichtige Personen des öffentlichen Lebens darunter, war es ganz still geworden.

„Du hast ja ganz schön Temperament! Das machst du ja prima!" versuchte sich der große Mann vor mir mit ein bisschen Smalltalk fürs Publikum. Und dann kam das, was mir bis heute als väterlich charmante Prophezeiung in Erinnerung geblieben ist:

„Du tanzt doch bestimmt auch mal, das liegt dir doch im Blut!"

Da war es, das Glück. Das hat mich auf den Weg gebracht. Meine Eltern waren leider nicht dabei.

Leben!

Es ging mit kleinen Schritten los, den Sevillanas. Die Haupttänzerin der Gruppe war meine erste Lehrerin. Dazu gehörte noch ein weiteres Tanzpaar. Wenn ich sie beobachtete, speicherte ich jede Bewegung in meinem Kopf. Die beiden waren etwas älter als ich, 12 und 14, sie verband neben dem Tanzen eine erste Teeny-Liebe.

Und dann kam es: Die beiden bekamen Krach und sie verließ die Gruppe.

Der Weg für mich war frei.

Innerhalb kürzester Zeit lernte ich das ganze Programm der Aufführungen. Ich schaute auf die Füße der anderen, dann hatte ich den Rhythmus. Das Klackern der Absätze war der Rhythmus des Tanzes, der mir half, alles in meinem Kopf zu speichern.

Kein Training war mir zu viel, keine Umstände zu groß. Derer es durchaus viele gab. Es begann mit dem Weg zum Training und zurück, fünfmal die Woche, zu Fuß. Die große Sporttasche mit den ganzen Klamotten drin – und ich hing dran – schlug mir bei jedem Schritt um die Beine. Es ging entlang an Wiesen, durch ein Stück Wald und die ganze Dorfstraße weiter, über eine halbe Stunde musste ich schleppen und stramm gehen. Es gehörte für mich einfach dazu, und deshalb fiel es mir nicht schwer.

Meine Eltern ließen mich gehen, zum Glück. Auch von anderer Seite wurde das als selbstverständlich betrachtet. Anerkennung, Hilfe oder ein aufmunterndes Wort von den Mitgliedern der Tanzgruppe oder ihrem Umfeld gab es nicht.

„Die ist doch jung, die kann laufen", hörte ich zum Beispiel die Mutter der Haupttänzerin sagen. Klang da Härte oder gar Häme durch?

Der Vater in dieser Familie wollte mich abholen, aber er durfte nicht. So waren sie nun mal, die Hierarchien in dieser spanischen Familie. Es blieb nicht bei einzelnen Sticheleien seitens der anderen Frauen, manchmal wechselten sie dafür bewusst ins Spanische. Sie zeigten mir, womit ich mich einzuordnen und mich zufrieden zu geben hatte.

Obwohl ich das meiste verstand, denn der Unterricht lief schon die ganze Zeit auf Spanisch, ließ ich mir nichts anmerken. Auch in Sachen Teeny-Liebe hatte ich längst den frei gewordenen Platz eingenommen.

Aus uns wurde eine richtige Profi-Gruppe: drei Gitarristen, zwei Sänger, ein Tänzer und zwei Tänzerinnen.

Als einzige in der Gruppe hatte ich keine spanischen Wurzeln und keine schwarze Lockenpracht, die jeder mit Flamenco verbindet. Dennoch oder gerade deshalb: Ich spürte, wie ich das Publikum in Bann ziehen konnte, sah die Blicke auf mich gerichtet. Unerschrocken wirbelte ich herum, warf den Kopf in den Nacken, als wäre mir der Tanz auf den Leib geschrieben.

Das blieb der Haupttänzerin natürlich nicht verborgen. Sie zickte mich an, wo sie nur konnte. Unterstützung oder eine passende Ausstattung konnte ich von ihr nicht erwarten. Ich hatte nur das, was meine Mutter für mich eigenhändig nähte. Allerdings lebt der Flamenco wesentlich von den ganz besonderen Kleidern, den Fächern, dem Schmuck, den Tüchern und ihren Farben. Manchmal bekam ich die hässlichen, abgetragenen Kleider und Accessoires aus dem Bestand ausgeliehen. Das ging so weit, dass selbst die spanischen Mütter zu meinen Gunsten intervenierten:

„Jetzt gib ihr doch das grüne Kleid!"

Aber sie blieb bei ihrer Linie. „Nein, vielleicht zieh' ich das ja selber noch an!" bestimmte die jugendliche erste Tänzerin, und sie tat das dann tatsächlich. Nicht etwa aus ästhetischen Gesichtspunkten, denn es stand ihr ganz und gar nicht, sondern aus reinem Vergnügen an meiner Ohnmacht.

So war es eben.

Bis meine Eltern intervenierten und Nägel mit Köpfen machten. Sie waren nie dabei gewesen, weder beim Training noch bei den Auftritten. Sie fühlten sich nicht wohl, ausgegrenzt unter den vielen Spaniern. Ihre vorgeschobenen Argumente waren andere: Spätschicht und Arbeit bei meinem Vater, müde und kein Auto bei meiner Mutter. Heute würde ich das nicht mehr zulassen, würde es anders machen. Ich würde darauf bestehen, dass sie mitkommen.

Fotos waren die Auslöser. Meine Eltern waren entsetzt. Diese Kleider! Ausgefranst, hier zu lang, da zu kurz. Ihre Entscheidung, maßgeblich die meines Vaters, stand unmittelbar fest: „Das können wir uns nicht mit ansehen! Dieses Jahr im Sommer fahren wir nach Sevilla und kleiden dich ein!"

Als wir von dort zurückkamen, war ich komplett ausgestattet. Alles passend zum Flamenco, und ich stand natürlich viel selbstbewusster auf der Bühne.

Der Schritt war zum richtigen Zeitpunkt gekommen. Die Haupttänzerin ging mit ihren Eltern zurück nach Spanien. Einer der Gitarristen sah endlich die Chance, „seine" Maria in die Gruppe einzuschleusen.

Auftritt im spanischen Zentrum in Bonn. Wir waren inzwischen eine professionell agierende Gruppe. In den Blicken der traditionsverliebten Spanier erkannte ich ihre Gedanken: „Was, ne Deutsche, was will die denn hier? Die will *unseren* Tanz können, unseren Nationaltanz?" Die Skepsis stand in ihren Gesichtern geschrieben. Gehörte ich in ihren Augen nicht dazu?

Maria, keiner kannte sie bisher, hatte ihren ersten Auftritt. Aber was passierte? Es wurde unruhig. Die Menschen am Rand wandten sich ab, fingen an zu reden, keiner schaute mehr auf die Bühne. Erst leise und vereinzelt, dann im Chor, skandierten sie meinen Namen.

Warum nicht? Ich fing an zu tanzen und die Stimmung im Saal änderte sich sofort. Keiner hielt mit seiner Meinung über das, was er sah, hinter dem Berg. Sie standen auf, klatschten, das kleine Publikum von Fachleuten ließ sich mitreißen.

An diesem Abend erhielt ich einen eigenen Namen. „La Rubia", die Blonde, die die Seele des Tanzes rüberbringen konnte. Maria musste gehen, ich blieb. Von da an bestimmten wir als Paar das Tanzgeschehen auf der Bühne allein.

Es kamen große Auftritte in Köln, in der Severinstorburg. Wir wurden für das Forum Leverkusen engagiert und traten vor zweitausend Leuten auf. Unsere Vorstellungen wurden inzwischen gut bezahlt. Carlos Vater war unser Manager. Für mich fielen auch schon einmal ein paar Mark ab. Die Hand voll Kleingeld war mir egal.

Aber ich hatte meine Chance wahrgenommen. Sich durchzusetzen war keine Frage der Berechnung oder eines Geldbetrages. Ich war begeistert und berauscht, nicht zu bremsen. Auch nicht vom relativen Desinteresse meiner Eltern, was allerdings ein schmerzhaftes Gefühl der Leere hinterließ.

Beim Tanzen habe ich nicht gedacht, nur gefühlt, konnte den Rhythmus halten ohne zu zählen. Ich hatte erst auf die Füße der anderen geschaut und spürte jetzt, wie ich auf meinen eigenen Füßen stand, wie ich meine ganze Energie in der

Bewegung freilassen, und dabei Lust, aber auch inneren Schmerz und Wut loswerden konnte.

Tanzen war mein Leben!

Das war es, was mir Spaß machte und mich lebendig fühlen ließ. Mit der Bewegung war ich *ich selbst,* war ganz bei mir. In der Rückschau würde ich sagen: es war Leidenschaft, daher kamen Kraft und Ausstrahlung, das Charisma beim Tanzen – ohne die der Flamenco nicht leben kann.

Nie wieder

Die Erfolge haben mir Selbstbewusstsein fürs Leben gegeben. Sich ganz einzulassen, auf das, was man gerade tut, die Welt um sich herum auszublenden, war auch später noch eine gute Vorlage für mich. Die Zeit mit dem Flamenco war für mich die allerschönste.
Leider nicht für die Ewigkeit gestrickt.
Noch war ich auf Wolke sieben. Wieder ein mitreißender Auftritt im Bergischen Land. Sogar meine Eltern waren mit dabei! Inzwischen machte mein Vater manchmal Aufnahmen, ausgestattet mit allen technischen Geräten seiner Zeit, Fotoapparat, Sofortbildkamera, teure Video-Kamera.
Die Filme dieses Auftritts schaute ich mir immer wieder an. So konnte ich an mir arbeiten und mich verbessern. Bis – aus heiterem Himmel kam das für mich! - mein Vater alles unwiederbringlich gelöscht hatte! Ich konnte es nicht fassen! Nicht nur, dass die Aufnahmen weg waren, sondern es stand für die gesamte Situation: Mein Vater hatte mein Tanzen einfach mit einer x-beliebigen Fernsehsendung überspielt! Für mich fühlte es sich so an, als hätte er *mich* gelöscht!
„Das kannst du doch nicht machen! Dieser Auftritt kommt nie wieder!" brüllte ich meinen Vater an. Die Tränen stürzten

nur so aus mir heraus. Er hatte nichts verstanden, nichts vom Flamenco und nichts von mir.

Wohin mit meiner Trauer? Wohin mit dieser gefräßigen Energie im Inneren, die alles lähmt? Ich ging nicht zu den anderen Kindern auf die Straße. Ich verschwand in mein kleines Reich auf den Dachboden, neben dem nicht ausgebauten Speicher. Dort konnte ich mich – allein mit mir - darauf konzentrieren, was gut für mich sein würde. In diesem Fall musste ich steppen, tanzen, mich bewegen. Lange baute ich in meinem Kämmerchen an meiner Barbie-Puppen-Welt, spielte die Geschichte so lange nach, bis ich für mich ein gutes Ende gefunden hatte. In diesem Moment ahnte ich nicht, was kommen würde.

Wir standen vor einem Auftritt in Sevilla, in Spanien. Unvorstellbar für mich, in der Wiege des Flamencos! Zehn Tage gebucht, tausend Mark Gage pro Abend.

Mein Tanzpartner war mit seinen Eltern bereits in Cadiz, bei seiner Familie in den Ferien. Dann kam die Nachricht, die alles verändern sollte: Er tanzt nie wieder!

Sein Vater und er hatten sich gestritten, sich eine grobe Schlägerei geliefert, waren unversöhnlich auseinander gegangen. Der Vater war der Trainer, er der Haupttänzer – die Gruppe war zerschlagen.

Ein Abgrund tat sich für mich auf. Das konnte doch nicht sein! Mein Leben konnte doch nicht hier schon zu Ende sein! Ich konnte nichts mehr essen, zog mich total zurück.

Alles weitere Hin und Her zwischen ihm, den Sängern und den Gitarristen verschärfte die Situation nur weiter, bis mein Vater sich einschaltete und dieses Kapitel ein für alle Mal beendete. Hatte er vorher schon kaum ertragen können, dass ich in der Gruppe nichts zu sagen hatte, nichts zur Musik, geschweige zur Auswahl der Tänze, konnte er jetzt nicht mit ansehen, wie ich an jedes Telefonat, an jede Nachricht Hoffnungen knüpfte, die sich am nächsten Tag umso brutaler wieder zerschlugen.

Die Bühne blieb verwaist, das Theater war geschlossen. Training fünfmal die Woche beendet, die Wochenenden leer.

Jugend

Das schwarze M

Es war ruhig im Haus. Sonntag.
Ich lag im Bett, Aufstehen fühlte sich noch nicht als gute Alternative an. Wozu auch, keine Schule, kein besonderes Programm, allenfalls lief man Gefahr, zum Putzen abkommandiert zu werden. Ich musterte die Zimmerdecke aus Fichtenbrettern, damals das absolute Spitzenprodukt der Innenarchitektur – alles wurde „verkleidet". Das Holz war billig, isolierte, man hatte Ruhe vor dem Anstreichen, der Inbegriff von praktisch, aber schwer und drückend.
Die Astlöcher formten interessante Linien. Wenn ich die Augen halb zukniff, konnte ich sie verfolgen, eine schöne Beschäftigung. Ganz klar, da war ein „M". Dunkle, ovale Flecken aneinandergereiht, ein schwarzes M - wie Miguel, fuhr es mir durch den Kopf.
Alle mochten den sanften, bildhübschen Jungen, offen, freundlich, und Schwarm aller meiner Teeny-Freundinnen. Ich hing auch sehr an ihm, dem Mann meiner Schwester.
In diesem Moment stürmte meine Mutter die Treppe hoch zu meinem Zimmer und schrie entsetzlich, völlig außer sich, atemlos.
Sie rastet halt mal wieder aus, dachte ich, das macht sie doch immer. Also, was sollte es? Pubertätsgeschwängert, betont

gelassen, ging ich die Möglichkeiten durch: Irgendwas falsch gemacht? Nicht richtig geputzt? Hätte ich ihr schon in der Küche zu Hand gehen müssen, anstatt noch im Bett rumzubummeln? Meine Fassade bröckelte schnell, mir wurde mulmig zumute, ich sprang in meine Kleider.

Ihre schrillen Worte durchschnitten mein cooles Äußeres und drangen zu mir durch:

„Der Miguel, der Miguel, … da stimmt was nicht mit dem, der hat sich im Klo eingeschlossen und reagiert auf gar nichts… Klaus, steh auf! Ich fahr sofort dahin! Die anderen kommen auch alle!"

Unten hörte ich die Tür knallen. Sie war weg. Ein unheilvolles Gefühl durchzog mich. Getroffen und befremdet dachte ich an das schwarze „M" an der Decke. Unruhig lief ich durchs Haus. Mein Vater lag noch im Bett, ein Arm unter dem Kopf verschränkt, mit dem anderen machte er diese typische Handbewegung, die ihn bis in den Tod begleitete. Er fuhr sich mit dem Handrücken über die Stirn, völlig entspannt, wirkte wie immer. Ihn schien gar nichts von der ganzen Aufregung zu erreichen. Eindringlich redete ich auf ihn ein.

„Papa, steh' auf, da stimmt was nicht! Du MUSST dahinfahren!"

Ich sprach sehr deutlich, meine tiefe Verunsicherung war einer Energie gewichen, die auch er nicht ignorieren konnte. In der von ihm gewohnten Ruhe zog sich mein Vater an, putzte ohne Anzeichen von Hast die Zähne, nahm das Mofa und fuhr ohne Worte meiner Mutter hinterher.

Ich war allein im Haus. Niemand war mehr da. Meine Geschwister, alle mit achtzehn von zu Hause rausgeflogen, wohnten längst woanders, wenn auch in einem Umkreis von wenigen Kilometern. Meine Angst wollte wachsen, nahm bereits meinen unteren Rücken in Beschlag. Sollte ich ihr dabei tatenlos zusehen?

Es gab keine Alternative, ich musste etwas tun. Und was war besser geeignet als… putzen! *Komm*, sagte ich mir, *mach der Mama mal 'ne Freude, wenn sie sich schon aufregen muss…* Es war auch das Mittel der Wahl, mir das „M" aus dem Kopf zu schrubben: Ich war beschäftigt. Ohne jedes Zeitgefühl.

Mein Vater war der erste, der wiederkam. Unten aus dem einen der beiden Küchenfenster sah ich, wie er das Mofa – sein Heiligtum! - mit laufendem Motor auf den Boden schmiss, so dass es einige Meter über die Steine in die Blumenrabatte schlitterte.

Da wusste ich es, mit der Gewissheit aus demselben tiefen Innern, in dem die ersten Sätze meiner Mutter gelandet waren:

Es war aus! Miguel…!

Rund hundert Kilo hingen an mir. Ich war mit meinen dreizehn Jahren klein, eine vergleichsweise zarte Figur. „Der Junge ist tot! Der Junge ist tot!", schluchzend brach es aus meinem Vater heraus. Als würde sich ein großer Bär auf mich herablassen, stützte er sich auf mich und war auf dem besten Weg, mich mit dem Gewicht seines ganzen massigen Körpers zu erdrücken. Seine riesigen Pranken baumelten schlaff hinter meinem Rücken herab.

Das größte Problem war nicht das physische Missverhältnis. Es lag auf einer anderen Ebene. Vorher nicht und niemals danach habe ich meinen Vater weinen sehen. Er war bisher immer der Fels in der Brandung gewesen, jetzt war es umgekehrt.

Alle, die nach und nach bei uns im Haus eintrafen, waren handlungsunfähig. Käseweiß, sprachlos, meine Mutter, mit dem neun Monate alten Baby auf dem Arm, meine Schwester völlig apathisch, vom Notarzt unter Drogen gesetzt, weggespritzt.

Es blieb an mir hängen, den Fortgang der Dinge in die Hand zu nehmen: Die Omas und restliche Verwandtschaft anzurufen, ihnen die Todesnachricht zu überbringen.

Heimlich, da er gerade mal wieder die Familie geächtet hatte, informierte ich meinen Bruder, der die kleine Schwester zunächst am Telefon unwirsch bremste:

„Hör' mal, mit sowas macht man keinen Spaß! Bist du total bescheuert? Wer hat dir das denn eingeflüstert? Mit mir kannst du das nicht machen! Dass die Mama dich mit solchen Sachen vorschickt, unmöglich! Die soll gefälligst selbst anrufen!"

„Nein, alle sind hier, alle weinen, du musst kommen!"

Bei mir flossen keine Tränen. Ich hatte zu tun.

Wie auch später oft in meinem Leben fühlte ich mich in der Situation völlig geschützt, wie durch hohe Mauern um mich herum. Sie waren eng, aber sicher. Ich konnte mich dazwischen sortieren, war konzentriert auf den Moment. Eine innere Stimme übernahm: *Nein. Jetzt nicht! Jetzt musst du funktionieren. Alles andere hat Zeit.*

Dieses Muster der Bewältigung von Verletzung und Verlust habe ich aufrechterhalten. Wenn ich traurig war, habe ich das mit mir allein ausgemacht. Ich kann dann nicht reden, ich muss etwas tun. So wie ich als Kind getanzt habe oder in meine Barbiepuppen-Welt eingetaucht bin. Dieses Mal habe ich mich um Telefonate, Getränke und Taschentücher gekümmert, gewischt und gewienert. Irgendwann lösen sich dabei die Mauern auf, ich brauche sie nicht mehr. Genauso erging es mir später beim Rettungsdienst.

Für meine Trauer über den Tod von Miguel suchte ich die Tage und Wochen danach eigene Wege. Mit seiner Sanftmütigkeit, seinem strahlenden Gesicht vor Augen, war er für mich, die Dreizehnjährige, ein Idol. Lange Zeit, jeden Freitag nach der Schule, bin ich auf den Markt gefahren und habe Blumen erstanden. Ich habe so viel geknapst mit dem Taschengeld, dass es meist ein monströser Strauß von orangefarbenen Lilien wurde, den ich ihm aufs Grab stellte, passend, das auszudrücken, was in mir war: Trauer und Bewunderung. Nicht einmal meine Schwester wusste davon.

Was ich erst später in der Ausbildung zur Krisenintervention lernen sollte: Einiges war in diesem ganzen Fall falsch gelaufen.

Erst auf mein unnachgiebiges Drängen hin, viel später, hat man mich über das eine und andere informiert. Ich durfte mich nicht von Miguel verabschieden, durfte den Toten nicht mehr sehen. Noch heute stelle ich mir manchmal vor, dass das Telefon klingelt, Miguel aus Madrid ruft an und ich sage ihm: *Komm vorbei, wir treffen uns!* Für mich lebt er noch immer.

Miguel war an seinem angeborenen Herzfehler gestorben, mit fünfundzwanzig Jahren auf der Toilette zusammengebrochen. Die Tür war blockiert. Alle Wiederbelebungsversuche durch die Rettungssanitäter waren erfolglos geblieben. Aussichtslos, wie der hinzukommende Notarzt bestätigte. Nicht einmal auf dem OP-Tisch hätten sie ihn retten können. Obwohl er schon ab Kindesalter Dauerpatient mit angeborenem Herzfehler war, hatte meine Schwester die Tragweite dessen völlig aus ihrem Leben ausgeblendet, was nun umso härter auf sie zurückfiel. Als sie nach seinem Tod bei uns einzog, fütterte meine Mutter sie regelrecht weiterhin mit einem sehr starken Beruhigungsmittel aus ihren eigenen Beständen. Dauerbedröhnt wurde ihr dadurch jede Chance genommen, zu Kräften und zu Klarheit über ihre Lebensumstände zu kommen.

Auf der Beerdigung machte meine Schwester Scherze und tröstete alle Leute. Ich hatte keine Erfahrungen mit dem Tod, dachte lange Zeit, das wäre ganz normal. *So verhält man sich wohl, wenn einer stirbt*, dachte ich.

Meine Schwester konnte zunächst nicht in ihre eigene Wohnung zurück. Die Spuren der ärztlichen Eingriffe waren grausam, alles blutverschmiert infolge der Versuche, Zugänge zu legen und mit Infusionen zu helfen. Damit sie nicht allein blieb, packte man sie zu mir, in mein Zimmer. Das Streublümchensofa wurde ausgezogen, wir schliefen keine Armlänge voneinander entfernt. Sie weinte jede Nacht und tat mir sehr leid. Alle meine Versuche, sie zu trösten und zu beruhigen, scheiterten.

Die Nächte wurden immer quälender. Ich musste jeden morgen früh zur Schule. Erst als ich nicht mehr konnte und energisch intervenierte, wurde das geändert und ein anderer Schlafplatz für meine Schwester im Haus eingerichtet.

Meine Mutter ging schnell wieder zur Tagesordnung über, ging zur Arbeit, machte den Haushalt in der ihr gewohnten, beinahe übermenschlichen Gründlichkeit. Auch das Baby musste versorgt werden. Machen, Klappe halten und durch. Das hatte sie so gelernt und erwartete es auch von mir. Sie war emotional eingefroren, immer überfordert, nicht offen für ihre eigenen Gefühle und die der anderen.

Es sah aus wie normal, fühlte sich aber nicht so an, und lastete schwerer als die hundert Kilogramm meines Vaters auf mir.

Alternativer Lehrplan

Inzwischen war meine andere Schwester aus Spanien zurückgekehrt. Der Anlass war für sie traurig, aber das Ende gut. Nachdem sie mit ihrem Freund erfolgreich eine Werkstatt aufgebaut hatte, schob sich eine unsichtbare Wand zwischen sie und ihren Lebenspartner. Es gab keine gemeinsame Perspektive, eine Heirat hatte er kategorisch ausgeschlossen. Das Land war ihr fremd geblieben. Also entschied sie sich, wieder nach Deutschland zu gehen.

Er zog später mit seinem besten Freund zusammen, wobei er sich seiner Gefühle zu ihm erst nach der Trennung klar geworden war. Er hatte vorher nur diesen Stopp in sich gefühlt, als es um die Frage der gemeinsamen Zukunft mit meiner Schwester ging, wusste aber selbst nicht warum. Erst Jahre später konnte er sich outen.

Die Phase der Trauer war für meine Schwester kurz. Sie lernte schnell jemanden kennen und so waren wir alle wieder eine große Familie. Wie im Rudel, alle für mich im nahen Umkreis erreichbar. Ich fühlte mich erdmännchen-wohl.

Eine der in der Nähe wohnenden großen Schwestern war auch in anderer Hinsicht eine sichere Bank. Ich hatte Robert kennengelernt, meine erste große Jugendliebe. Er gab mir über lange Jahre Halt und Sicherheit. So durfte ich meine

Schwester „besuchen" und konnte mich auf ihre Verschwiegenheit in Sachen geheimer Treffen mit Robert verlassen. Meine Eltern waren ohnehin sehr kulant und ich hatte dank der Vorreiterrolle meiner älteren Geschwister viel Freiraum. Außerdem kam mir zugute, dass in den Siebzigern des letzten Jahrhunderts schon viel passiert war: Die aus dem Mittelalter stammende Strafgesetzgebung zur Kuppelei war modernisiert worden, auch Vierzehnjährigen wurde gesetzlich das Recht auf sexuelle Selbstbestimmung zugesprochen, Erziehungsgrundsätze wurden liberaler. Aber nicht automatisch kamen diese Neuerungen in der Generation davor auch an. Ich war nun mal das Nesthäkchen. Bei meiner Schwester wussten mich meine Eltern gut aufgehoben, mehr interessierte sie nicht. Damit waren sie keine Exoten in ihrer Generation.

Aber welche Idylle währt schon ewig?

Unser Haus war zu groß geworden. Die Kellerbar, ein ganz wichtiges Thema beim Hausbau, jetzt der einzige Raum, den man einigermaßen separat heizen konnte, wurde zum bevorzugten Aufenthaltsort meiner Eltern nach der Arbeit. Der Rest des Hauses war düster und kalt. Der Schluss lag nahe, es zum Verkauf anzubieten. Was dann auch geschah. Am Ende zogen wir nach Leverkusen-Odenthal in eine Wohnung.

Für mich bedeutete das zweierlei Ungemach: Der Weg zu Robert mit dem Moped war nun eineinhalb Stunden lang. Außerdem musste ich die Schule wechseln.

Schon vor dem nahenden Umzug hatte ich mir die Schule hier und da erspart. Was sollte es ändern, ich kam ja sowieso auf eine neue.

Dort angekommen, war es ganz und gar kein Ponyhof. Das Alter war ideal für Zickenkrieg, angeführt von den dortigen Mädchen: „Was will denn die Teeny-Blondine hier? Die brauchen wir ja gaaaar nicht!" Um von Anfang an ohne Unterlass diese Art des Empfangs lauthals, kaugummikauend, lässig meine Anwesenheit ignorierend, über den ganzen Schulhof zu verbreiten.

Mit den Jungs verstand ich mich gut. Es gab zwar wenig ausgedehnte Kommunikation, aber sie redeten wenigstens mit mir. Am Rande der Technik-Arbeitsgemeinschaft kam es bald zu der harmlosen, aber folgenschweren Frage:

„Na, was machste denn sonst so?"

„Kampfsport!", hörte ich mich antworten. Als es raus war, konnte ich das prompt und überzeugend mit wenigen Gesten etwas ausschmücken. Mein Bruder hatte im Keller unseres Hauses Selbstverteidigung trainiert und ich hatte zugeguckt.

„Ja klar, ich hab' Karate gemacht."

Hätte ich etwa Flamenco sagen sollen? Es blieb nicht beim schwarzen Gürtel, den ich natürlich hatte. Meine Tanzvorführungen wandelten sich zu erfolgreichen Wettkämpfen.

Ich versäumte nicht, die passende Drohung hinterherzuschicken:
"Und wenn mir einer querkam, habe ich den mal ganz locker umgehauen und wenn die Mädels mich weiter so behandeln, dann…"
Zu meiner eigenen großen Überraschung: Das saß!
Sie haben mir das geglaubt!? Ich konnte es nicht fassen: Ja, SIE HABEN MIR GEGLAUBT!!!
Ich muss dazusagen: Mein Outfit in dieser Zeit verlieh meinen Ausführungen, die ich ohne auch nur mit einer Wimper zu zucken zum Besten gegeben hatte, ordentlich Nachdruck: Punklook, schwarze Nietenarmbänder, ich fuhr eine fette Karre, eine Zündapp mit dicken Stoßdämpfern, die man eindrucksvoll auf dem Seitenständer in Szene setzen konnte.
Auf jeden Fall sprach sich das wie ein Lauffeuer herum. Auf einmal war ich auch bei den Mädchen gern gesehen, alle grüßten mich und fanden mich total nett. Ich konnte über den Schulhof laufen, alle ließen mich in Ruhe und ich wurde auf jeden Fall anders behandelt als vorher.
So kann's gehen.
Allerdings bin ich ihnen nicht allzu viel begegnet, zumindest nicht im Unterricht. Denn so oft war ich eigentlich gar nicht in der Schule. Das Komische war, obwohl ich nie richtig an irgendeinem Unterricht teilnahm, fiel das keinem auf. Niemand teilte es meinen Eltern mit.

Es wurde mir nicht langweilig, ich hatte eigene Pläne. Jeden Morgen fuhr ich nach Burscheid, in den Nachbarort der Schule, wälzte meine dicken Mad-Hefte oder hörte einfach den Vögeln zu. Mittags kam ich regulär nach Hause. Meine Mutter fragte nicht groß nach. Somit war der „Schul"-Tag abgehakt.

Chlorgas stinkt

Kleines Ungemach drohte mir allerdings eines Tages an der Schule. Einmal, an einem der seltenen Tage, an denen ich das Gebäude überhaupt betreten hatte, wurde ich, ehe ich mich versah, von der Chemielehrerin regelrecht gepackt. Nicht etwa aus persönlicher Zuwendung oder Fürsorge. Es hieß unheilvoll:

„So,"- *hörte ich da einen triumphierenden Unterton?* – „jetzt schreibst du den Chemietest nach!".

Ach du lieber Gott, fuhr es mir durch den Kopf, *jetzt hast du extra den Chemieunterricht wegen dem Test geschwänzt, und jetzt haben sie dich erwischt… ausgerechnet!*

Ein unwahrscheinlicher, aber vor allem unglücklicher Zufall. Zumal ich völlig ahnungsbefreit war - ich wusste von nichts - und Chemie so gar nicht mein Fall war. Ist es bis heute übrigens nicht. Kurz, es war auch noch eine ganz besondere Prüfung.

Die resolute Frau nahm, oder genauer: umklammerte meinen Arm und schob mich in den Klassenraum nebenan. Sie führte mich regelrecht ab. Das energische Klackern ihrer Absätze erinnerte mich an Flamenco und schon war ich in Gedanken abgedriftet. Ihre ungewöhnlich großen Schritte holten mich in die Realität zurück, unterstrichen ihre Hoheit und die Bedeutung ihres Fangs.

Der war ich, oh je. Mehr oder weniger eingeschüchtert drückte ich mich auf den Drehstuhl hinter dem großen Experimentiertisch. *Bloß kein weiteres Aufsehen*, dachte ich. Aufzuschauen wagte ich nicht. Brauchte ich auch nicht. Was kam, fand ohnehin in meinem kleinen Bildausschnitt statt: Sie knallte mit flacher Hand den Test vor meiner Nase auf den Tisch.

„Da, nachschreiben!" bellte sie mich an und verschwand.
Die dann folgende Stille um mich herum machte die Situation nicht angenehmer. Ich entschied mich, in den Testfragen zu blättern, fühlte den Drang, mich zu bemühen. Wenigstens mal zu lesen, was da in Textform vor mir lag. Mit der zu erwartenden Erkenntnis, dass ich rein gar nichts verstand, nicht einmal die Fragen an sich. Aus der anfänglichen Unsicherheit: *Oh je, was tun?* wurde Gewissheit: *Das kann ich nicht, was soll ich also lange hier rumsitzen?!*
Und so stand ich nach fünf Minuten auf, ging in die Klasse zurück, nahm den Test auf die Handfläche, wie zuvor meine Lehrerin, und pfefferte ihn exakt nachempfunden, in ausladendem Schwung vor ihr auf das Pult. Nicht ohne dabei ihren Ton zu kopieren:
„Da! Kann ich nicht!"

Interessanterweise herrschte Ruhe im Klassenraum. In den treppenförmig angeordneten Reihen regte sich nichts. Kam es mir nur so vor, dass die Chemielehrerin, zumindest scheinbar, das Atmen einstellte? Diese Frage beantwortete sich von selbst, als sie mit ihrem knappen Rest-Atem ein langgezogenes
„Waaas?"
in die Stille hauchte, um danach in eine Art Schnappatmung überzugehen.
Ich hatte mir meine Meinung ja bereits im Nebenraum gebildet und musterte sie zunächst mit einem Gefühl, das Spuren von Mitleid, aber vor allem Unverständnis enthielt. Ich konnte nur wiederholen, was ich schon in Gedanken durchgespielt hatte, und so schilderte ich ihr, ganz nüchtern und detailliert den Sachverhalt. Genau der Reihe nach, angefangen mit meinem guten Willen, mich mit der Materie auseinanderzusetzen, bis hin zur klaren Einsicht, dass ein weiterer Verbleib im Nebenzimmer verlorene Zeit gewesen wäre.
Das *Waas?* wiederholte sich, nur jetzt mit eingezogenem Atem und durchschnitt die Stille im Raum. Sie bot ein Gesamtbild völligen Entsetzens, geprägt vom Anheben mehrerer Körperteile gleichzeitig, Augenbrauen, Schultern, ja sogar Unterarmen. Es folgte eine Bewegung ihres Kopfes nach hinten, als wolle sie vor dem lebendigen Unheil vor ihr zurückweichen. War ich infektiös?

Nein, es ging ihr lediglich um Chlorgas. Über das, ihrem Weltbild nach, eigentlich jeder Mensch ab Grundschulalter hätte etwas sagen können MÜSSEN.

„Dazu wirst du doch wohl was schreiben können!?" presste sie mühsam hervor. Die Sache mit dem Atmen hatte sich noch nicht ganz wieder eingependelt. Diese Anregung ließ mich in meinem Inneren graben:

„Ja, es stinkt!" fiel mir ein und als gesichertes Faktum gab ich das so vor versammelter Klasse, von der man in diesem Moment nur ein sitzendes Standbild wahrnehmen konnte, zum Besten. Bevor die Atmosphäre sich weiter in Richtung Gefrierpunkt entwickeln konnte und eine nicht mehr vermeidbare, veritable Explosion im Chemieunterricht drohte, besann sich die Frau auf ihre zwischenzeitlich abhanden gekommene professionelle Vorbildung und ging einer Vertiefung der Diskussion über Chlorgas mit mir aus dem Weg, um mich oder sich vor einer nicht absehbaren Entwicklung des Falls zu verschonen.

„Setz' dich hin!" Mit dieser kurzen, prägnanten, pädagogisch eingedampften Konversation beendete sie den Fall.

Diese Anweisung bedeutete für mich jedoch nicht nur, mich auf einen freien Platz zu bewegen, sondern klärte direkt mein zukünftiges Verhalten zum Chemieunterricht. Er wurde für mich gänzlich obsolet und ich konnte mich wieder unbelastet meinen erquicklicheren Alternativbeschäftigungen widmen.

...in Zeiten der Telefonzelle

Ich genoss meine Freiheit, war oft mit Robert zusammen. Meine Eltern tauchten in meinem Kosmos höchst selten auf und spielten für mich altersgemäß auch nur am Rande eine Rolle.
Während meine Mutter sich im Haushalt austobte, blühte mein Vater geradezu auf. Er war in den Bayer-Segelverein eingetreten, ging mit seinen „Kumpels" weg. Ganz im Gegensatz zu vorher, wo er mir eher als Einzelgänger erschienen war.
Warum auch nicht.
Jetzt wollte mein Vater leben, teilhaben am Wohlstand der mittlerweile gesetzten Republik, zu deren Wohlergehen er als Malocher ja seinen guten Teil beigetragen hatte.
Er hatte es geschafft, dafür Überstunden und Sonderschichten gekloppt. Die Gesamtbilanz ließ sich sehen: Er hatte die „Hübscheste" seinerzeit gegen jedwede Konkurrenz erobert, hatte eine Familie gegründet, eine gute Position im Betrieb. Die vier Kinder waren in einem großen Haus aufgewachsen. Er hatte seiner Familie alles geboten, so wie man sich den Traum von einem guten Leben in dieser Zeit vorstellen konnte.
Er war jemand, ein Kerl, voller Energie.

Als das Haus verkauft war, dachte er gar nicht daran, die restlichen Kredite vom Erlös zu begleichen. Schulden waren nicht sein Problem. Die neue Wohnung war zwar gemietet, Geld für das modernste Mobiliar und die teuersten Wohlstandsaccessoires war ja genug da. Meine Mutter schuftete weiterhin in Beruf und Haushalt, Außen- und Innendienst ohne Unterlass. So war es vor allem ihre Kraft und Energie, die den großen Ansprüchen genügende Einrichtung zu bewerkstelligen.

Die großen Lebensziele hatte mein Vater erreicht, aber es waren die von gestern.

Jetzt musste eine richtige Maschine her, eine Yamaha. Mit dem Führerschein machte er sich keine großen Umstände, Fahrstunden – wozu? Er hatte ja den alten Lappen, auf dem alle Klassen vermerkt waren, wenn auch - nicht ganz passend zur Yamaha – bis auf die drei durchgestrichen. Ein Problem, das er mit Leselupe und Skalpell im Keller ohne größeren Aufwand löste.

Wichtiger war ihm sein Outfit: Ein dunkelblauer Lederanzug mit knallrotem Schal, farbenfroh wie unsere Haushaltsgeräte - zum Entsetzen meiner Mutter. Aber nicht nur im Farbempfinden sollten sich meine Eltern voneinander entfernt haben. Einmal sah ich seine Maschine zufällig. Ich kam abends von Robert nach Hause – in einer Seitenstraße stand sie, vor einer dieser gelben Telefonzellen, die heute höchstens noch als Stadtteil-Bücherschränke bekannt sind. Ganz sicher, in

Schlappen und mit seinem Motorrad vor der Türe, erkannte ich durch die gläsernen Seitenwände meinen Vater.
War denn unser Telefon kaputt? Ich dachte nicht weiter darüber nach und ging, nachdem ich zu Hause angekommen war, schnurstracks in mein Zimmer. Bock auf große Gespräche hatte ich wie gewöhnlich nicht. Was zur Folge hatte, dass die Geschichte mit der Telefonzelle ungeteilt blieb.
Die Maschine war ein kurzer Traum meines Vaters. Kurz bevor er richtig Schaden damit anrichten konnte, legte er sich in einer Kurve auf die Nase, Maschine Schrott, Lederkombi dahin. Vorsorglich ließ er die Polizei außen vor, die fehlenden Skrupel wegen der Führerscheinproblematik hatten ihn eingeholt. Das Kapitel war beendet.
Aber es gab ja noch den Segelverein. Die Segelausrüstung wurde komplettiert, kniehohe, weiße Segelstiefel gekauft, topmodern und teuer. Jetzt wollte er mit seinen Kumpels auf Segeltour fahren.
Was sollte meine Mutter dazu sagen? Sie machte aus tiefster Seele deutlich, dass sie das alles nicht ansatzweise interessierte.
Und doch beschlich mich manchmal ein Gefühl, als würde hier und da was nicht stimmen. Die Szene mit der Telefonzelle noch in meinem Hinterkopf, registrierte ich durchaus, dass häufig aufgelegt wurde, wenn das Telefon klingelte und meine Mutter den Hörer abnahm.

In der Annahme, das hätte mit meinem Umfeld zu tun, stellte sie mich irgendwann zur Rede. *Warum sollte das für mich sein?* Als wären die Rollen vertauscht, erklärte ich ihr, dass ich mit Robert fest befreundet wäre, wir kein Telefon bräuchten, und schon gar nicht solche Mätzchen machen würden.

„War das vielleicht von der neuen Schule jemand?", hakte sie nach. „Nee", war ich mir sicher, „kann nicht sein". *Da gehe ich doch gar nicht hin!* verkniff ich mir geistesgegenwärtig zu sagen.

Sie zog sich mehr und mehr in ihre Haushaltstätigkeiten zurück. Es war wie ein Bann. In meinen Augen wirkte das total unselbständig. Hatte sie zum Beispiel Autofahren gelernt, war sie nie mehr „auf Getriebe", das heißt mit Gangschaltung, gefahren, bis sie es ganz verlernt hatte. Mein Vater gefiel sich allerdings absolut darin, seiner Frau einen „Automatik" vor die Tür zu stellen. „Wegen dir habe ich umgestellt!" Großzügig. Gönnerhaft. Auch abfällig.

Hatte er sie damit nicht kurzgehalten, ihr nie etwas erklärt oder ihr gezeigt? IHRE Entwicklung war ihm egal, ihre Intelligenz stellte er ohnehin unverblümt infrage. Offen vor uns Kindern, besonders wenn es um technische oder weltliche Dinge ging. Was sollte ich dem entgegenhalten? Sie konnte ja nicht einmal tanken, wusste nicht wie der Tankdeckel aufging und der Rüssel in die Öffnung kam.

Als mein Vater von seinem ersten Segeltörn wiederkam, druckste er merkwürdig herum. Was war passiert? Auf die Frage meiner Mutter hin kam er ohne große Umstände zur Sache:

„Ja, ganz doof: Wir haben das Boot kaputtgefahren und sind auf Grund gelaufen."

Als wollte er eine hochnotpeinliche Situation retten, trat er forsch die Flucht nach vorn an: „Jetzt haben wir zwei Möglichkeiten: Entweder lassen wir das Boot reparieren und bezahlen das oder wir fahren alle zusammen wieder dahin und machen es selbst." Die „Kumpels" hatten anscheinend beschlossen, den letzteren Vorschlag zu favorisieren.

„Aha", sagte meine Mutter, und ließ es dabei bewenden. Weiter die Entscheidungsfindung zu beeinflussen, lag ihr anscheinend fern. Vielmehr interessierte sie, ob die Fahrt denn bis zum Bootsunfall schön war und was sie sonst alles erlebt hätten.

„Wo seid ihr denn da lang gekommen, in welchem Hafen wart ihr denn, was hattet ihr denn für ein Schiff?" fragte sie ihn mit überraschender Anteilnahme. Als würde ihr Interesse allerdings nach einiger Zeit nachlassen, versickerte das Gespräch mit den etwas einsilbigen Schilderungen meines Vaters.

Mein Vater fuhr.

Meine Mutter folgte ihrer Ahnung, setzte sich ins Auto und fuhr nach Eutin. Obwohl sie nicht tanken konnte? Wir hatten sie alle unterschätzt.

Sie holte sich die Informationen, die sie zur Gewissheit brauchte. Kein Schiff war im fraglichen Zeitraum ausgelaufen, keines in den Hafen zurückgekommen.

Wieder zu Hause angekommen, ließ sie sich nichts anmerken bis sich mein Vater wieder einfand. Es gab noch keine Handys, auf denen man per Kurznachricht schreiben konnte: *Komm sofort nach Hause! Oder ich bring dich um!* Es gab nur Telefonzellen oder warten.

Als er den Flur betrat, fragte sie ihn ganz ruhig:

„Na und, wie war's? Habt ihr das Boot repariert?"

Es wäre schwer gewesen, ihr etwas anderes als echtes Interesse anzumerken.

„Ja, ist alles wieder ganz!"

„In welchem Hafen war das denn?"

Er antwortete unwirsch: „Habe ich doch schon erzählt, in Eutin, das Schiff stand doch da zum Reparieren. Als es fertig war, haben wir den Rest von dem Törn gemacht."

Sie blieb weiterhin ganz ruhig, denn sie wusste mehr als er auch nur im Traum vermutet hätte:

„Nein, da war kein Schiff. Es ist auch keins ausgelaufen zu der Zeit." Um dann nach einer kurzen Pause den Ballon platzen zu lassen:

„Ich war auch da."

Als würde durch die Tür, hinter der ich kauerte, eine kalte Wolke ziehen und alles für Sekunden zu einem Eisblock gefrieren lassen, das ganze Wohnzimmer und die beiden Menschen darin.

Seine Miene konnte mein Vater nicht länger retten, die Fassade bröckelte. Mit Flucht nach vorn herrschte er sie an:

„Ach, du bist ja bescheuert!".

Aber damit kam er bei ihr nicht durch. Bei ihr, die nicht „so doof" war, wie er sich das zurechtgelegt hatte.

 Es kam nicht mehr viel Neues. Die ohnehin wortkarge Konversation fand ihren Schlusspunkt mit dem Eingeständnis meines Vaters:

„Ja, ich habe jemanden kennen gelernt."

Der bis dahin von mir als vorhanden angenommene Haussegen hing gewaltig schief. Wahrscheinlich war es schon vorher so gewesen, nur ich hatte es nicht bemerkt.

Für meine Mutter war klar: Sie trennte sich und zog unmittelbar alle praktischen Konsequenzen.

Meinen Vater ließ sie in Odenthal sitzen und mietete für uns eine Souterrain-Wohnung in Sinnersdorf, also damals noch in eine spärlich besiedelte dörfliche Randlage zwischen Pulheim und Köln.

Kellerloch mit Lichtblick

Die teure Kücheneinrichtung aus der alten Wohnung wurde aufgeteilt, mit dem ersten Schwung Sachen ging es los. Meine Mutter und ich zogen postwendend um. Den Rest wollten wir nachholen. Es war für mich wie auf der Kölner Hohestraße in der Innenstadt zur Haupteinkaufszeit: Mit Tüten und Sachen beladen nur noch an einen ruhigen Ort wollen, raus aus dem Gewühle, nicht links, nicht rechts gucken, niemanden wahrnehmen, alles huscht an einem vorbei. HAUPTSACHE DURCH.

Das Appartement mit Schlafkammer war so klein, dass selbst ich mich, mit meinen wenigen Sachen, kaum umdrehen konnte. Meine Mutter schlief im Wohnzimmer auf meinem alten Streublümchen-Sofa, das einmal meiner Schwester in meinem Zimmer als Notbett gedient hatte. Wenn ich malen könnte, würde ich das Muster eins zu eins heute noch auf das Papier bringen können. Eingebrannt.

Mein neues Zimmer, eher ein Verschlag von sechs Quadratmetern, war nur mit einem Vorhang abgetrennt. Dunkel und klein, teilte ich den Raum mit Ausziehbett, Kleiderschrank und winzigem Tisch. Ein paar Klamotten und eine kleine Sporttasche voller Spielsachen waren mein ganzes Hab und Gut.

Wenn auch die erste Hektik und das Trauerspiel zwischen meinen Eltern vorbei waren, ich litt unter der Trennung. Mit meinen vierzehn Jahren konnte ich nichts ändern, hatte ich in dem Theater doch nur eine Statistenrolle und wohnte mit meiner Mutter halt in diesem Kellerloch.

Das für mich entscheidende Drama kam erst noch und sollte meinen bis dahin aufrecht erhaltenen Zustand der gemäßigten Lässigkeit ablösen. Ich wusste vorher nicht, dass auch Statisten derartige Konsequenzen im Schauspiel der Hauptakteure tragen müssen.

Meine Mutter wollte partout nicht noch einmal in die Wohnung nach Odenthal zurückfahren. An sich nicht mein Problem, wenn da nicht noch unsere Sachen gewesen wären. Mit denen mein Vater kurzen Prozess machte. Er hatte alles, was noch uns gehörte, entsorgt. Meine – gefühlt - dreißig Barbies, Hunderte von sorgfältig sortierten und heiß geliebten Puppenkleidern, meine Schulbücher, die plötzlich einen ganz anderen Stellenwert hatten, meine Zeugnisse, Fotos, Flamenco-Schleifchen und andere kleine Lieblings-Erinnerungsstücke – DIE KOMPLETTE KINDHEIT WAR IM ABFALL-CONTAINER GELANDET!

Welchen Wert hatten diese Sachen? De facto war er ja längst überholt. Ich hätte sicherlich nicht mehr damit gespielt. In diesem Moment aber klebten sich alle meine Erinnerungen an diese zurückliegende Periode meines Lebens wie

Etiketten an den Inhalt von Kisten. Kein Abschied, einfach nur ein Nimmerwiedersehen.

Diese Verallgemeinerung war es, die weh tat. Früher oder später wären die Dinge wie von selbst in Vergessenheit geraten, hätte ich sie eigenhändig aussortiert und mich freiwillig von ihnen getrennt. In Raten, gerade so, wie die Entwicklung voranschreitet. Immer dann, wenn das, was sich als nächstes abzeichnet, wichtiger wird, als der Blick zurück.

Die Bedeutung dieser Sachen wog schwer, mein Herz hing aber anscheinend nicht genug daran, um mich zu hindern, in die Welt hinaus wieder nach vorn zu schauen.

Ich musste erneut die Schule wechseln. *Jetzt kommt das dicke Ende*, dachte ich. Der letzte Wechsel zwar auf ein Gymnasium, aber dort war ich ja nie mehr dagewesen. Meine Noten waren „nicht feststellbar", was so viel bedeutet wie: *sechs, setzen*. Selbst das wäre der noch zu viel des Guten über mich zu sagen gewesen. Unterirdisch also.

Wenn ich da wieder rauskommen wollte – und ich wollte - musste eine gute Strategie her. Ich meldete mich kurzerhand selbst bei der nächstgelegenen Realschule in Pulheim an. Im Loch sitzen zu bleiben war keine Perspektive.

Ich wurde zum Gespräch eingeladen. Mein Mut allerdings schien aufgebraucht, war nicht so schnell mitgewachsen. Mein Herz fühlte sich nur noch in der .

In einem für mich viel zu großen Stuhl mit massiven hölzernen Armlehnen saß ich dem Direktor an einem aus meinem

Sichtwinkel tischtennisplattengroßen Schreibtisch gegenüber.

Es fühlte sich an wie ein luftleerer Raum, als würde die ganze Welt kurz stehen bleiben. Meine Atmung setze unwillkürlich aus, was auf Dauer natürlich keine kluge Strategie für ein Gespräch war.

Dieser Mensch vor mir war groß, stämmig, wirkte unheimlich. Ich schaute in ein rundes, hochrotes Gesicht voller Narbenkrater, wie von einer in jüngeren Jahren durchgemachten Akne Vulgaris. Grauen für eine Fünfzehnjährige, ein Alter, in dem man jeden einzelnen Pickel als Hinweis dafür sieht, dass man sich am besten direkt von der gesamten Menschheit zurückziehen sollte.

Aber statt Horrorfilm ging es los mit seiner sehr angenehmen, freundlichen Stimme. Mit meiner Anmeldung in der Hand, stellte er mir ruhig und freundlich meine schulischen Möglichkeiten vor:

„Du kannst bei uns direkt in die 10. Klasse gehen und nach diesem Jahr deinen Abschluss machen."

Sein Ton war weder vorwurfsvoll noch übertrieben besorgt, dem Inhalt nach jedoch wollte er mich nicht vor der Realität verschonen:

„Dann musst du dich aber auf den Hosenboden setzen!"

Es klang mehr wie ein väterlicher, gut gemeinter Rat als eine Warnung oder gar Drohung. Er redete mir gut zu, um mir die von ihm anscheinend priorisierte Idee näher zu bringen. Die

Alternative wäre, fügte er schließlich hinzu, die neunte Klasse an der Realschule zu wiederholen. Er betonte mehrfach, dass das aber nicht notwendig wäre.

Seine entspannt routinierte Haltung zu meinem „Fall" – er ließ alle alten Geschichten ruhen – faszinierte mich und ließ mich zu mir selbst finden. Allem Schrecken des ersten Augenblicks unserer Begegnung zum Trotz sah ich in seinem Gesicht nur die freundlichen Augen, die vorurteilsfrei mitredeten.

Ganz ruhig, fast wie in Zeitlupe, lief ein Film vor meinem inneren Auge ab. Ich hörte die Vögel im Bergischen, erinnerte mich an das Gefühl, wenn ich dort ausnahmsweise, in ausgesuchten Momenten, den Schuleingang passierte. Nur, das fühlte sich jetzt alles andere als gut an. Langsam, aber unerbittlich setzte sich ein einziger, zwingender Gedanke in meinem Hirn durch.

Schon vor langer Zeit, noch auf meiner ersten weiterführenden Schule, hatte ich bereits, in Anbetracht des mir bevorstehenden Schulwechsels, mein schulisches Engagement deutlich reduziert. Also war ich damals schon in einen energetisch nachhaltigeren, aber lerntechnisch ungünstigen Zustand übergegangen.

Die Stimme in meinem Kopf, hämmerte leise, aber unerbittlich:

Das schaffst du nicht!! Dir fehlt ein GANZES Schuljahr!!!

Eine zweite Vision, die sich mir fast gleichzeitig aufdrängte, bestärkte mich in meinem Vorhaben: *Alle aus der Stufe 10 feierten zusammen ihren Abschluss und ich stand einsam und allein am Rand, war durchgefallen.*

Nein, so nicht. Die einzige wirklich stimmige Lösung war das Wiederholen. Ich wusste, anders hätte ich es nicht geschafft. Ich war mir sicher.

Bauchgefühl und Einsicht stimmten überein, und das gab mir die Stimme zurück. Klar und bestimmt teilte ich dem Direktor mit, was ich für mich entschieden hatte:

„Nein, ich möchte das nicht. Ich wechsele die Schulform und gehe die Klasse runter. Ich möchte meinen Abschluss schaffen. Danach werde ich gleich arbeiten gehen. Aber jetzt will ich die Klasse wiederholen."

„Ja, das finde ich gut. Dann machen wir das so", war seine klare, verständnisvolle Reaktion. Er hatte mir zugehört, ich fühlte mich erleichtert und respektiert.

Ein Himmelreich für diesen entgegenkommenden, wohlwollenden Menschen! Er gab mir das Gefühl, offen für jede meiner Überlegungen zu sein. Er akzeptierte meine Entscheidung und unterstützte mich in allen weiteren Schritten. Zusammenfassend gesagt: Er ließ mich GANZ.

Für mich eine seltene Erfahrung. Als kleinste in meiner Familie war mir das nicht so oft vergönnt. Und sollte mich später wieder einholen.

Dieser Schulleiter war nach Lage der Dinge ein wahrhafter Lichtblick. Er half mir auf verschiedenen Ebenen, den Weg aus dem Keller zu finden. Er war die Personifizierung der Vorstellung, wie einfach es sein könnte auf dieser Welt, wenn man aufeinander zugeht und sich gegenseitig ernst nimmt.

Er markiert bis heute die tiefe Erkenntnis in meinem Leben, dass Äußerlichkeiten schwer täuschen können.

Frau Iffland

So wiederholte ich freiwillig die 9. Klasse. Die Entscheidung bewährte sich. Ich hatte Glück mit der Klassengemeinschaft, lernte nette Leute aus der Umgebung kennen. Mittlerweile echt motiviert, arbeitete ich regelmäßig für die Schule.
Bis auf dieses eine Mal. Es war nur ein Moment, aber prägend.
Ich hatte meine Hausaufgaben vergessen. Es war eben passiert. Ich erschrak und dienstbeflissen meldete ich mich direkt zu Beginn der Stunde, um das Missgeschick wahrheitsgemäß zu beichten, ehrlich und schnörkellos.
Die Antwort meiner Lehrerin, halb zur Klasse gewandt, süffisant, als wollte sie den Scherz des Jahrhunderts zum Besten geben:
„Dann mach mal einer das Fenster auf, damit das Gehirn von der Loni durchlüftet wird und sie morgen nicht nochmal die Hausaufgaben vergisst!"
Dieser Zynismus traf mich tief.
In der Klasse war ich nicht ihr einziges Opfer. Immer wieder zerrte sie einzelne mit bösartigen Bemerkungen oder Charakterisierungen aus dem Schutz der Gemeinschaft hervor, siegesgewiss in der Annahme, sich auf diese gemeine Weise irgendwie beliebt zu machen. Ein Trugschluss zwar, aber

dennoch hielt niemand dagegen. *Das machst du nicht mehr länger mit*, zog ich für mich die Konsequenz.

Ein Mitschüler, der etwas größer und stabiler gewachsen als der Durchschnitt, ein sehr gemütlicher Typ, wurde von ihr immer „Elefantenbaby" genannt. Bis es mir zu bunt wurde: „Das können Sie doch nicht so machen, Frau Iffland! Den können Sie doch nicht dauernd so nennen!" forderte ich sie heraus. Meine Empörung war echt.

Den Wortlaut ihres Redeschwalls daraufhin habe ich verdrängt, aber an Vokabeln wie „frech" und „Widerworte" erinnere ich mich gut. Unser Verhältnis war endgültig besiegelt. Ich stand auf der roten Liste. Aber ich war mir und meinen Vorsätzen treu geblieben.

Ich hatte nur gesagt, was richtig war – und sah deshalb die Zeichen weiteren Unheils nicht kommen. Also führte ich, unschuldig wie ich mich fühlte, mein im Großen und Ganzen geregeltes Schulleben verantwortungsvoll fort, nicht ohne auch mal Energie zu sparen.

So hatte ich weitsichtig entschieden, einen für mich völlig überflüssigen Schultag zu streichen, da ich in allen Fächern den anderen voraus war. Verfahrensgemäß gab ich eine Entschuldigung für meinen Fehltag bei Frau Iffland ab, denn sie war auch die Klassenlehrerin. Mit einem kleinen Fehler behaftet, der aus meiner heutigen Sicht nicht ganz in Ordnung war.

Meine Mutter unterschrieb alle meine Entschuldigungen, und dieses eine einzige Mal hatte ich in meinen mit Bleistift verfassten Text den Zeitraum um einen Tag verlängert. Einen Tag mal freigemacht, warum sollte ich meine Mutter damit belasten?

Dann kam das Telefonat. Ich hörte nur, wie meine Mutter im Flur den Hörer abnahm und rief: „Ach, hallo, Frau Iffland!" Ich hielt die Luft an. Mir wurde flau. *Die Entschuldigung!!! Wie hatte sie das denn rausgekriegt? Ein einziges Mal hatte ich, na ja, clever „experimentiert". Und musste sie mich gleich dabei erwischen?*

„Was?" fragte meine Mutter mit Befremden in der Stimme, „Loni hat eine Entschuldigung selber geschrieben?"

Kurze Pause, und sie fuhr in sanft belehrendem Ton fort: „Nein, das glaube ich nicht! Wissen Sie, Frau Iffland, bei uns ist das so: Loni schreibt die Entschuldigungen immer selber und ich unterschreibe."

Verbindlich fragte sie nach: „Oder meinen Sie, Loni hat die unterschrieben?" und gab selbst die Antwort: „Nein, das machen wir immer so. Ich hab' keine Lust zu schreiben, das soll sie mal schön selber machen."

Es folgte eine kurze Stille und dann wieder meine Mutter mit unnachgiebiger Überzeugung in der Stimme: „Nein, das macht meine Tochter nicht, die Loni würde das niemals tun!"

Aber sie war noch nicht fertig:

„Ach übrigens, die Loni hat zu mir gesagt, dass Sie zu den Kindern so zynisch wären und so Sachen sagen, wie……" und brachte alle meine Erzählungen zur Sprache. Die Stories kannte ich natürlich zu Genüge. *Ach du meine Güte*, ich drückte mich noch weiter in mein Eckchen auf dem Flur.

„Ja, das hat Loni mir alles erzählt", bekräftigte sie, „wissen Sie, die hat einen totalen Gerechtigkeitssinn, das kann die überhaupt nicht haben! Und sowas sollten SIE auch nicht bringen, SIE sind doch eine Lehrperson! Das können Sie nicht machen, sich so zu verhalten…" Meine Mutter war richtig in Fahrt geraten.

„Und wenn Sie sich mit der Loni anlegen, - sie ist schon sehr intelligent – müssen Sie auch damit rechnen, dass SIE den Kürzeren ziehen!"

Um das Fass noch voll zu machen, schloss sie energisch: „…, wenn sie sich dagegen nicht wehren können, haben sie da als Klassenlehrerin nichts verloren!"

Damit war anscheinend alles Wesentliche von beiden Seiten gesagt. Frau Iffland musste sich dem Vernehmen nach in irgendeiner Form noch für das nette Gespräch bedankt haben.

„Gerne", hörte ich meine Mutter nachschieben, „und wenn Sie etwas mit meiner Tochter zu klären haben, können Sie das mit ihr selber regeln. Sie wird ihnen zuhören! Bestimmt! Sie hat zwei Ohren, ist zugänglich und vernünftig!" Klick, meine Mutter hatte aufgelegt.

Sie drehte sich zu mir um: „Komm mal her!" Das klang langgezogen, bedeutungsvoll und etwas bedrohlich. War ich gar ein bisschen geschrumpft, dass sie mir, direkt vor mir stehend, so groß vorkam?

„Hast du die Entschuldigung selbst geschrieben?" Ich scannte alles noch einmal mit raschem Blick: Ihre Miene war heiter und die Gesichtszüge?

„Joa", brachte ich unsicher heraus, war noch nicht ganz zu Ende, als wir beide losprusteten. „Mach das bloß nicht nochmal!" polterte sie wie ein Nikolaus, der seine Rolle nicht mehr ganz ernst nehmen konnte. „Wenn mal so was ist, dann sagste mir das! Dann musst du das doch nicht selber machen!"

Sehr erleichtert konnte ich inbrünstig versprechen: „Nee, mach ich auch nicht mehr!" Ein Versprechen, das ich lebenslang gehalten habe. Das „Miststück" kam meiner Mutter eher zärtlich über die Lippen, aber ich wusste sehr wohl, gerne hatte sie nicht für mich gelogen.

Am nächsten Tag kam Frau Iffland geschäftig auf mich zu: „Du wolltest mit mir reden?"

„Nee", erwiderte ich, „SIE wollten mit mir reden! Ich habe keinen Redebedarf. Sie haben ja schon alles zusammengekriegt, was sie brauchten."

Sie machte Anstalten sich aufzubäumen, wie ein Pferd, das sich vor mir auf die Hinterbeine steigen wollte, sackte aber zusammen, drehte ab und ging.

Auf der Klassenfahrt am Ende der zehnten Klasse stand sie später einmal weinend vor mir, weil sie mit dem Gebaren unserer Abschlussklasse überfordert war. Dabei waren wir nicht mal besonders auffällig. Die Jungs hatten etwas Randale gemacht und natürlich war auch Alkohol im Spiel. An mir war das vorbeigegangen, die Phase hatte ich hinter mir, ich war ja auch etwas älter als die meisten in der Klasse.
„Ich weiß nicht weiter", schniefte sie, „kannst du nicht mal mit denen reden?" *ICH sollte mit denen reden?* Meine Antwort bedurfte keiner weiteren Überlegung.
„SIE sind die Klassenlehrerin, das müssen SIE in den Griff kriegen. Die hören nicht auf mich." Das war, was ich zu diesem Thema zu sagen hatte, und damit war alles weitere für mich erledigt.

Abschluss

Mit einem ordentlichen Zeugnis hatte ich die Schule verlassen. Während andere noch hunderte von Bewerbungen produzierten, hatte ich Glück mit meiner ersten.
Damit fing mein Büroleben als Notargehilfin an. Das gab mir Sicherheit. Weiter hinterfragt oder interpretiert habe ich dieses Glück nicht – das war in dem kleinen Selbst nach meiner Schulkarriere und in meiner Familie nicht angelegt.
Parallel dazu stellte sich wieder ein kleines bisschen „Rudel-Gefühl" ein. Von Sinnersdorf zogen wir wieder nach Zons, zusammen mit meinem Vater. Ich dachte natürlich, meine Eltern würden sich wieder lieben.
„Nur weil er kein Geld hatte", urteilte meine Mutter später verhärmt. Aber ich war voll glühender Überzeugung, unabhängig davon, was sie genau verband. Für mich war es eben Wolke sieben. Meine Schwester zog mit ihrer Familie in die Wohnung über uns – mit ihrem zweiten Mann, Miguels Tochter und dem gemeinsamen Kind. Das fühlte sich an wie Geborgenheit. Wie früher.
Ich bekam von meinem Vater ein Auto geschenkt, einen kleinen Fiat. Anders wäre es nach dem Umzug mit der Fahrt über Land zur Lehrstelle schwierig gewesen.

Robert, der während der ganzen Schulzeit die große Konstante in meinem Leben war und eine Lehre bei Bayer machte, kam jeden Nachmittag zu uns. So konnten wir uns oft sehen, er fuhr dann gegen acht Uhr nach Hause.
Dunkle Wolken machen nicht Halt vor Zons und wem auch immer.
Nach einigen Wochen, es war etwas späterer Abend, sprach mich meine Mutter wie beiläufig an:
„Sag mal, der Robert, warum fährt der eigentlich immer so früh nach Hause?"
Hätte ich da etwas heraushören können? Nein, es gab für mich nur Rosarot und für andere Gedanken keinen Anlass.
„Ja, weil der müde ist, der muss ja auch arbeiten, und der hat ja auch gerade die Lehre angefangen!" erklärte ich ihr im Brustton der Überzeugung.
„So, meinst du? Der fährt nach Hause?" und nach einer kurzen Pause – war da ein kleiner Seufzer des Mitleids oder des weitsichtigen Abstandes von der Jugend dabei? - insistierte sie:
„Dann frag doch mal deine Schwester! Ja, frag sie!" Auf meinen verständnislosen Blick hin vervollständigte sie das Bild, ganz nüchtern:
„Der fährt abends zu deiner Schwester!"
„Wie??? Der fährt zu meiner Schwester???" – Meine Kinnlade blieb unten und jegliche Fassung fiel mir aus dem Gesicht.

Ich stellte Robert zur Rede. „Ich hab' da mal was abgeholt, das war nichts", stritt er alles weitere ab, „das war nur 'n paarmal, sonst nichts." Ende der Aussage. Mehr wollte ich gar nicht hören. War ich doch felsenfest von seiner Liebe zu mir überzeugt.

Im Fall meiner Schwester hatte ich Angst, so direkt zu fragen. Ich würde mir Krach mit ihr einhandeln, oder Gefahr laufen, von ihr fertig gemacht zu werden. Es war in unserer Familie nicht üblich, auf den Tisch zu hauen und zu sagen: „So, wir müssen jetzt und hier zusammen mal was bereden, IN der Familie!"

Kurze Zeit später fand unsere Jugendliebe ein Ende.

Mir ging es einfach nur mies. In der Familie fiel das gar nicht auf, es kümmerte sich niemand darum. Nicht mal bei einem gemeinsamen Abendessen, sogar nicht beim Ausflug ins Steakhaus. Ich konnte vor Schniefen, Schlucken, Schluchzen gar nichts zu mir nehmen, stocherte nur auf dem Teller herum. Keiner bemerkte auch nur irgendetwas, ich wurde einfach nicht beachtet.

Nichts hätte ich mir sehnlicher gewünscht als einen Arm um die Schultern: "Das wird schon wieder." Ein bisschen Trost eben, das Gefühl, mitsamt seinem Kummer wahrgenommen zu werden.

Rausch

Eines schummrigen Abends beschäftigten sich meine Schwester und ich mit lauter albernen Dingen. Die Mucke lief, wir hatten schön was geraucht, das Telefon klingelte. Unser Vater war am Apparat, kurz angebunden ließ er keinen Spielraum, sich eine eltern-kompatible Beschreibung unseres Zeitvertreibs auszudenken.
„Watt macht ihr?"
Alles deutete auf einen Kontrollanruf hin.
Meine Eltern hatten sich durchaus schon gefragt, was meine acht Jahre ältere Schwester und mich neuerdings so innig verband, wieso ich so lange bei ihr war.
Meine Schwester tat beiläufig, gelangweilt:
„Nix, wir malen."
Das war nicht einmal erfunden, allerdings hatten die Bilder aufgrund unseres Zustands enorme, farbige, sehr abstrakte Ausprägungen. Sie entsprachen unserer angeregten Gefühlswelt und „malen" war dafür eine sehr naiv kindliche Umschreibung, aber klang zumindest harmlos.
Ohne auf diese Bemerkung weiter einzugehen verlangte mein Vater nach mir:
„Gib mir mal die Loni! Die ist doch mit dem Auto da?"
Herzklopfend übernahm ich den Hörer.

„Setzt euch mal ins Auto und fahrt zum Laden!" Das klang ernst, fast wie ein Befehl.

‚Naturkosmetik und Tiffany', so hieß das kleine Geschäft, das meine Eltern inzwischen nebenbei gemeinsam betrieben. Es war DER Hype zu dieser Zeit und auch der Grund, warum ich neben meiner Lehre abends die Ausbildung zur Kosmetikerin machte. Ich hatte dort eine eigene Behandlungskabine.

Noch mit dem Gedanken beschäftigt, wie einer väterlichen Kontrolle erfolgreich zu entkommen wäre, lag ich damit völlig daneben. In einem sachlichen Tonfall schob mein Vater nach:

„Ja, der brennt"! in einem Tonfall, als bestätigte er einen Hinweis zur Adresse.

„Was? Wie bitte?" stammelte ich völlig konsterniert.

Mein Vater redete einfach weiter und erklärte, was zu tun war: „Ja, fahr' da jetzt mal hin, aber mach' keinen Stress! Lass' den Laden ruhig abbrennen!"

Meine Schwester hatte das Telefonat nur am Rande verfolgt, kaum etwas wahrgenommen. Der Ernst der Lage hatte sie noch nicht erreicht. Ich schaute in ihre Augen: sie sahen aus wie wandernde Kreise. Den Blick aus ihrer Mitte heraus zu organisieren, fiel ihr nicht ganz leicht. Ich fühlte nichts dergleichen.

„Komm, wir fahren mal zu dem Laden!" versuchte ich wie beiläufig meiner Schwester vorzuschlagen, als wäre es mir gerade eingefallen.

„Nä, was sollen wir denn da, da hab' ich keine Lust zu", nörgelte sie, mit leicht steigender Nervosität, ohne dafür eine Ursache zu erkennen.

Ähnlich ruhig wie mein Vater, wandte ich mich ihr zu: „Komm' mal mit", ermunterte ich sie und erfand zur Entspannung der Situation die Ausrede: „Wir sollen da was rausholen."

Treppe runter, ins Auto und los. Schon an der ersten Kreuzung, Nähe Bayerwerk, quengelte sie weiter:

„Was sollen wir denn da rausholen?"

Ich hatte keine Lust mehr auf das Spielchen. Da wir unterwegs waren und sie neben mir angeschnallt saß, hielt ich sie für einigermaßen unter Kontrolle.

„Nix. Der Laden brennt." Fehleinschätzung meinerseits, sie drehte völlig durch.

Wiiie, der brennt? Fuck!" Ihre Stimme überschlug sich. Die Situation eskalierte, außer Rand und Band schlug sie auf mich ein, griff mir ins Lenkrad. Mein Vater hatte es wohl so vorhergesehen und von Anfang an mit mir sprechen wollen. Ich hielt an, sortierte sie zurück in ihren Sitz, redete dabei auf sie ein:

„Jetzt bleib mal ganz cool! Der brennt auch ohne uns, lass' ihn doch brennen...", bis meine gut gemeinte Ansprache von der Feuerwehrsirene, direkt hinter uns, übertönt wurde. Jetzt spürte auch ich Nervosität, denn es war klar, was uns erwartete: Alles war voller Polizei und wir waren zugekifft.

Es gab kein Zurück, nur Zusammenreißen konnte noch helfen. Als wir ankamen baute sich ein Polizist unmittelbar vor uns auf.

„Haben Sie hier was geraucht?"

„Nein!" Das Amen in der Kirche hätte nicht klarer von mir kommen können.

Eindringliche Wiederholung: „Haben Sie hier was geraucht??!"

„Nein. Wir rauchen nicht." Wir dachten natürlich die ganze Zeit, er wollte uns wegen des Kiffens an den Kragen.

Er ließ nicht locker. „Haben Sie hier in diesem Raum geraucht?"

Erleichterung.

„Nein", blieb ich bei den Fakten, „wir kommen gerade von zu Hause und haben gemalt." Was für eine blöde Aussage, aber es stimmte zumindest, soweit. Und mehr wollte er im aktuellen Zusammenhang auch nicht wissen.

Da wir glücklicherweise erst kurz nach der Feuerwehr eintrafen, der ich ja die Vorfahrt gelassen hatte, kam nichts nach. Ich war mir sicher, er hatte mehr gesehen, aber es spielte in diesem Zusammenhang für ihn keine Rolle.

Ich kramte die Schlüssel aus meiner Handtasche und schloss den Laden auf. Meine Schwester wollte hineinstürmen, dichter Qualm kam uns entgegen. Aber die Feuerwehrleute hielten sie zurück und machten sich mit Atemschutzmasken routinemäßig ans Werk. Die Lage war schnell im Griff, sie erkannten mit Hilfe einer Wärmebildkamera sehr schnell den Brandherd, löschten das Feuer und fuhren wieder weg.

Meine Schwester hatte total die Nerven verloren und kopierte damit das Verhaltensrepertoire meiner Mutter. Ich hielt sie fest am Arm, ließ sie fühlen, dass die Gefahr vorüber und ich bei ihr war.

Und so standen wir da, schauten uns im Laden um: Alles nass und schwarz. Was war passiert?

Meine Mutter hatte Sheabutter im Wasserbad auf dem Herd erhitzt und stehen lassen und war dann nach Hause gefahren, ohne ihn abzustellen. Irgendwann war das Wasser verdampft und das heiße Fett hatte sich entzündet. Zum Glück war es nur ein Schwelbrand.

Natürlich waren meine Eltern unterversichert. Es war schlimm. Es dauerte Tage, bis alles aufgeräumt war. Es war das letzte gemeinsames Projekt meiner Eltern. Sie gaben den Laden auf und ihre Wege trennten sich endgültig.

Es brauchte nur noch eine weitere Situation, um diese Lebensphase für mich abzuschließen.

Ich logierte bei meiner Schwester, ihr Freund hatte uns sein Auto geliehen. „Dann könnt ihr mit dem BMW zum Laden eurer Eltern fahren", meinte er generös. Er hatte selbst eine

Kosmetikschule, war gut im Geschäft und wollte uns damit ein bisschen mit seiner „Größe" imponieren.
In den Laden zu fahren war mir zu langweilig, Also fragte ich meine Schwester: „Hast du was zum Rauchen da?"
Nein, hatte sie nicht.
„Komm, wir fahren nach Holland!", schlug ich spontan vor.
Gesagt, getan. Meine Schwester kaufte mächtig ein, es gab ja alles „von der Stange", mit Preisliste, ganz einfach. Auf dem Rückweg machten wir regelmäßig kurz vor der Grenze im Supermarkt Halt, um als Alibi ein paar Flaschen Vla mitzunehmen, den über alles geliebten holländischen Vanillepudding, für den man an sich schon eine Fahrt über die Grenze in Kauf nahm. Nach dem Großeinkauf versteckte sie auf einer Toilette das Gras profimäßig unter ihrer Unterwäsche, nicht gerade originell, aber damit fühlten wir uns sicher. Schließlich war es verboten und strafbar, das Kraut nach Deutschland einzuführen.
Noch bevor wir wieder losfuhren sah ich, dass nur noch ein Scheinwerfer an unserem Auto funktionierte. „Ach du Schreck", meinte ich unruhig geworden, mussten wir doch noch über die Grenze, die seinerzeit eine gut bewachte Schleuse war. „Mach' einfach Fernlicht an!" meinte meine Schwester zu mir lapidar, ohne jedes Problembewusstsein.
Das permanente Blinken der entgegenkommenden Autos machte mich zunehmend nervös.

„Ich kann doch nicht mit Fernlicht auf die Grenze zufahren! Die schießen mir doch gleich in die Lampen!" blaffte ich sie ratlos an. Einsicht auf ihrer Seite damit zu bewirken, war aussichtslos. So blieb ich mit der Aussicht allein, dass es nahezu unmöglich war, mit einem defekten Auto und jeder Menge Hasch am Leib unbehelligt über die Grenze zu kommen.

„Na dann, mach' eben wieder aus", meinte sie nur gleichgültig.

Gesagt, getan. Und wie erwartet, wurden wir von den Grenzbeamten auf die Seite dirigiert. Vor uns wurde gerade ein älterer VW-Käfer zerpflückt. Alles aufgerissen, die Hunde durchgejagt. Im Augenwinkel sahen wir, wie ein Beamter gerade intensiv in einer Nivea-Dose rührte, das sah nach gründlicher Suche aus. Die Nerven meiner Schwester lagen blank, auf sie konnte ich nicht zählen.

Mein Auftritt war unausweichlich erforderlich.

„Halt die Klappe!" raunzte ich sie an und kurbelte das Fenster herunter.

Der Grenzbeamte konnte gar nichts sagen, weil er nicht dazwischenkam, als ich loslegte:

„Sie haben bestimmt gesehen, meine Lampe ist kaputt, ich habe das gerade da vorne, am Supermarkt, auch gesehen, da sind wir ausgestiegen, um Pudding zu kaufen, da sehen wir das, und meine Schwester sagt, dann fahr doch mit Fernlicht, aber das geht doch nicht, habe ich gesagt, ich kann auf keinen

Fall mit Fernlicht fahren, was soll ich denn da jetzt machen, ich hab' doch keine Ahnung von der Technik … oder wissen Sie vielleicht, wie man das repariert?"

„Ja, fahren Sie mal hier rechts ran!" nutzte er die erstbeste Chance zu Wort zu kommen.

„Machen Sie mal die Motorhaube auf!"

Ich textete ihn weiter zu:

„Was soll ich denn machen, ich muss doch noch nach Köln und es ist doch schon alles geschlossen…"

„Fahren Sie weiter!" Mit einem Schwung schlug er die Motorhaube wieder zu.

„Wie? Ich kann doch nicht so weiterfahren! Da vorne ist doch ihr Kollege…, aber vielleicht können Sie mir ihren Namen sagen, dann könnte ich ihm wenigstens sagen, sie hätten gesagt, ich soll weiterfahren…"

Rhabarber, Rhabarber - ich machte ihn einfach verrückt. Man begann, es ihm anzusehen.

Am Ende konnten wir einfach weiterfahren.

Meine Schwester sackte neben mir zusammen: „Das ist wahnsinnig!"

Wir waren zwei Frauen, fuhren einen BMW und ich war blond.

Was hätte ich denn in dieser Situation anders machen sollen, aufgeregt, wie ich war? Wären wir dann nicht durchkämmt worden? Auch mit den Hunden? Aber die waren ja zum Glück mit dem Käfer beschäftigt.

NIE WIEDER wollte ich zu einer solchen Situation Anlass geben. Für alle Zukunft hatte ich mit dem Kiffen und Abhängen abgeschlossen, mit dem Ziel mich produktiveren Aufgaben zu widmen.

…Firma

Neue Ufer

Durch die Schaufensterscheibe gähnte mich der fast leere Bürgersteig von Horrem an, einem kleinen Ort nördlich von Köln, der seine Blüte im Wesentlichen der umliegenden Chemieindustrie zu verdanken hatte. Im Ortskern saniert, beschaulich und neu gepflastert, war das Leben in der Hauptgeschäftsstraße mehr oder weniger beschränkt auf das Einkaufen nach Feierabend, geprägt vom Rhythmus der Arbeit in der umliegenden Industrie. Kaum ein Mensch kam auf die Idee, am Vormittag - am helllichten Tag! – die Geschäfte aufzusuchen oder nutzlose Zeit, wie man das damals bezeichnete, im Café, auf einer Bank oder mit Shoppen auf der Straße zu verbringen.
Hinter mir ruhte meine Behandlungskabine. Inzwischen hatte ich die Ausbildung mit dem Schwerpunkt Naturkosmetik in der Abendschule abgeschlossen. Im Laden meiner Eltern war zu der Zeit noch nicht viel los.
Gelangweilt studierte ich meine zu Übungszwecken frisch gestylten Fingernägel, betrachtete prüfend das Ergebnis – in einer bedeutungsvollen Langsamkeit. Diese war wohl meiner Vorstellung einer zu Übungszwecken stilvoll zelebrierten Bewegung oder der Langeweile geschuldet. Zumindest bewegte sich so in der Leere um mich herum überhaupt

irgendetwas. Zufrieden blies ich in Richtung der aus meiner Sicht gelungenen Kunstwerke.

In dieser Versunkenheit hätte ich beinahe das kleine silberne Auto verpasst, das vor dem Laden hielt. Obwohl zu dieser Zeit ungewöhnlich, hätte mich das allein nicht aus meiner Trance herausgeholt. Es war eher der junge, muskulöse Mann, der nicht einfach nur ausgestiegen war, sondern direkt auf unseren Laden zuging. Ohne Federlesens bugsierte er mit einem Griff eine kleine Trittleiter aus dem Auto, überbrückte mit seiner Ausrüstung schwungvoll die drei Schritte über den Bürgersteig und fing unmittelbar vor mir an, unbelastet von jeglicher Außenwahrnehmung, das große Fenster von außen zu putzen.

Für meine frisch lackierten Nägel unverhältnismäßig unachtsam sprang ich auf, machte drei wichtige Schritte zur Tür und riss sie auf: „Was machen Sie denn hier? Was soll denn das?", brachte ich meine aktuelle Ladeninhaberin-Autorität mit leicht empörtem Unterton ins Spiel.

Ohne aufzuschauen oder in irgendeiner Bewegung inne zu halten, als würde ich ihn bei der wichtigsten Aufgabe der Welt nur aufhalten, teilte er quasi beiläufig, mit der Sicherheit eines vielbeschäftigten Unternehmers mit: „Bin ein Bekannter deiner Schwester, die hat mir gesagt, ich soll hier mal die Fenster putzen."

Und mit derselben Selbstverständlichkeit, mit der er angefangen hatte, setzte er seine Arbeit fort. Man hätte sagen können: Ungerührt, wenn nicht da dieser kleine, fast unmerkliche Seitenblick gewesen wäre.
Es sah aus, als würde alles passen.

Erfolgreich aus dem Nichts

Wir wurden ein Paar, auch geschäftlich. Hatte er zu Anfang unserer Beziehung nur Touren mit Schaufensterkunden und kleineren Objekten, packten wir nun zusammen an, sprudelten vor Energie und Ideen. Verwaltungskenntnisse kamen mir zugute, jetzt mit einer durch die Eigenverantwortung und Selbstständigkeit entfesselten Energie. Ein Büro für unser Geschäft musste her, Arbeitskräfte wurden angeworben, Aufträge hereingeholt. Wir machen uns einen Namen unter der Überschrift: „Alles rund um Ihr Gebäude: Instandhaltung, Sicherheit, Vermietung, Renovierung". Auch wenn wir mit Entrümpelung, Saubermachen und Anstreichen anfingen, die Auftragslage entwickelte sich gut. Ein alter Küchentisch wurde zum Hort der Kreativität: Konzepte, Werbung, wir hatten große Ziele.

Meine Mutter nutzte diese Gelegenheit zur finalen erzieherischen Maßnahme, das passende Alter hatte ich in ihren Augen erreicht. Mit dem Ergebnis, dass ich von zu Hause rausflog. Anlass war wie immer eine Lappalie. Ich glaube, ich hatte eine Tasse fallen lassen. Der berühmte Funke, der ein Riesenfeuer auslöste.

Bernd hatte sich kurz zuvor von seiner Freundin getrennt, was ihn in Punkto Ausstattung seiner Wohnung ziemlich öde zurückgelassen hatte. Ich zog zu ihm, in seine kleine, äußerst spärlich bestückte Unterkunft. Es wirkte alles spartanisch und verwaist: Ein Schrank, ein Bett, ein Tisch, zwei Stühle, völlig trostlos, kein Bild an der Wand, ein Nagel als Garderobe.

Es wurde unser erstes gemeinsames Heim, in das ich mit Nichts einzog, abgesehen von der Jeans und dem Pullover, also den Sachen, die ich gerade trug. Anfangs konnte man unser Leben nicht gerade Luxus nennen. Wäschewaschen in der kleinen Duschwanne. Da kam einiges zusammen: Arbeitsklamotten, Sportsachen – Bernd ging regelmäßig zum Training. Bis zur ersten Waschmaschine hat es einige Zeit gedauert. Aber es machte mir nichts aus, über dem erhöhten Rand der Duschtasse zu hängen, zu schrubben und zu wringen. Hauptsache war, und das machte ein großartiges Gefühl, auf eigenen Beinen zu stehen.

Mit demselben Schwung bekam die Wohnung neues Leben, Stück für Stück tobte ich mich in meinem Gestaltungsdrang aus.

Geschäftlich ging es Schlag auf Schlag aufwärts. Eines Mittags kam Bernd besonders energiegeladen nach Hause: „Kannst du mal mitkommen? Ich hab' da ein Objekt." Es ging um das Angebot für einen riesig großen Gebäudekomplex mit mindestens zwanzig Büros auf acht Etagen, Gebäudesicherung und Instandhaltung.

Das Gespräch mit dem Firmenchef lief nach einem Muster ab, das Bernd perfekt beherrschte: „Selbstverständlich, Herr Buch, auf jeden Fall, Herr Buch, auch das, Herr Buch…", vertraute Namenswiederholung, kurzer Sinn: *Wir können alles, wir machen alles, wir sind die Größten.* Anfangs musste ich aufpassen, dass mir bei seinem Auftreten nicht der Mund offenstehen blieb.

Was schon anfangs wie selbstverständlich funktionierte, entwickelte sich auf die gleiche Art und Weise weiter. Inzwischen boten wir unsere Dienstleistungen, einschließlich der Verwaltung, Sanierung und Vermietung von Häusern mit vielen Wohneinheiten und Geschäftsräumen an. Unser Markenzeichen waren äußerste Seriosität, Vertrauenswürdigkeit und Zuverlässigkeit. Immer mehr Annoncen wurden geschaltet, Personal eingestellt, Angebote geschrieben. Was uns insbesondere attraktiv machte, waren unsere verlässlichen, festen Angestellten.

Ein solides, auf gute Zusammenarbeit begründetes Konzept ging auf. Da die Schlüssel immer in einer Hand blieben, immer die gleichen Leute zu den Kunden kamen, erhielten wir nach einiger Zeit auch den Zuschlag bei einem Unternehmen in einem nahegelegenen, im Aufbau befindlichen Industriegebiet, das mit sensiblen Patenten arbeitete und deshalb auf der Hut vor Diebstahl einen guten Sicherheitsplan brauchte. Mit dem Fuß in dieser Tür gab es einen weiteren unvorstellbaren geschäftlichen Aufschwung. Bernds Anteil war vor allem sein Auftreten, sein Machbarkeitswahn und die fanatische Vorstellung, auf diese Art in kurzer Zeit zum Millionär zu werden.

Ich betrachtete sein Gebaren anfangs mit Respekt und betrachtete es als eine Art Weiterbildung, als Kursus in Gesprächs- und Geschäftsführung.

Wir machen alles!

Eines Tages trafen wir vor dem Unternehmen unseres Industriegebiets-Geschäftspartners der ersten Stunde auf den Geschäftsführer persönlich, der offensichtlich weitere Pläne hatte:
„Sagen Sie mal, machen Sie eigentlich auch Außenanlagen?"
„Ja, sicher!", hörte ich Bernd ohne mit der Wimper zu zucken antworten.
Ich hielt die Luft an. Wir hatten in unserem Leben noch keine Außenanlage gemacht....
„Ach so, dann machen Sie mir mal ein entsprechendes Angebot. Gucken Sie mal, hier sieht es doch fürchterlich aus!" unterstrich er sein Anliegen und wies mit ausladender Armbewegung über das große Gelände.
„Ja, ja, habe ich schon gesehen." Bernd tat gerade so, als wäre es mittlerweile sein eigenes, innerstes Verlangen, diesem Schandfleck ein Ende zu bereiten. „Gut, ich mache Ihnen ein Angebot, in zwei Tagen haben Sie das auf dem Tisch!"
"Haben Sie denn auch Gärtner?" fragte der Geschäftsführer.
„Klar, haben wir einen Gärtner!" fügte Bernd unverzüglich nach. Es war glatt gelogen.

Als wir beide wieder allein waren, hakte ich etwas verwirrt, auf jeden Fall bestürzt, nach:

„Wie kannst du so etwas machen? Wir haben doch gar nichts in der Hand, nicht mal einen Spaten!" Eine Antwort darauf bekam ich nicht.

Das Angebot ging durch. Bernd nahm ein paar Mitarbeiter und seinen Onkel samt Spaten und sie gruben um, bis ihnen die Hände bluteten, verwandelten Ackerland in Beete. Bernd kassierte die Kohle und bekam den Auftrag zur regelmäßigen Pflege der Anlage. So lief das.

Als Steigerung dieser Geschäfts-Manie kam die Kehrmaschine. Eines Abends kam Bernd nach Hause und meinte ungerührt: "Wir müssen da so ein Teil bestellen!" Er beschrieb in knappen Worten, worum es ging.

„Wie? Eine Kehrmaschine bestellen? Was kostet denn so ein Ding?" fragte ich ungläubig nach. Er zuckte nur lässig mit den Schultern: „Die komplette Außenanlage und alle Grundstückszufahrten im Gewerbegebiet können wir ja schlecht mit dem Besen sauber halten!"

Die 40000-Mark-Maschine wurde bestellt. Und jemand wurde eingestellt, der sie bedienen konnte. Auch wenn hier irgendwie aus meiner Sicht der zweite Schritt vor dem ersten gemacht wurde, zweifelte Bernd nicht eine Minute an seinen Fähigkeiten und am Erfolg seiner unternehmerischen Tätigkeit.

...oder warum der Lachs rosa ist

Meine Geschwister tolerierten meinen Werdegang nach der Schule nicht. Solange ich klein war, lief ich mit und hatte nichts zu sagen. Als ich flügge wurde, war ich zwar aus dem Schussfeld, aber hinter den Fassaden gärte es. Mit unserer Firma endete das „Guck' mal, meine kleine Schwester" abrupt. Es folgten Neid und Missgunst.

Bernd und ich hatten schon nach einem halben Jahr jeweils ein neues Cabriolet – er seinen BMW und ich einen VW-Golf, das frühe Modell, einen 1980er GLS in Indiana Rot-Metallic, auch als das „Erdbeerkörbchen" in die Geschichte eingegangen. Wir reisten auf die Malediven. „Was?", blafften meine Geschwister irritiert und verständnislos, es passte ihnen weder ins Bild noch in den Kram. Sie konnten das Reiseziel nicht einmal buchstabieren.

Die Firma lief weiterhin gut. Ich war selbstständig, war Chefin und rund um die Uhr beschäftigt. Dennoch nahmen wir uns Zeit für einen Kurzurlaub auf Rügen, um meine Eltern zu besuchen. Nach einer ewig langen Fahrt stand ein gemeinsames Lachsessen auf dem Programm. Kaum saßen wir am Tisch, da schaute mich mein Vater über den Rand seiner Brille lange, unangenehm prüfend an. Mit seiner etwas überheblichen Art, die er vor allem Frauen gegenüber gern mal an den Tag legte, fragte er mich, und es hörte sich wie aus einer entfernten Welt kommend an: „Hör mal, weißt du eigentlich, warum der Lachs rosa ist?"

Ich war verunsichert, mehr über die Frage an sich als über fehlende Sachkenntnis: „Nein, keine Ahnung."

Den Oberkörper leicht zurückgelehnt, setzte mein Vater ein selbstgefälliges, leicht herablassendes Lächeln auf. *Was sollte das denn jetzt*, begann ich mich ernsthaft zu fragen. Mit einem langgezogenen „Tja" beschied er mich: „Da musst du mal ein Buch lesen! Nicht immer nur diese Klatschblättchen!"

Einen kurzen Moment lang fand Kino in meinem Kopf statt: *Wie bitte?* Schließlich hatte ich zusammen mit Bernd die Firma aus dem Nichts aufgebaut, war Unternehmerin mit meinen zwanzig Jahren. Abgesehen davon, dass ich ohnehin nicht empfänglich für diese „Klatschblättchen" war, was war das denn für eine Anmache?

„Dann musst du dich mal bilden!", setzte er seine Belehrungen fort, um bedrohlich überzeugt fortzufahren, wieder im kurzen Stakkato beginnend mit diesem gedehnten „Tja" und als wäre es Schulmädchenwissen:

„Weil der flussaufwärts schwimmt!"

Schlagartig wurde mir der Sinn seiner ganzen Aktion klar. Es ging nicht um richtig oder falsch. Seine Absicht war eine andere. Jetzt wusste ich durchaus etwas zu sagen, denn Kuschen vor leerem Gehabe kam für mich nicht infrage:

„Ok", begann ich in einem ruhigen Tonfall, der offenließ, ob ich bei jedem Wort angestrengt, konzentriert nachdenken würde, oder ob ich jetzt ganz langsam etwas sehr Einfaches erklären müsste:

„Wenn demnächst einer meiner Angestellten zu mir kommt und mich lauter komplizierte Sachen zur Lohnabrechnung fragt, wieso kriege ich denn das und das brutto, welche Steuerklasse bin ich, welche Abzüge habe ich und so weiter, dann sage ich zu ihm: *Das weiß ich nicht, aber ich kann Ihnen sagen, warum der Lachs rosa ist!*"

Mein Vater entspannte sich sichtlich, musste kaum wahrnehmbar grinsen und meinte scherzhaft: „Pass' auf, dass du nicht gleich eine gefangen kriegst..."

Es ist ein Irrtum zu denken, dass man, um auf Augenhöhe miteinander umzugehen, alles wissen muss. Genauso wenig, wie man alles glauben muss, auch nicht, wenn man einer Autorität gegenübersitzt. Er wollte mich provozieren und seine Machtstellung zementieren. Ich sollte mich klein fühlen. Die Hierarchie sollte gewahrt bleiben, ungeachtet oder gerade wegen meiner neuen Stellung. Vielleicht wollte er auch einfach wissen, ob ich mit dem Unternehmen als Mensch auf ganzer Linie mitgewachsen war.

Der Lachs wird übrigens rosa, weil er kleine rosa gefärbte Fische und Krustentiere frisst. Deren Pigmente, ähnlich wie die von Möhren und Tomaten, lagern sich wiederum im Gewebe der Lachse ein und geben ihm seine Farbe. Aber auch wenn es damals, in den Vorhandyzeiten, möglich gewesen wäre, das direkt nachzuschlagen, hätte ich das in der Situation nicht getan. Denn darum ging es nicht.

Meine Eltern kamen aus der Generation, die nicht offen anerkennen, nicht wertschätzen konnte, was du als Kind leistest. Auch als ich später, immerhin mit über hundert Angestellten in meinem Kostümchen auf Eröffnungen herumsprang, kam nie ein wertschätzendes Wort in meiner Gegenwart über ihre Lippen. Über andere Kanäle hörte ich sehr wohl, wie stolz mein Vater auf mich war und was er überall über mich herumerzählte.

Schein und Sein

Anfangs fand ich das Auftreten von Bernd noch irgendwie lustig, eindrucksvoll. Nie wäre ich jedoch auf die Idee gekommen, mich selbst so zu benehmen. Seine Ungeniertheit imponierte anderen, bedeutete aber kein Vorbild für mich. Mein Part im Unternehmen war ohnehin überwiegend der Innendienst, gewöhnlich machte ich alles im Büro und betreute die Angestellten. Telefonieren war normalerweise mein Terrain. Kostproben seiner ungehemmten Kommunikation gab es, wenn er zufällig einmal schneller als ich den Hörer abnahm:
„Ja, natürlich, Herr Bartsch, sie werden sehen, wir kommen vorbei und schauen uns das an, Herr Bartsch", immer wieder flocht er den Namen ein, so als verkehre er mit dem neuen Kunden seit Jahren in vertrauter Manier. Bis eine kurze Pause eintrat.
„Bitte? Ach so, Sie sind FRAU Bartsch!", korrigierte er sich, ohne jeden Anflug von Irritation. Keine Pause ob dieser peinlichen Situation, keine Entschuldigung. Nicht mal Luft hatte er geholt.
Oder bei einem Gespräch mit einer anderen Kundin: „Ja, dann kommen wir vorbei, wir gehen die Räumlichkeiten einmal durch", als ihm mit einem Mal der top-moderne leichte

Telefonhörer der Siemens-Telefonanlage aus der Hand fiel und krachend auf dem Tisch landete. Der Frau am anderen Ende musste das Ohr abgefallen sein. Ungeachtet des möglichen Hörschadens seiner potentiellen Kundin redete er einfach weiter.

„Ja, das andere gucken wir uns dann auch gleich mit an…", Er hatte sie einfach auf den Tisch fallen lassen, es war ihm keine Äußerung dazu wert. Den Auftrag bekamen wir trotzdem.

Auch wenn ich inzwischen durchaus souverän auftreten konnte, behielt ich einen menschlichen Umgangston bei und verlor diejenigen, die für uns arbeiteten, nicht als Menschen aus dem Auge. Ich ging auf sie zu, führte geduldig Gespräche, lernte einzuschätzen, was mein Gegenüber ausmachte. Bei Bewerbungen, Einstellungen und Absagen versuchte ich freundlich und respektvoll herauszufinden, ob jemand in das gesuchte Profil passte und verschaffte mir ausreichend Zeit, um im Einzelfall die richtigen Worte für eine Absage zu finden.

Sollte Bernd als Erster den Hörer erwischen, wenn wir gerade Anzeigen geschaltet hatten, zuckte ich bei seiner Art der Gesprächsführung jedes Mal innerlich zusammen. Regelmäßig endete es damit, dass er insbesondere die Bewerberinnen übel behandelte oder einfach abblitzen ließ. Passte ihm die Grammatik nicht, war die Stelle schon lange besetzt und alle anderen eben auch. Bevor die Leute ihren Satz auch nur zu

Ende bringen konnten, legte er kurzerhand einfach auf, ohne jeden Hauch von Empathie dem oft unsicheren Gegenüber, ohne ihm auch nur einen Funken Selbstwertgefühl zu lassen. Wir hatten immer genügend Bewerbungen. Für mich kein Grund die Leute nicht mit Respekt zu behandeln. Ich empfand das als unnötig, menschenverachtend und dumm, wenn ich Bernd so agieren sah. Wie ich sie hasste, diese Einfältigkeit und Kaltschnäuzigkeit. Später sollte ich sie am eigenen Leib zu spüren bekommen.

Er war besessen von der Gier nach Geld. Anstatt ein stetiges Wachsen der Firma mit Überlegung und Weitsicht voranzutreiben und ihr Gedeihen behutsam zu überwachen, saß er in alarmierender Regelmäßigkeit am Tisch, rechnete nach, dass er immer noch kein Millionär war und brach jedes Mal mit einem tiefen Seufzer schier unter dieser Erkenntnis zusammen. Dieser Bernd, der in regelmäßiger Manier vor dem Spiegel posierte und sich dabei den Bizeps küsste.

Eine kleine, fast nebensächliche Situation, erhellte schließlich für mich, was sich vorher nur diffus falsch angefühlt hatte.

Wir standen mit einem unserer Mitarbeiter an der Außenanlage eines großen Unternehmens, unserer seinerzeit ersten Errungenschaft im Industriegebiet. Ich kramte noch in meinen Unterlagen, als zufällig der Firmeninhaber persönlich vorbeikam, ein sehr ruhiger, feiner Mensch, der uns freundlich begrüßte und uns nebensächlich fragte:

„Ach, guten Tag, sagen Sie mal, ist das ihr Gärtner?" Er wandte sich dabei direkt dem Kollegen zu.

„Ja klar!" funkte Bernd postwendend dazwischen und wollte schon mit seinem Tonfall jeden Zweifel daran im Keim ersticken.

Der arme Mitarbeiter wusste natürlich nichts von seiner Bestimmung und ahnte noch weniger, was auf ihn zukam.

„Können Sie mir mal den Rasen vertikutieren?" wandte sich der Unternehmer direkt an den Mann, der seinen Oberkörper wie vor einer plötzlich angeflogenen Hummel zurückzog, bis er bar jeder Sachkenntnis stammelnd hervorbrachte: „Vertiko…was?"

Der Geschäftsmann betrachtete alle Anwesenden kurz und verabschiedete sich mit einem leicht geringschätzigen Lächeln, als habe er nun die Gewissheit über eine längst vermutete Annahme erhalten:

„Ja dann, schönen Tag!", wandte sich um und ging.

Er hatte auch klein angefangen. In einer Garage hatte er zunächst eigenhändig Filter für chemische Anlagen zusammengebaut, dann den großen Sprung in die industrielle Fertigung gewagt und nach und nach ein solides Unternehmen aufgebaut. Rechtschaffen und ehrlich, ohne jeden Anflug von Großspurigkeit und Selbstüberschätzung. Es war ein Zeichen aus einer anderen Welt. Sein Umgang hatte Stil. Bernd hatte von Anfang an den großen Auftritt gespielt. Und so lief es schief.

Der Packen

Ich kam ins Büro und suchte nach einer Rechnung. War sie nicht im Rollcontainer? In der untersten Schublade angekommen, wollte ich mich gerade meinem Missmut über die erfolglose Suche hingeben, als mir der Zipfel eines braunen Päckchens auffiel. Ich fischte es heraus und wickelte das zerknitterte Papier ab. In die Hände rutschte mir ein Packen Fünfziger und Hunderter. Ungewöhnlich, dachte ich. Aber irgendeine Erklärung würde es schon geben.
Es ließ mir keine Ruhe, denn es war richtig viel Geld, mehrere tausend Mark. Wir wohnten über den Büroräumen, also ging ich zu Bernd hoch, um doch mal nachzufragen:
„Was ist denn das für Geld im Schrank unten?"
Er stand langsam auf, rollte seine Schultern aufwändig nach hinten und streckte die Brust mit leichtem, gepresstem Ausatmen nach vorn durch:
„Hä, was für Geld?" Es sollte ungläubig klingen.
„Das wirst du doch wohl wissen, du hast doch sonst nicht so viel Geld in der Schublade 'rumliegen!"
Einen Moment lang vergaß er seine breiten Schultern nach seiner Vorstellung von souverän zu positionieren, sein Blick ging nach vorn ins Leere. Dann straffte er sich wieder und schaute mich prüfend an: „Ist dir nichts aufgefallen?"

Ich fand das alles ein bisschen viel Theater und hatte nicht vor, mich jetzt auch noch sezieren zu lassen: „Nein, was soll mir denn aufgefallen sein?". Es nervte mich die Suche nach der Rechnung, und ich wollte wieder zurück ins Büro.
„Das ist Falschgeld!"
Seine drei Wörter durchschnitten den Raum. *Das kann nicht sein*, versuchte ich mich zu sortieren. Schlagartig wurde mir bewusst, dass es jetzt um die Abwehr einer echten Bedrohung ging.
„Bist du bekloppt?" herrschte ich ihn an.
Nicht nur der Umstand an sich war unmöglich, ich war auch persönlich betroffen: Ich war diejenige, die die Löhne herumbrachte. Man hätte es mir gut untermischen können, dieses Falschgeld. Ich war wütend und getroffen:
„Stell' dir vor, das kommt raus, dann gehe ich wegen dir in den Knast!"
„Wieso du denn?" fragte er zurück, als wären außer der Klärung eines beliebigen Sachverhalts keine Folgen zu befürchten.
Innerlich kochend stand für mich fest:
„Erstens weiß ich das jetzt – und du schredderst das alles jetzt mal schön! Und zweitens bringe ich jeden Monat das ganze Bargeld raus. Du kannst mir das ja locker untergeschoben haben und ich hätte unseren Firmenangehörigen Falschgeld gegeben!"

„Habe' ich aber nicht, ehrlich!", versuchte er mich zu beschwichtigen. In keinem Fall machte es die Sache besser. Ich war nicht zu bremsen und überfuhr ihn:
„Weiß ich doch nicht, woher soll ich das wissen! DAS geht alles GAR NICHT!"
Inzwischen hatte er sich in seiner Rolle wieder besser eingerichtet und trat die Flucht nach vorn an:
„Ich hätte dich ja anlügen können! Du hast es ja noch nicht 'mal gemerkt! Ich hätte einfach nur sagen können, das Geld habe ich für den Notfall zurückgelegt, falls es beim ersten Mal mit meiner Prüfung nicht direkt kappt!"
Bernd ging zu der Zeit noch in die Schule, um seinen Meister als Fachmann für Schutz und Sicherheit zu machen. So kämen wir dann von dem Konzessionsträger los, der uns monatlich viel Geld kostete.
Abgesehen davon, dass ich mir in diesem Moment keine Vorstellung davon machte, was Schule kosten würde, hätte ich ihm das geglaubt. Ich war keine Polizistin oder Spezialistin auf diesem Gebiet. Ich wäre nicht im Traum auf die Idee gekommen, dass in unserem Büro Falschgeld lagerte und schon gar nicht woher es kam.
War es in diesem Moment noch eine einzelne Verfehlung in meinen Augen, sollte ich bald auch dieser Illusion beraubt werden.
Aber wenn man Glück hat, hilft einem jemand auf die rettenden eigenen Sprünge.

Programmänderung

Ein Treffen zur Vorbereitung der Steuererklärung war der Auftakt zur überfälligen Veränderung. Ich war Mitte Zwanzig, Prokuristin und Gesellschafterin in unserem Unternehmen.
Der Steuerberater schaute aus den Papieren auf:
„Sie verdienen zu wenig!"
Ich bekam zu der Zeit offiziell eintausendzweihundert Mark im Monat.
„Das geht nicht! Sie müssen mehr verdienen!" beharrte er.
„Es kann ja mal irgendwas sein!" Und er listete auf, als wäre es das Selbstverständlichste von der Welt:
„Entweder Sie kriegen mehr Geld oder Sie heiraten oder Sie gründen eine GmbH und sind an der Firma beteiligt."
Bis dahin hatte ich überhaupt keine verbriefte Beteiligung oder Handhabe an unserer Firma! Mit einem Mal wurde mir glasklar, was das bedeutete. Allein diese Erkenntnis tat schon weh, aber es nagte in mir noch tiefer: *Wieso war ich eigentlich nicht schon längst selbst darauf gekommen? Ich konnte gut rechnen und gut wirtschaften. Was war mein Anteil an diesem Desaster?* Ansprüche hatte ich nie gestellt, es lief doch alles gut. Ich arbeitete gern und viel. Und ich hatte ihm vertraut.

Dieses Glück, dass mich jemand nüchtern und sachlich zwang, meine Lage zu erkennen, war zum rechten Zeitpunkt gekommen. Jetzt musste ich handeln.

Wieder zu Hause angekommen, schmetterte ich Bernd noch im Türrahmen stehend über den Flur hinweg entgegen: „Programmänderung!" Meine Sicherheit und Überzeugung ließen ihn aufschauen, das kannte er so nicht von mir.

„Ich bin überhaupt nicht abgesichert, entweder..." wiederholte ich die verschiedenen Möglichkeiten auf dem Hintergrund der Aussprache mit dem Steuerberater, den mir der Himmel geschickt hatte.

Sollte ich in diesem Moment im letzten Winkel meines Hinterkopfes noch eine Spur von Illusion auf eine gemeinsame Zukunft mit Bernd im Kopf gehabt haben, rosarot, mit romantischer Hochzeit in Weiß, wurde dieses Kapitel für alle Zeiten beendet.

„ICH heirate DICH doch nicht!" abschätzig schoss es aus ihm heraus, flankiert von einer Geste, als würde er eine lästige Fliege vom Arm fegen. „Dann kriegst du eben mehr Prozente und ein bisschen mehr Lohn…", und mit kleiner gönnerhafter Geste ergänzte er: „Das können *wir* schon machen", wobei er natürlich mit wir sich allein meinte und tat dabei so, als würde er das Ganze im Kopf ein wenig durchrechnen. „Aber heiraten werde ich dich nicht!" resümierte er seinen Ausgangspunkt.

In seinem Kopf stand sicher keine Rechenaufgabe, genauso wenig wie eine wirtschaftliche Überlegung an seiner Reaktion beteiligt war. Die Firma stand unvorstellbar gut da. Eigentlich wussten wir überhaupt nicht wohin mit dem vielen Geld.

Er brauchte nur einen kleinen Moment um zu überlegen, wie er seinen Hieb platzieren konnte, mit dem er seinem Ego wieder genügend Raum verschaffen konnte:

„Du wirst doch nie einen Mann finden, guck' dich doch mal an, höchstens so einen Scheiß-Malocher… kannst doch überhaupt froh sein, dass du mich hast!"

Das traf mich in mehrfacher Hinsicht, stand mir doch sofort das Leben meines Vaters vor Augen. Mit Rechtschaffenheit, Fleiß, unermüdlichem Einsatz und mit seinen eigenen Händen hatte er die Basis für Wohlstand und Sicherheit in seiner großen Familie gelegt. Romantik in meiner Beziehung zu Bernd war vergessen. So fand meine Reaktion die richtige Richtung. Ich hatte mich gefangen, aufgerichtet, ich ließ mich nicht länger auf naiv und nützlich reduzieren, auf eine Statistenrolle in einem fremden, nicht auf meinen menschlichen Werten begründeten Theaterstück.

Meine fünfundzwanzig Prozent an der Firma und mehr Geld habe ich bekommen.

Alles Weitere lief aus dem Ruder, landete wie das Falschgeld in der untersten Schublade.

Was trieb ihn? Da war diese Gier, diese fast religiös anmutende Wahnvorstellung von der Million, für die er seine Moral, oder das Bisschen, was davon noch vorhanden war, endgültig aufgab.

An die Blüten, das Falschgeld, war er über eine zwielichtige Figur gekommen, einen Kollegen, den er in der Schule kennengelernt hatte. Alle aus seinem Umfeld nannten ihn Skeleter, nach der in den achtziger Jahren populären amerikanischen Comicfigur aus der Serie „Masters of the Universe", der darin die Rolle des Bösen innehatte und auch so aussah. Sie trafen sich immer häufiger zu dritt mit einem Zuhälter in Hamburg. In diesem Gefüge entstand die Idee, ein Wettbüro aufzumachen. Ein armseliges Geschäft angesichts des Suchtpotentials, das sie einfach nicht interessierte. Es war unübersehbar, was das Wetten mit den Kunden machte. Nicht wenige landeten unter der Brücke.

Aber es brachte Bernd und seinen Kumpanen das dicke Geld. Bernd war zurück in dem Sumpf, der seine Kindheit geprägt hatte. Seine Eltern hatten ihr gesamtes, nicht geringes Vermögen verspielt, hatten Haus und Hof verloren, teilten sich ihr Schicksal mit den armen Menschen, die er jetzt selbst produzierte. Mit Betrügereien hielten sie sich über Wasser, wo und wie sie es gerade konnten – eine frühe Prägung für Bernd.

Es musste zum Ende kommen. Noch steckte ich mittendrin.

...deshalb lassen wir Sie fahren

Aus dem Augenwinkel sah ich: *Mensch, du fährst ja auf Reserve!* Während der Autofahrt war das weniger sinnbildlich als ein handfestes Problem.
Dieser Schrecken fußte auf einem anderen Problem. Die Tasche mit dem Geld für unsere Beschäftigten war mir in einer ausgedehnten Kurve vom Beifahrersitz gerutscht. Zugegebenermaßen hatte ich es mit dem Firmenwagen, als ich auf der Runde war, die Löhne herumzufahren, recht flott angehen lassen. Die reflexartige Bewegung zur Tasche hin ließ den Blick auf den Benzin-Anzeiger fallen. Der Blick zurück auf die Straße übertraf die Feststellung, dass der Tank so gut wie leer war.
Ich befand mich auf der linken Seite einer dreispurigen Autobahn. Das Neusser Südkreuz, eine äußerst ausladende Trompete, war ohnehin ein unfallträchtiges Stück Autobahn. Überregional bekannt für seine angespannte Verkehrslage, bis sie später ausgebaut und entschärft wurde.
Mit Grübeln oder gar Philosophieren, was das denn nun mit meinem Schicksal zu tun haben könnte, geschweige denn welche sichernden Maßnahmen ich ergreifen könnte, konnte ich mich nicht lange aufhalten, denn im Moment versagte der Motor ausgehungert seinen Dienst. Also waren

Überlegungen, wie zum Beispiel nach rechts auf die Standspur zu wechseln, obsolet.

Aus der Rückschau könnte man sagen: GUT, dass es NUR drei Spuren waren... heute sind es sechs mit mehr als 120000 Fahrzeugen pro Tag, damals nur schlappe 60000.

Das war eine ganz handfeste, momentane, eher nicht schicksalshafte, sondern besser zu vermeidende Sorte von Verhängnis. Mir rutschte das Herz in den Fußraum des Autos und wäre da ohnmächtig neben dem nutzlosen Gaspedal liegen geblieben, wenn es nicht vonnöten gewesen wäre, die volle Aufmerksamkeit auf meine unmittelbare Lage zu richten. Das Hupkonzert um mich herum, machte gedankenlose Starre kaum möglich. Das Erste, was ich von der Außenwelt wahrnahm, waren entgeisterte Gesichter, die mir unverkennbar einen Vogel zeigten.

Noch während ich vor mich hin zuckelte und langsam ausrollte, setzte sich ein dunkelroter, hochglänzender Mercedes vor mich, 560 SEL, nagelneues Modell. Wir wurden im Gleichschritt langsamer, bis wir schließlich beide standen. Ein reiferer Herr mittleren Alters stieg aus und kam auf mich zu:

„Warum stehen Sie denn hier? Das ist gefährlich!" Damit hatte er sachlich und klar und das Wesentliche zusammengefasst. Wenn auch in seinen Worten eine Spur von Fassungslosigkeit zu hören war. Bezogen auf die Problemlage wirkte er dynamisch und aktiv.

Mit zitternden Händen kurbelte ich die Scheibe herunter und wollte ihm antworten: *Ja, aber mein Auto ist einfach stehen geblieben!* Blitzschnell schoss es mir jedoch durch den Kopf: *Dann sagt der nur ‚dumme Blondine' und fährt weiter.* Besser war vielleicht: *Ich kenn' mich gar nicht aus mit Autos...* Nein, ich entschied mich für die ungeschminkte Wahrheit, kleinlaut und total zerknittert:

„Ich glaube, ich habe kein Benzin mehr."

„Ausgerechnet jetzt habe ich keinen Reservekanister dabei!" stellte er bedauernd, aber nüchtern fest.

Das war es dann wohl, dachte ich, bedankte mich höflich dafür, dass er angehalten hatte.

Er ließ seinen Blick kurz schweifen und nahm die Gefahrenlage noch einmal in den Blick. Der Verkehr war zu der späteren Stunde nicht mehr ganz so dicht.

„Jetzt probieren wir mal was", meinte er unbeirrt, hatte bereits sein Warndreieck in der Hand und erläuterte seinen Plan:

„Ich setze mich jetzt mit meinem Auto hinter Sie und stoße sie – so von Stoßstange zu Stoßstange – auf die rechte Seite bis auf den Standstreifen!"

Ich muss ihn angesehen haben, als sei er von allen guten Geistern verlassen worden. Mindestens fiel mir die Kinnlade so offensichtlich herunter, dass er sich veranlasst fühlte, nachzufragen:

„Was ist? Oder ist Ihnen Ihre Stoßstange zu schade?" Es klang ungeduldig. Unter anderen Umständen hätte ich sicher den leicht spöttischen Unterton realisiert.

Meine??? Er hatte Volllackierung!

Seine Frage war wahrscheinlich sowieso rein rhetorischer Art, setzte er ohne meine Antwort abzuwarten kurzerhand auf der Autobahn zurück, klemmte sich hinter mein Auto und manövrierte mich vorsichtig vorwärts. Die Interaktion der beiden Autos ging zu langsam.

So kamen wir nicht von der Autobahn herunter. Die Autos neben uns fuhren zu schnell und ließen keine Lücke.

Nicht, dass ihn das aus der Fassung gebracht hätte: „Ich schiebe Sie jetzt nach vorn, da ist ein kleines Stückchen asphaltiert, direkt neben der Leitplanke, dann klappen Sie die Spiegel ein und kommen erstmal in mein Auto!"

Gesagt, getan.

„Haben Sie Geld dabei?" fragte er, pragmatisch den nächsten Schritt vorbereitend, während ich in diesem Moment kaum einen klaren Gedanken fassen konnte. Ohne darüber nachzudenken, bejahte ich.

„Dann kaufen wir jetzt einen Reservekanister!"

Diese kurze Konversation war der Übergang in eine rasante Fahrt, die jeden Ansatz einer Reflexion über die Situation verdrängte. Nächste Ausfahrt raus, bei Rot über die Ampel, er kannte kein Überholverbot. Da die Autobahnmeisterei in unmittelbarer Nähe war, wusste er auch, dass für dieses Manöver nicht viel Zeit blieb.

Es ging Schlag auf Schlag: Kanister besorgt, getankt, und wieder zurück auf die Autobahn.

Da sahen wir es schon von Weitem: Blaulicht. Die Polizei war bereits da.

„Scheiße", entfuhr es ihm. In einem anderen Zusammenhang hätte ich aufgrund seines gepflegten Äußeren sicher gestutzt, aber wie selbstverständlich in einer verschworenen Gemeinschaft fügte ich nur bedauernd hinzu:

„Haben wir nicht geschafft!"

Im Gegensatz zu mir blieb er gefasst und ordnete an:

„Bleiben Sie sitzen, ich spreche mit denen". Mit diesen klaren Worten stieg er aus.

Ein tiefer Atemzug sollte mir helfen, mich aus meiner niedergedrückten Haltung etwas aufzurichten, ich schaute verschüchtert zum Fahrersitz, sah jedoch im selben Moment den Geschäftsmann im feinen Anzug nur noch von hinten.

Ich verharrte zusammengesunken auf meinem Platz und wartete. Nicht lange, denn er kam zurück, machte meine Tür auf und meinte zu mir: „So, Sie können jetzt rauskommen. Sie können jetzt selber mit der Polizei reden!"

Verzagt kramte ich in meiner Handtasche, mit gezücktem Führerschein ging ich auf den nächststehenden Beamten zu.

„Da", stürmte ich verbal auf ihn ein, „den können Sie gleich behalten! Ich weiß, was ich gemacht habe! Es tut mir leid, ich weiß, das war ein Riesenfehler! Ich bin nur froh, dass nichts passiert ist!"

Wenn auch ohne Plan, war es ein ehrliches, äußerlich gefasstes, fast souveränes Auftreten. Inzwischen wenigstens in Sicherheit, musste ich schließlich meinem Los, der behördlichen Schlachtbank, ins Auge blicken. Es gab ja auch nichts zu beschönigen oder zu rechtfertigen.

Der Polizist sah erst zu meinem „Retter", dann zu mir, musterte mich eingehend und sah aus, als würde er sich selbst fragen: *Wie soll ich denn jetzt noch mit der ins Gericht gehen?*

Puh, dachte ich, *der scheint ja schon mal ganz nett zu sein*, als der immer noch unbekannte, namenlose Mann neben mir den Moment gekommen sah, für sich die Angelegenheit ohne weiteres Aufheben zu beenden:

„Ich kann jetzt nichts mehr für Sie tun. Ich fahre dann jetzt!"

Das klang geschäftsmäßig, Auftrag erledigt. Ich musste mich ja weiterhin an die Polizisten halten und in meiner Anspannung fiel mir nichts ein als zu stammeln:

„Danke! Danke! Danke!" und hätte das auch noch hundertmal wiederholt, wenn er nicht einfach sehr schnell weg gewesen wäre.

Ein kleiner Blick zur Seite sollte mir helfen, mehr als diesen formlosen Abschied in Erinnerung zu behalten. Wollte ich mich doch unbedingt später angemessen bedanken!

Ich gab dem Beamten meinen Führerschein und ging zum nächstliegenden Problem über:

„Wer fährt den Wagen denn jetzt rüber?"

Ungeachtet des Rattenschwanzes an Problemen, die noch kommen würden, gingen für mich, wie immer, die praktischen Fragen vor.

„Haben Sie denn jetzt Benzin?", fragte mich der Polizist.

„Ja."

„Ok", meinte er, nahm den Kanister, machte den Kofferraum auf, und füllte das Benzin in den Tank.

Mulmig wie mir zumute war, wandte ich mich doch entschieden an ihn:

„Ich fahr' den aber jetzt nicht da 'rüber, ich habe Schiss!"

Mir fehlte sowohl jegliche Ahnung als auch der Mut, mir eine solche Aktion überhaupt nur vorstellen zu können.

Im musternden Blick seinerseits konnte ich auch eine Spur von Mitleid erkennen.

„Günther", rief er seinem Kollegen zu, „fahr' die Karre mal da rüber, die traut sich nicht!"

Die beiden regelten die Überfahrt, dann setzte ich mich auf dem Standstreifen auf den Beifahrersitz. Mein Blick auf die Rückbank offenbarte das nächste Unglück. Der Schreck fuhr mir durch alle Glieder:

„Wo ist denn meine Tasche?"

Blankes Entsetzen machte sich breit. „Ich muss doch die Löhne noch rausbringen! Da ist ganz viel Geld drin, mindestens zwanzigtausend Mark!"
Mir schoss es durch den Kopf.
„Meine Tasche liegt in dem Wagen von dem Mann!" erklärte ich meine, jetzt totale Auflösung.
„Haben Sie sich das Nummernschild gemerkt?" Was für eine Frage? Für Günther die nächstliegende, für die Umstände eher nicht.
„Habe ich: D- HV 550!"
Es kam wie aus der Pistole geschossen. „Ja, habe ich mir gemerkt!", wiederholte ich, als könnte ich es selbst nicht glauben. Der Seitenblick davor, weil ich mich unbedingt noch angemessen bedanken wollte, hatte jetzt noch eine ganz neue Bestimmung erfahren.
„Das ging aber schnell!" meinte er überrascht und kramte ein Gerät hervor, das seine Aufmerksamkeit im Weiteren in Anspruch nahm. „Na gut", erklärte er dabei routinemäßig, „dann mache ich jetzt eine Halteranfrage und schaue mal, ob ich das rauskriege. Der sah ja nicht so aus, als müsste er sich das Geld einstecken!"
Inzwischen war der andere Polizist wieder zu uns gestoßen und zählte mit ernster Miene auf:
„Tja, kein Warndreieck, kein Verbandskasten, kein Benzin und Papiere vom Auto haben Sie anscheinend auch nicht!"
Hatte ich nicht, aber bevor ich zu irgendeiner Ausrede

ansetzen konnte, dass es ein Firmenwagen war, fiel Günther ein: „...und keine Geldtasche mehr!"
„Wie?" fragte der andere irritiert.
„Erzähle ich dir nachher", beschied ihn Günther, zu mir meinte er: „Jetzt fahren Sie mal schön langsam nach Hause!"
Ich nahm ungläubig den vor mir stehenden Polizisten, von den schwarzen Schuhen angefangen ganz langsam von unten nach oben bis hin zu seinem Gesicht in Augenschein.
„Nichts? Gar nichts? Keine Anzeige?" Ich flüsterte fast und drückte mich in den Autositz. Kleiner konnte ich nicht werden. Aber ein unbändiges Glücksgefühl wuchs in mir. Die Emotionen gingen mit mir durch:
„Ich mach' das nie wieder! Das verspreche ich Ihnen hoch und heilig!" Es kam aus meinem tiefsten Inneren und war damit wohl überzeugend.
Günther hatte mehr als seinen amtlichen Spielraum zu meinen Gunsten genutzt und entschieden:
„Und weil wir das wissen, lassen wir Sie fahren! DAS passiert Ihnen NIE wieder!"
Niemals vorher wäre mir in den Sinn gekommen, einen Polizisten in Uniform zu bützen außer an Karneval, jetzt war mir danach. Besser, dass sich das in der Situation gar nicht erst ergab.
Ein unvorstellbares Glück, aus dieser ganzen Bredouille einfach so herausgekommen zu sein! Sollte das vielleicht ein Vorzeichen für den weiteren Verlauf meines Lebens sein?

Fels in der Brandung

Als ich zu Hause ankam, klingelte ich unten an der Haustür und rief Bernd zu: „Wirf mir mal vier Mark in Münzen runter!" Das Kapitel Rauchen war eigentlich für mich lange beendet, aber jetzt lagen die Nerven blank. Ich musste mir Zigaretten holen.
„Komm' mal hoch", meinte Bernd, „hier hat jemand für dich angerufen und meinte er hätte was für dich."
Meine Tasche, durchfuhr es mich und brachte mich in die Realität zurück.
Wie es sich später aufklärte, war folgendes passiert: Der Nadelstreifen-Typ wurde, auf seinem Autohof angekommen, von einem Mitarbeiter auf die Tasche auf der Rückbank hingewiesen. „Das ist nicht meine!" entgegnete er als ihm schlagartig klar wurde: die Frau hatte ihre Tasche in seinem Auto liegen lassen. In der Hoffnung, dort eine Telefonnummer zu finden, fielen ihm die ganzen Umschläge mit Geld und Namen in die Hände. „Diese Tasche packe ich nicht mehr an!" meinte er zu seinem Mitarbeiter und rief unmittelbar bei der Autobahnmeisterei an. Denen erklärte er, dass er Couverts in der Tasche gesehen hätte, anscheinend mit viel Geld, so weit das zu beurteilen war.
Wieder kam ein Polizeiwagen zum Einsatz.

Bei der hinterlassenen Nummer meldete sich ein Beamter und ich hörte, dass ich bei den mir schon bekannten Polizisten gelandet war.

„Wir haben hier Ihre Tasche, zwei Kollegen haben sie gerade abgeholt!"

Mein Anfall von Sucht war weggeblasen. Hastig und dienstbeflissen erhob ich die Stimme:

„Ja, ich komme sofort vorbei und hole die ab!" wollte schnell auflegen, als ich noch hörte:

„Ja, aber gehen Sie vorher tanken", begleitet von einem brüllenden Gelächter im Hintergrund.

Als hätten sie alle nur auf meine Erscheinung gewartet, sah ich sie gespannt in dem Büro sitzen. Oder passender beschrieben, als wollten sie auf keinen Fall die Dumpfbacke verpassen, die auf der Autobahn auf der linken Spur liegen geblieben war.

Nach der Auslieferung der Löhne fand ich eine Visitenkarte. Ich konnte ein Päckchen packen, schrieb einen langen Brief dazu, in dem ich ausführlich meinen Dank beschrieb, und meine Gefühlslage gleich mit. Ich war nicht nur erfüllt von der Hilfsbereitschaft und dem Glück, sondern die ganze Situation hatte mir noch mehr gezeigt. Ich hätte bis dahin nicht gewusst, dass es Menschen gibt, die einem in einer solchen Situation ohne Rücksicht auf eigene Verluste helfen. Ich beschrieb weiter, dass ich mir das gut merken und zu Herzen nehmen wollte, wie schön das gewesen wäre, in dem ganzen

Schlamassel einen Fels in der Brandung gefunden zu haben..., so und ähnlich malte ich es mit meinen Worten in dem Brief aus.

Emotion pur. So konnte ich das Ganze ein bisschen verarbeiten.

Kurz nachdem mein Päckchen angekommen war, meldete er sich bei mir. Er wollte mich einladen und schlug unvermittelt vor, dass wir zusammen essen gehen könnten. Darauf war ich nicht vorbereitet. „Oh, warum nicht?" meinte ich verunsichert, „wo gehen wir denn hin?" Das schien schon alles klar: „Wir gehen in die Orangerie in Düsseldorf, am Donnerstag um 19.00 Uhr!" „Das kenne ich gar nicht" versuchte ich mich im Moment noch herauszuwinden, aber schließlich sagte ich mit etwas mulmigem Gefühl zu.

Total aufgebracht informierte ich der Reihe nach meine Freundinnen und meine Schwester. Unisono kamen sie zu der Einschätzung, dass ich das unmöglich machen könnte. Die Diskussionen brandeten um mich herum auf. „Da kannst du auf keinen Fall allein hingehen!" – „Ich kann aber nicht einfach jemanden mitbringen!" – „Einfach absagen!" – „Wie sieht das denn aus?" und so weiter, hin und her. Elke hatte die Lösung: „Wir fahren mit einem Auto hinter dir her, postieren uns in der Nähe und warten da, bis du wieder rauskommst!" Das schien als Konzept zu meinem Schutz vor Entführung und aller möglichen, in unserer Fantasie blühenden Kriminalität geeignet.

Der Treffpunkt war Autohaus Becker in Düsseldorf, SEIN Geschäft wie ich später erfuhr. Ich stieg zu ihm in den Mercedes, den ich ja schon kannte. Die anderen blieben in ihrem Auto, schön im Hintergrund.

Es sah alles perfekt vorbereitet aus, ich fühlte mich sicher.

An der ersten Ampel gab er mit seinem 560 SEL eben mal Gas, nahm mit ordentlich überhöhter Geschwindigkeit einige weitere Kreuzungen, während der Fiesta hinter uns im Nirwana zurückblieb.

Mit unerschütterlicher Naivität dachte ich noch, die wissen ja, wo wir hinfahren, dann werden sie den Weg schon selbst finden. Ich lag falsch.

„Wir fahren übrigens woanders hin", meinte er wie nebensächlich. „Die Orangerie hat donnerstags zu, das habe ich bei meinem Vorschlag gar nicht bedacht." Und nahm Kurs auf die Kö in Düsseldorf.

War ich bei unserem ersten Zusammentreffen kleinlaut und voller Angst, war mein Zustand in diesem Moment eine unermessliche Steigerung dessen. Ich hatte nur noch SCHISS. Also doch Kidnapping? Fahrt direkt in ein Bordell?

Es folgte ein Einzug in ein Edelrestaurant wie ich es nicht mal im Fernsehen gesehen hatte. Ich spürte, wie wir alle Blicke auf uns zogen. Der Herr im feinen Anzug mit der jungen Blondine in Turnschuhen und Jeans - mit Löchern. Allen Ängsten zum Trotz entwickelte sich ein ganz lockeres Gespräch, über seine Firma, meine Noch-Firma und so weiter.

Er bestellte Kalbsbries. „Watt is datt denn?" mein elterliches Platt holte mich ein. So etwas hatte ich im Leben noch nicht gegessen.

Am Ende brachte der piekfeine Ober eine Videokassette, oder was ich dafür hielt, an den Tisch, ganz edel in Leder eingebunden. Zu meiner Überraschung entnahm ihr mein Begleiter die Rechnung und versenkte für mich unvorstellbar viel Geld darin, etliche Hunderter wurden auf Samt gebettet. Ich kannte so etwas nicht. Er hatte daran seinen Spaß, fand das erfrischend.

Es blieb alles in Ordnung, mein erster Eindruck wurde nicht getäuscht. Nach dem Essen brachte er mich ohne Umwege oder auch nur den geringsten Versuch von Anmache zu meinem Auto. Zu meiner und vieler anderer Erleichterung.

Wir hielten Kontakt. Immer wenn er nach Düsseldorf kam, trafen wir uns auf einen Kaffee. Ich weihte ihn in meine Sorgen ein, erzählte von Bernd, der immer bedrohlicher für mich wurde.

„Komm", meinte er schließlich, „geh da raus, ich kaufe dir eine Wohnung!"

Er hätte alles Zeug zu einem Sugardaddy gehabt. Ich hätte aufhören können zu arbeiten, er hätte mein Leben finanziert. War das angesichts der Bredouille, in der ich mich befand, eine Perspektive?

Ich bin nicht darauf eingegangen. Als ich ihm erklärte warum, war er offensichtlich entrüstet. „Du könntest meine

Tochter sein! Ich bin Fünfzig!" Hätte er mir an den Hintern gepackt? Entrüstet machte er mir glaubhaft klar, dass er mich niemals angefasst hätte.

So trafen wir uns von Zeit zu Zeit auf der Kö und bildeten tatsächlich so etwas wie eine kleine verschworene Gemeinschaft. Ich erzählte bei diesen Treffen von meinen großen und kleinen Sorgen und er gefiel sich in seiner Rolle als Berater und Beschützer, hörte zu und gab mir väterliche Ratschläge. Das Verhältnis war und blieb in jeder Hinsicht unbelastet.

Aber es hatte keine Perspektive.

Bis zur Knarre im Kühlschrank

Jetzt fuhr Bernd nicht mehr nach Hamburg, sondern das Leben mit seinen Freunden spielte sich in unserer Wohnung ab. Obwohl wir persönlich schon getrennt waren, wohnten wir noch zusammen. Wenn ich nicht geschäftlich unterwegs war, hielt ich mich überwiegend in unserem Büro auf. Stefan, der Lude, war mit Sybille, seinem „besten Pferdchen" direkt in die erste Etage eingezogen. Blauäugig dachte ich, ein Pärchen halt. Dabei war es der „neue Markt", Hornstraße in Köln, für den er sie mitgebracht hatte.

Von diesen Zusammenhängen ahnte ich nichts, was auch meiner Versenkung in die Arbeit geschuldet war. Tagsüber die Firma, abends Abrechnungen aus dem Wettbüro, wir kamen mit Schuhkartons voller Bargeld nach Hause. Manchmal schlief ich nur vier Stunden, der Rest war rastloser Einsatz.

Die zugezogene Dame im Haus hatte ihre eigenen Vorstellungen von Geschäften. Sie war der Meinung, alles um sie herum, insbesondere das Wettbüro sei ihr persönliches Eigentum.

Ganz ungewohnt rief mich Bernd eines Tages von dort aus an. Er klang gepresst, kurzatmig, bei dem was er sagte.

„Fahr sofort los! Komm sofort hierher!" Hochgradig erregt ließ er sich nicht unterbrechen: „Frag' jetzt nicht!" Er wiederholte mehrfach: „Fahr sofort los!" Es schien tatsächlich wichtig. Also machte ich mich auf den Weg.

Als ich ankam, schien alles ruhig. Gefahr war anscheinend nicht in Verzug. „Also, wozu jetzt das Ganze?" fragte ich etwas unwirsch, unzufrieden damit, dass er mich einfach ins Wettbüro zitiert hatte, ohne Begründung.

Verbunden mit einem tatsächlichen Anflug von Sorge oder gar Angst erklärte er mir, dass besagte Sybille mit dem festen Vorsatz losgefahren sei, mich zusammen zu stiefeln, weil ich ihr die Einnahmen aus dem Wettgeschäft streitig machen würde. Da wollte sie gleich einen Riegel vorschieben.

„Und deshalb bestellst du mich jetzt hierhin?" Ich war richtig empört. „Meinst du etwa, ich werde mit der nicht fertig?" Wäre „dat Sybillschen" überhaupt so weit gekommen, in UNSERER Wohnung Krawall anzuzetteln, hätte ich mich in der Tat zu wehren gewusst! Ich hatte genug Erfahrung mit Auftreten aller Arten gesammelt und keinerlei Angst.

„Toll, wie sieht das denn jetzt aus?!" beleuchtete ich meinen Standpunkt, „als wäre ich geflohen!" Und schaute dabei in ein leeres, etwas blasses Gesicht.

Auch wenn sich alles am selben Abend in der Form regelte, dass Stefan mit seiner Sybille auszog, spitzte sich die Situation für mich zu.

Letzte Klarheit, dass ich inzwischen tatsächlich von einem ganz besonderen Kaliber umgeben war, brachte der folgende Anlass.

Bernd war noch im Wettbüro und rief mich zuhause an.

„Du musst mir was vorbeibringen! Geh mal an den Kühlschrank! Oben liegt eine Tüte, aber mach' die NICHT auf! Bring' die mit, aber MACH' DIE NICHT AUF!"

Entweder war es Absicht von ihm oder mein Naturell, im Ergebnis lief es auf Dasselbe hinaus: Natürlich habe ich die Tüte aufgemacht.

Da war eine Wumme drin, die Knarre im Kühlschrank.

Jetzt bekam ich es mit der Angst zu tun. Das war keine Dummheit, das war mehr. Mich durchzog eine Kälte, die nicht aus dem Kühlschrank kam. Mit einer Klarheit, die mir so vorher selbst nicht an mir bekannt gewesen war, setzte ich den Schlusspunkt:

„So, das war es jetzt! Und du ziehst auf der Stelle hier aus!"

Er räumte das Feld und kam noch am selben Abend bei seinem Freund Volker unter. Das verschonte mich in der Folgezeit keineswegs vor weiteren Kostproben seiner kriminellen Energie.

Es begann mit einem überraschenden Anruf bei mir im Büro, es war Volker am Apparat. Kein Grund zum Jubel, aber immerhin war er es, der Bernd aufgenommen hatte.

„Du, ich muss mal mit dir reden!" legte er direkt los. Wenig motiviert, aber aus entfernter Dankbarkeit hörte ich ihm zu.

Er kam schnörkellos zu seinem Anliegen: „Du, ich habe den BMW vom Bernd kaputtgefahren!"
„Wie das denn?" fragte ich ungläubig. Niemals hätte Bernd seinen Augapfel aus der Hand gegeben. Ohne weiter zu rätseln, konnte ich ihm auf den Fall eine Prognose stellen: „Na, dann wirst du deinen guten Freund Bernd aber mal kennenlernen!" und etwas betonter wiederholte ich voller Überzeugung:
„DEN wirst du JETZT kennenlernen!"
Ich brauchte nicht zu fragen, wie es zu dem Unfall gekommen war. Volker hetzte die Geschichte ohne Punkt und Komma durch die Leitung. Er hatte Bernd, der nach Hawaii fliegen wollte, um ein bisschen auszuspannen, mit besagtem BMW zum Flughafen gefahren. In der Annahme, eine kleine Spritztour würde Bernd auf Hawaii gar nicht mitkriegen, hatte er ein bisschen Gas gegeben und sich mit dem BMW um einen Laternenpfahl gewickelt. Totalschaden! Volker war zum Glück unbeschadet geblieben, aber wie das Auto anscheinend sehr geknickt.
Eiskalt hatte Bernd nach seiner Rückkehr die Bedingungen klargestellt. Er beanspruchte die Versicherungssumme und Volker sollte ihm den Restbetrag für einen neuen Wagen zahlen.
Darüber gab es keine weiteren Verhandlungen. Volker wusste, dass er nicht mitzureden hatte. Da die Übergabe von Fahrzeugbrief und Geld gegen Schrottauto in unserem Büro

stattfinden sollte, erzählte ich meiner Schwester davon, die damals beim Straßenverkehrsamt arbeitete.

So erfuhr ich, dass der BMW bereits verkauft, Bernd längst nicht mehr im Besitz der Papiere war.

Mein Weltbild war zu oft erschüttert worden. Ich konnte es einordnen. Aber was war mit Volker? Ich rief ihn an, um ihn zu warnen:

„Du wolltest doch heute das Geld ins Büro bringen? Ein kleiner Tipp von mir: Lass' dir auf jeden Fall vorher die Papiere zeigen! Guck' dir den Brief an, BEVOR du das Geld rausgibst. Am besten holst du es später, bring es auf keinen Fall mit ins Büro."

Mehr konnte ich für ihn nicht tun. Es war nicht genug. Sein Glaube wurde erst erschüttert, nachdem er erlebte, was kommen musste.

"Ja, warum denn?" hörte ich ihn noch fragen, bevor ich den Hörer auflegte.

Die beiden Männer standen im Büro, Bernd machte sich nicht die Mühe, mich von meinem Computer zu vertreiben. Er nahm mich gar nicht zur Kenntnis. Also lief das ganze Kino direkt vor meinen Augen ab, hinter Glas und dünnen Wänden.

„Ich würde gern noch 'mal den Brief sehen", eröffnete Volker hastig das Gespräch. Seine Stimme erinnerte mich an Situationen in der Schule, wenn der Kleinste in der Klasse dem

„Chef", der breitbeinig den Türrahmen ausfüllte, ängstlich bittet, ihn doch 'mal durchzulassen.

„Ok, ja, warte 'mal!" Sollte ich mich verhört haben? Bernd ging zwei Schritte zum Rollcontainer, zog seelenruhig eine Schublade auf. Dann ging alles plötzlich ganz schnell. Er knallte die Schublade zu, drehte mit Schwung zu Volker um: „Komm 'mal her, mein Freund!"

Seine Stimme klang gepresst, es kam mir vor, als würde er dabei die Zähne gegeneinander reiben. Er hatte natürlich nicht mit diesem Vorbehalt von Volker gerechnet, brauchte einen kurzen Moment, um sich zu orientieren. Die zwei Schritte, die Schublade und der Knall hatten ihm genug Spielraum verschafft.

„Du hast den BMW zerknallt, und du legst jetzt hier sofort die Kohle auf den Tisch. Was sind dir deine Knie wert? Ich treffe dich. Irgendwo. Und dann schieße ich dir die Knie kaputt. Du wirst immer an mich denken!"

Volker stürzte käsebleich aus dem Büro. Er hatte seinen Freund kennengelernt. Aber er gab sich noch nicht endgültig geschlagen. Der Kleine in der Halbstarken Klasse wollte sich Hilfe bei den großen Autoritäten holen, in der Schule wäre es ein Lehrer gewesen. In diesem Fall war es eine Anzeige wegen Nötigung bei der Polizei. Vermutlich hätte auch der Lehrer nichts ausrichten können, denn gleichlautend hätten alle aus der Clique ausgesagt, der Kleine habe schließlich angefangen und wolle dem Großen ans Bein pinkeln. So ähnlich lief das Gerichtsverfahren ab. Bernd hatte einen Topanwalt, der ihn für viel Geld aus dem Verfahren unbeschadet herausschlug.

Danach leitete ich unmittelbar die endgültige räumliche und geschäftliche Trennung ein. Zu klären war nur noch, wie ich an meine Anteile an der Firma kam.

Bernd rief mich eines Abends an und fragte ohne den Vorlauf, ob er mal ein paar Stunden bei mir bleiben könnte. Ich dachte an seinen Umzug zu Skeleter, nachdem er bei Volker nicht mehr wohnen konnte. Dachte an Stefan und seine Flamme in derselben Wohnung, und dass die ihm vielleicht bedeutet hätten, mal für eine Zeit allein sein zu wollen. Willigte mit der Vorstellung ein, Bernd würde bei mir allein im Wohnzimmer sitzen und ich würde mich so lange um die Wäsche kümmern. Wo war das Problem? Wir waren ja schon einige Zeit auseinander.

Als er kam, setzte er sich tatsächlich direkt vor den Fernseher, und fragte lediglich nach ein paar Stunden, ob er sich mein Auto mal ausleihen könnte, um nach Hause zu fahren. Er wäre fiebrig und müsste sich mal ausschlafen, daher könnte er nicht mit dem Firmenwagen fahren, da der schließlich am nächsten Morgen früh gebraucht würde. Auch wenn ich mir darauf so gar keinen Reim machen konnte, wir hatten genug Firmenwagen, kam ich ihm entgegen:

„Dann nimm' halt mein Auto, steht unten direkt vor der Tür" und wandte mich wieder meiner Beschäftigung zu.

Ich schaltete den Fernseher aus, war noch nicht wieder bei der Arbeit mit der Wäsche angelangt, als es an der Wohnungstür klingelte. Bernd fragte ungeduldig:
„Wo steht der denn? Wo hast du denn geparkt?" als könnte ich dumme Pute mir nicht mal merken, wo mein Auto stand.
„Da steht keiner vor der Tür!" behauptete er.
„Doch, direkt vor der Tür!" hielt ich dagegen, denn wenn ich mich auf etwas verlassen konnte, dann auf mein Gedächtnis. Sauer, noch weiter aufgehalten zu werden, rauschte ich ohne Worte an ihm vorbei die Treppe hinunter.
Da stand kein Auto.
Er hatte wahrscheinlich in Hamburg die Zweitschlüssel verkauft. Das ganze Theater hatte er inszeniert, weil er für einen bestimmten Zeitraum meine Anwesenheit in der Wohnung garantieren musste. Es ging lediglich um das Zeitfenster, den Wagen vor der Tür ungestört wegholen zu lassen.
„So, wir fahren jetzt sofort zur Polizei!" Jetzt war ich angestochen und hellwach. Er flüchtete sich in Ausreden und versuchte dabei, sich leidend zu geben.
„Nee, mir geht's gar nicht gut, dann nehme ich eben einen Firmenwagen!"
Mit absoluter Klarheit und den Worten „DU KOMMST JETZT MIT!" schleppte ich ihn zur Polizeiwache, erstattete Anzeige und erhielt die entsprechenden Unterlagen. Damit trennten sich unsere Wege.

Nach den obligatorischen sechs Wochen erhielt ich einen Anruf von der Versicherung. Ein Herr Michel wäre da gewesen und hätte nach dem Scheck von der Versicherung gefragt. *Nein, dieses Mal hast du dich verrechnet, lieber Bernd!* Ich hatte dazu gelernt.

Ich hörte kaum noch zu, wie die Versicherungsangestellte am Telefon geflissentlich ausführte: „Da war heute dieser Herr da, der wollte den Scheck von Ihrem Auto abholen. Aber das Geld durfte ich nicht herausgeben, denn hier liegt ja Ihr Einschreiben vor. Sie sind doch die Lebensgefährtin oder...". Ich stoppte sie mit einem freundlichen, „Ja, danke, ich weiß", lehnte mich zurück und fuhr mir seufzend durch die Haare. *Um dieses Geld hätte er mich auch noch betrogen.* Der Zeitpunkt, das gemeinsame Geschäft abzuwickeln, rückte näher. Bernd schlug vor, das Ganze bei einem opulenten Frühstück im Interconti zu besprechen. Wir fuhren vom Büro aus direkt dahin, alles sollte dort vorbereitet sein. Die Umgebung machte durch die roten Samtpolster der Sessel einen zwielichtigen Eindruck, das Buffet wirkte völlig übertrieben. Er machte die Sektflasche auf, noch bevor ich mich setzen konnte: „Wir verkaufen die Firma. Komm', darauf stoßen wir an", versuchte er künstlich, gute Stimmung zu mimen.

Das war durchaus in meinem Sinne. Ich wollte nur noch aus dem Unternehmen raus. Als wir uns setzten, machte er seine Rechnung auf. Die Zahlen waren nicht so komplex, dass ich nicht unmittelbar erkennen konnte, wie er mich schlichtweg hintergehen wollte.

„Stopp, warte mal", unterbrach ich ihn protestierend, „ich bin doch mit fünfundzwanzig Prozent im Gesellschaftervertrag eingetragen!"

Er änderte weder seine Haltung, noch den dozierenden Ton. Zog da eine Häme über sein Gesicht? Er war vorbereitet: „Kann ja sein, aber du wirst auf den Rest verzichten!" Ich war nicht so weit gekommen, um das auf mir sitzen zu lassen:

„Ich denke gar nicht daran!"

„Wenn du das nicht machst", fuhr er ungerührt fort, eine Nuance leiser als vorher, während er sich betont langsam ein Brötchen ansah, „wenn du das nicht machst, gehe ich für ein paar Jahre in den Knast und wenn ich rauskomme, gehört mir alles, denn" - er wandte jetzt den Blick von seinem Brötchen ab, als müsse er sich gewaltsam davon losreißen, und fixierte mich geradeheraus:

„Denn dann gibt es dich nicht mehr und mir gehört alles."

Mir blieb der Bissen im Hals stecken. „Hast du mir da gerade einen Mord angedroht?" Und als ich unbewusst nachschob: „Nach alledem, was ich für dich getan habe?", merkte ich im selben Augenblick, dass dieser Nachsatz den Unterschied zwischen uns markierte.

„Habe ich das gesagt?" - drang es wie von weither zu mir durch. Es erreichte mich eher wie ein übler Klang als der

Inhalt von Worten. Seine Drohung blieb unmissverständlich im Raum stehen und schwebte über uns.

Aber ich wusste, es gab keine Wahl. Ich musste mich mit dem zufriedengeben, was zum Glück notariell festgelegt worden war. Mein Anteil war nicht gering, aber nur ein kleiner Bruchteil dessen, was meiner Arbeit entsprach. Von den großen Summen Schwarzgeld ganz abgesehen.

Ein für alle Mal musste ich einsehen: Dieser Art von Leuten hatte ich nicht genug entgegenzusetzen. Es hätte mich zu viel gekostet, gegebenenfalls sogar mein Leben.

Ich verließ den Saal und würdigte ihn keines Blickes mehr. Immerhin hatte ich gutes Geld in meiner eigenen Tasche und damit Startkapital für eine neue Existenz.

Fair war es nicht. Aber das war nicht mehr der Maßstab.

…Neue Zukunft

Neu-Anfang

Kurzentschlossen fuhr ich erst einmal mit meiner Schwester in den Urlaub. Alles, was Bernd und mich betraf, war abgeschlossen. Ich erstickte förmlich in der noch gemeinsamen Wohnung.
Aus früheren Familienferien kannte ich im Bregenzer Wald junge Leute meines Alters. Wir fuhren zusammen Ski, alberten herum, powerten uns auf den Pisten aus. Die Berge, die Natur und die Vorstellung, sich die Welt von oben anschauen zu können, in die grenzenlose Weite statt in Schlamassel ohne Ende zu blicken, waren ein ausgesprochener Kontrast zum Pulverfass in Köln. Ein Telefonat mit meinem alten Bekannten Fritz, der mich über die Jahre hinweg in jeder meiner Sehnsuchtsphasen nach Freiheit, Schnee und dem Tal ausführlich mit Zustandsberichten und den neuesten Geschichten versorgte, - mehr an Organisation brauchte es nicht, um endlich raus zu kommen.
Es fühlte sich an, als würde ich wieder laufen lernen. Die Unbeschwertheit des Zusammenseins und die Scherze, selbst die auf meine Kosten, brachten mich zum Lachen, Hauptsache ich war mittendrin. Was für ein Gefühl! Ich konnte mich gar nicht erinnern, wann ich darin zuletzt eingetaucht war. Selbst wenn mir schon mal die Spucke

wegblieb, als zum Beispiel der Fahrer des Touristenbusses nicht wie vorgesehen an meiner Pension hielt, mich nicht dort aussteigen ließ, einfach weiterfuhr und mich reichlich verunsichert vor der geschlossenen Bustüre direkt neben seinem Sitz stehen ließ. So machten sie das mit den Touristen eben, ich spielte wohl oder übel mit.
Anscheinend musste ich den Fahrer recht hilflos angesehen haben, der seinerseits genau wusste, was er tat. Eine Etage tiefer werden die Touristen hier anscheinend angesiedelt, dachte ich in diesem Moment. Als Opfer ging mir das ganz schön gegen den Strich.
In unserer kleinen Wohnung blieb ich oft und gern für mich. Meine Schwester, viel unternehmungslustiger als ich, war häufig unterwegs, auch auf der Suche nach einer Ferienwohnung für den Urlaub der ganzen Familie in den kommenden Weihnachtsferien.
Bei dieser Recherche, bekam sie zufällig Kontakt zu dem in meiner Wahrnehmung ungehörigen Ortsbus-Chauffeur und überraschte mich mit ihrer festen Überzeugung, dass er ein Auge auf mich geworfen hätte. Ich erinnerte mich: Hatte er sich nicht im Bus über mich lustig gemacht, einfach die Tür nicht geöffnet? Um sich dann über meine Verunsicherung königlich zu amüsieren.
Da er Wohnungen vermietete, hatte meine Schwester ein Treffen am Abend im Café Amadeus ausgemacht.
Also gut, ich ließ mich überreden mitzukommen.

Das Café Amadeus hatte geschlossen. Für einen Moment blieben wir stehen, ich spürte etwas Verlegenheit.
Na schön, fing ich mich in Gedanken, *jetzt sitzt der Typ hier hinter irgendeiner Mauer und lacht sich über uns kaputt...nicht mit mir.*
„Wir lassen uns nichts anmerken", hakte ich meine Schwester energisch unter. „Wir gehen einfach ins Casino nebenan und tun so, also ob nichts wäre."
Die Schadenfreude, mit der er erneut in ein dummes Gesicht schauen würde, wollte ich ihm nicht schon wieder gönnen.
Durch die Scheibe sah ich ihn dort am Tresen im Casino sitzen.
Was packte mich spontan für ein Gefühl? Flau irgendwie, nur anders. Irgendwo unten in den Beinen fing es an, machte mir weiche Knie, flirrte im Bauchraum und kreiselte sich weiter nach oben. Bis sich im Brustraum etwas breitmachte, das mir die Idee vermittelte, mein Herz könnte die Wände durchschlagen.
Dankbar, dass ich meine Schwester am Arm spürte, bekam die Situation plötzlich eine ganz andere Wendung für mich. Im Bruchteil einer Sekunde wurde mir klar:
Ich sah ihn mit ganz anderen Augen als vorher.
Die Verbindung zu Bernd hatte mich bis dahin emotional abgetötet. Zumal ich überzeugt davon war, dass alles mein Fehler in der Beziehung zu ihm gewesen wäre. Ich hätte nichts anderes verdient, als enttäuscht zu werden, also wozu sich

öffnen? Gefühle, das hatte ich weit weggeschoben und desillusioniert einen großen Verteidigungswall vor weiteren Frustrationen um mich herum aufgebaut.

Nach einem völlig unverfänglichem Hin und Her kam es schließlich zu einer Verabredung, ein Spaziergang mit dem Hund sollte es werden. Dazu kam es dann auch. Wir unterhielten uns, verstanden uns gut. Er hörte behutsam zu und nahm sich Zeit zu verstehen, was mit mir los war.

Ich brauchte diese Zeit, um den Glauben daran wieder zu gewinnen, dass ich jemand anderem außer mir selbst vertrauen konnte. Wahrgenommen zu werden – ein vor langer Zeit tief in mir begrabenes, wohltuendes Gefühl. Und für dieses Zusammensein, diese Gespräche, war ich anscheinend gut *genug*. Mit all dem Ballast, den ich mit mir herumschleppte. Er zeigte mir auf seine Art, dass es immer Wege und Lösungen gibt.

Ganz vorsichtig kamen wir uns näher, ganz sacht. Es blieb auf der Ebene des Austausches. An Weihnachten wollten wir uns wiedersehen. Wir hatten uns in eine seiner Wohnungen in der elterlichen Pension eingemietet.

Damals schrieb man noch Faxe. Handy gab es noch nicht, aber immerhin waren die Fernkopien nicht ganz so altertümlich wie handgeschriebene Liebesbriefe. Der Inhalt war derselbe geblieben und erzeugte trotz aller Technik Rauschen in den Ohren der Verliebten.

Noch vor Weihnachten besuchte Konstantin mich in Köln. Im Gegensatz zu ihm hatte ich bis dahin gar nicht richtig realisiert, was mit mir los war. Ich hatte dieses Gefühl „verlernt", wusste nicht, warum ich physisch zu kämpfen hatte, wenn ich ihn sah. Obwohl er meine Unsicherheit, meine Ängste, ihre Geschichte und ihre Wirkung kannte, zeigte er sich mir gegenüber wertschätzend und signalisierte, dass er mich mochte. Als hätte er darauf gewartet, mir das Vertrauen in die Welt wiederzugeben, verbunden mit der Gewissheit, dass meine Selbstheilungskräfte geweckt und sich wieder entfalten würden. Der Neuro-Cocktail stimmte auf beiden Seiten.

Wir hatten uns handfest ineinander verliebt.

Noch hatte ich es mit dem Trümmerfeld in Köln zu tun.

Weihnachten trafen wir uns endlich wieder. Seine Unbeschwertheit, seine Lockerheit und die Witzchen heiterten mich auf, seine Fröhlichkeit war ansteckend. Er begleitete mich dabei, zu mir zurückzufinden, bis zu dem Punkt, an dem ich die Vergangenheit abstreifen und hinter mir lassen konnte. Ich fühlte seine Aufrichtigkeit, fühlte Vertrauen. Langsam richtete sich mein Fokus immer mehr auf eine gemeinsame Zukunft, teilte seine Begeisterung für die vielen Dinge, die er machte, die ihn ausmachten, fühlte mich in sein Leben und seine Umgebung immer mehr ein. Er gab mir die sichere Idee davon, dass ich heilen würde. Mit mehr Energie

als jemals zuvor meinte ich in ein gemeinsames Leben starten zu können, als besserer Mensch denn je.
Die Idee eines neuen, gemeinsamen Zuhauses war geboren. Dabei ging es gar nicht mehr um die Berge und all das, weswegen mich das Tal so magisch angezogen hatte. *Zuhause* hatte Gestalt in einem Menschen angenommen, der mich spüren ließ, dass ich immer an diesen Ort zurückkommen wollte. Ein Ort, der mir Sicherheit gab. Kurz, er war es, der sich wie Zuhause anfühlte. Er war der Grund zu bleiben.
Aber zunächst musste ich noch meine geschäftlichen Dinge abschließen.
Unsere Firma wurde zum Verkauf angeboten. Ein Unternehmen aus Wuppertal interessierte sich dafür. Vor dem offiziellen Notartermin erhielt ich eine Einladung des Prokuristen zu einem Essen. Übliches Geschäftsessen, dachte ich. Er holte mich mit seinem Auto ab und kaum war ich eingestiegen, sprang mir sein Dackel auf den Schoß, wie zu einer ungestümen Begrüßung einer alten Bekannten. Die Ouvertüre zu dem was dann kam:
„Ich habe da was zu Hause für uns zum Essen vorbereitet", erklärte er freudestrahlend, während mich die blanke Angst packte. Der Dackel freute sich ganz ungerührt weiter, drehte sich auf meinem Schoß herum, als wären wir seit ewigen Zeiten Freunde. Auch unter höchst konzentrierter Anspannung fand ich keinen Ausweg aus dieser Art von Überfall,

vom Dackel bewacht, mit Kloß im Hals auf dem Beifahrersitz eingeklemmt.

Komm, legen Sie mir schon die Hand aufs Knie, damit ich Ihnen eine runterhauen kann. Falsche Fährte. So wie es aussah, war es nicht. Der Fahrer quasselte am laufenden Band und ich hörte gar nicht richtig zu, bis er von seinem Lebensgefährten sprach. Welch wunderbarer Moment der Entspannung. Der Dackel genoss meine Zuwendung in gelöstem Zustand.

Für mich folgte ein Ausflug in die 1920er Jahre. Die Wohnung war liebevoll mit Schränken, Porzellan und allerhand Kleinkram aus dieser Zeit perfekt eingerichtet. Das Essen war verführerisch gut, noch bevor alles Weltliche weit von mir abgefallen war, rückte er mit der Sprache heraus:

„Sagen Sie mal, welche von Ihren Verträgen sind denn jetzt gefälscht?"

Wie? Ich verstand ihn nicht.

„Das sind doch nicht alles ihre Kunden, die da drinstehen!?"

„Doch!" Was sollte ich anderes sagen.

„Nichts dazwischengeschoben, na welche, die gar nicht existieren?" bohrte er nach.

Er wusste, wer im Geschäft für die Buchhaltung und die Auszahlung der Löhne zuständig war. Er wollte mir auf den Zahn fühlen. Ich konnte ihn beruhigen:

„Nein. Sie können morgen mit mir zu jedem der aufgelisteten Kunden fahren, die werden mich alle mit Frau Michel begrüßen". Den Namen war ich nie losgeworden, für die Angestellten war ich natürlich die Frau vom Chef.

„Ich kenne alle persönlich. Darauf können Sie sich verlassen."

Das war es, was er wissen wollte. Deshalb hatte er mich eingeladen.

Einstieg

Es war mein Geburtstag. Um 11.00 Uhr war der Notartermin anberaumt. Wie maschinell ging alles über die Bühne, ich funktionierte mechanisch. Aber ich bekam meinen Anteil.
In diesem Moment der gemischten Gefühle stand Konstantin mir zur Seite, drängte mir weder Fragen auf noch belastete er mich mit ungebetenen Ratschlägen. Mein Wohlergehen hatte für ihn oberste Priorität, er war für mich da. Mit seiner umsichtigen Zuwendung, seinem Lächeln, gab er mir das Gefühl, wirklich geliebt zu werden. Er würde mich niemals verletzen. Es war so, als hätte er darauf gewartet, mich zu schützen und mir das Vertrauen in die Welt wieder zu geben. Er war einfach bei mir, damals.
Zeitlich war seine Fürsorge allerdings beschränkt. Jahrelang Junggeselle und immer schon ein Tausendsassa hatte er sich mit vielen Verpflichtungen zugepflastert, nicht selten auch abends.
Für mich ergab sich daraus folgender Eindruck: Morgens fuhr er los, Küsschen, kam gegen Abend wieder, Küsschen und verabschiedete sich sogleich, um Termine von Sitzungen, Schulungen, Theaterproben und sonstige Verbindlichkeiten wahrzunehmen. Gefühlt war er manchmal von sieben Tagen die Woche acht nicht da.

So war es nun: Ich war in einem völlig neuen, fremden Umfeld, hatte alle Zelte hinter mir abgebrochen, und erstmal allein, ja sogar einsam. Die alten sozialen Kontakte waren weit weg, neue Verbindungen mussten erst aufgebaut werden.

Die Unsicherheit und Leere, die das mit sich brachte, hatten auch ihr Gutes. So war mein überwiegendes Gefühl in dieser Zeit. Die Vergangenheit steckte mir noch bleischwer in den Knochen. Über Jahre hinweg kräftezehrende Doppelschichten, tagsüber Chefin der Reinigungsfirma, nach dem kurzen Abendessen den Hund rauslassen und dann in die Nachtschicht mit Verwaltung, Buchhaltung und den Abrechnungen für das Wettbüro. Die universelle Starre der Erschöpfung nahm mich in Beschlag.

Weitaus gravierendere Spuren hatten allerdings die Auseinandersetzungen mit Bernd hinterlassen: Die ganzen Streitgespräche, unaufhörlich, jeden Abend. Nebenbei hatte ich die Morddrohung auch noch nicht ganz weggesteckt. Von Ferne drohte er mir, ich solle bloß nicht die Türe aufmachen, wenn mir meine Knie lieb wären, er würde sie immer treffen.

Der Übergang hieß schlafen, schlafen, einfach nur schlafen, tatsächlich nur schlafen. Als müsste mein Körper etwas für mich erledigen, wobei der Kopf nur hinderlich gewesen wäre. Bis ich dann nach drei Monaten ausgeschlafen hatte. Langsam kam wieder Energie in meinen fast totgeglaubten Gesamtorganismus und ich nahm Witterung in Richtung Leben auf.

Mein erstes Geld im neuen Umfeld erwirtschaftete ich quasi aus Langeweile.

Auch wenn wir schon vereinbart hatten, dass seine abendlichen Termine eingedampft und das High-Speed-Level der verschiedenen beruflichen Tätigkeiten heruntergesetzt werden sollten, war ich tagsüber meistens allein und strich durchs Haus.

Im Vorbeigehen warf ich einen Blick auf Berge von Papier in Konstantins Büro. Irgendeine sinnvolle Struktur konnte ich nicht erkennen. Woher sollte es auch kommen, er war ja immer unterwegs und hatte für Ordnungsmaßnahmen keine Zeit. Beiläufig, aus Spaß, nahm ich einige Zettel zur Hand. In mir entwickelte sich eine zur Tat drängende Unruhe, die sich in dem Ansinnen manifestierte, das ganze Chaos in eine hilfreiche Ordnung umzuwandeln. Eigentlich wollte ich nur Passendes zu Passendem zusammenlegen, aber es funktionierte nicht, egal wie oft ich Papiere hin- und herschob.

Ich hatte zufällig mit einem Stapel zum Gashandel angefangen. Nichts wäre einfacher gewesen als Lieferscheine und Rechnungen zusammen zu bringen, um ihnen dann ein übersichtliches, gesichertes Zuhause in einem Ordner zu geben. Es gab kein Vorankommen. Gar nichts stimmte überein, das Puzzle wollte und wollte nicht aufgehen. Dabei hatte ich doch selbst am letzten Mittwoch miterlebt, wie wir zusammen genau zwanzig Gasflaschen abgeholt und abgezählt zehn zurückgegeben hatten. Wieso standen dann mehr als

zwanzig auf der Rechnung und nur drei abgegebene? Auch ein Pfandsystem kann nicht so flexibel sein, dass am Ende immer etwas fehlte oder zu viel auf der Rechnung stand.
Sicherheitshalber fragte ich Konstantin am Abend, ob es irgendwelche Besonderheiten, Ausnahmeregelungen oder Grundsätzliches bei den Abrechnungen gab, die ich vielleicht nicht kannte. Nein, gab es nicht.
Und dann wollte ich es erst recht wissen. Zwei ganze Jahre, das letzte und vorletzte suchte ich mir raus, listete auf, glich ab, markierte alle Fehler und machte Kopien. Ich kam auf eine Differenz von rund zehntausend D-Mark. Der ganze Fünf-Zentimeter-Stapel Kopien ging mit kurzem Anschreiben und der Bitte um Erklärung unverzüglich in die Post. *So, das hätten wir erstmal,* dachte ich, *bin gespannt, was jetzt passiert.*
Nach einer Woche erhielt ich einen Anruf, der Chef von Süd Gas war höchstpersönlich am Apparat.
„Tja", seine Stimme klang gespielt aufgebracht, übertrieben besorgt, „sowas wie von Ihnen habe ich ja noch nie bekommen!"
Nach genüsslich ausgedehnter Pause ahmte ich ihn in Tempo und Tonfall nach, ließ ihn auflaufen:
„Ja, ich auch nicht!"
„Wieso haben Sie das gemacht?" kam als Frage zurück, ein kleiner Ablenkungsversuch, um zu testen, mit wem er es denn zu tun hatte, mochte er gedacht haben.

Dieses Mal ohne Pause, geschweige denn lange nachzudenken, was eine sinnvolle Erklärung sein könnte, beschied ich ihn kurz und knapp mit der Wahrheit:
„Ich hatte einfach Langeweile. Ich bin hierhergezogen und hab' gedacht, ich unterstütze mal meinen neuen Lebensgefährten in seinem Büro."
Kurzes Räuspern in der Leitung, und dann kam das, was immer kommt, wenn man seine Felle schwimmen sieht:
„Tja" – sehr langgezogen, wieder Pause -, „lange Rede kurzer Sinn, wie können wir uns denn da einigen?" Es klang nicht nur ein bisschen schleimig.
„Wir können uns einigen." Kaum hatte ich das so ausgesprochen, meinte ich durchs Telefon zu spüren, wie sich irgendwelche Steine im freien Fall der Schwerkraft ergaben.
„Oh, das finde ich ganz prima", kam aus einem hörbar trockenen Mund. „Wie einigen wir uns denn da?"
Ganz sachlich klärte ich ihn auf:
„Kein Problem, wir einigen uns so, dass Sie die zehntausend D-Mark, ganz schnell, auf das Konto meines Partners überweisen und ich…" – mein nächster Halbsatz folgte mit abgesenkter Stimme - „…mir die Vorjahre nicht mehr angucke". Der Nachhall des leicht verschwörerischen Untertons verfehlte anscheinend seine Wirkung nicht.
War da noch ein schwerer Atemzug zu vernehmen? Etwas fahrig kam die Reaktion: „Ja, natürlich, … klar, …ja, …, sowas habe ich mir auch schon gedacht. Ja, … dann

Dankeschön, und, …, dann alles klar", stolperte er durch die Leitung. Sehr verbindlich, dachte ich noch, da hatte er schon aufgelegt.

Drei Tage später war das Geld auf dem Konto.

Die Schatten der Vergangenheit hatten sich gelichtet, ich war wieder voller Energie und Lebenslust. Die „guten Ratschläge" von Bernd noch im Ohr, war ich inzwischen mit einem wundersamen Sinneswandel seinerseits konfrontiert: Er schickte mir Liebesbriefe und Geschenke.

Als ich ihm klipp und klar antwortete, dass mir kein Gedanke ferner läge, als zu ihm zurück zu gehen, bekam er Angst um den Verbleib seiner schriftlich in die Welt gesetzten, woher auch immer plötzlich stammenden Gefühlsäußerungen und verlangte die Dokumente zurück, was postwendend erledigt war.

Seine Päckchen überließ ich meiner Schwester.

Gut, dass Sie das sagen

Vom ersten Moment an in meinem neuen Zuhause war mir klar geworden, dass die Menschen im Tal anders „tickten". Konstantin hatte mich bei meiner Ankunft am Bahnhof abgeholt und wir fuhren in sein elterliches Haus, das sein Vater unten und er oben bewohnte. Seine Mutter war vor längerer Zeit verstorben.
In großer Ungewissheit, wer oder was mich genau erwartete, wollte ich mich einer kleinen, aber nicht unwichtigen Selbstverständlichkeit lieber vergewissern:
„Sag' mal, weiß dein Vater eigentlich, dass ich bei dir einziehe?"
„Wird er schon früh genug sehen!", verblüffte mich Konstantin mit seiner Antwort.
„Ja, spätestens heute!" konnte ich mir nicht verkneifen. „Wir fahren nämlich gerade meine Sachen in sein Haus!"
In dem schönen alten Haus lebten wir uns rasch zusammen ein. Einher ging das mit der Renovierung und Modernisierung des ganzen Holzbauwerks und insbesondere unserer Wohnung. Jede freie Minute legten wir selbst Hand an. Konstantins Vater ließ uns gewähren, hielt sich jedoch persönlich aus allem heraus. Aus gutem Grunde, wie schnell klar wurde. Als junger Mann hatte er einen sehr schweren

Verkehrsunfall, bei dem er mit seinem Auto in ein zwanzig Meter tiefergelegene Bachbett gestürzt war. Überlebt hatte er das nur knapp, mit schwerer Gehirnerschütterung und Kopfverletzungen. Aufgrund dessen war sein Schlafzentrum im Gehirn gestört. Angefangen von Tee mit Rum, zum Einschlafen, wie er betonte, über Wein bis zu den hochprozentigen Schnäpsen, hatte er sich betäubt und war nach und nach zum Alkoholiker geworden. Aus dem sozialen Leben hatte ihn das weitgehend herauskatapultiert.

Trotzdem hatten wir kein schlechtes Verhältnis. Wir schauten nach ihm und er kam zum Essen abends zu uns. Eines Tages kam er nicht. Er war gefallen, hatte eine große Platzwunde am Kopf, möglicherweise eine Gehirnerschütterung oder Schlimmeres. Da gab nur noch eins: Die Rettung anrufen.

Im Krankenhaus angekommen, begleiteten wir ihn bei der Aufnahme und machten alle notwendigen Angaben. Er war in guten Händen und außer Lebensgefahr, sodass wir einige Zeit später nach Hause aufbrechen konnten. Ein Arzt hielt uns auf, druckste ein wenig herum und fragte schließlich:

„Müssen wir sonst noch etwas wissen?"

Mir war sofort klar, was er eigentlich fragen wollte und antwortete ihm mit rheinischer Offenheit:

„Ja, er ist Alkoholiker."

Konstantin verzog seine Miene, hielt dezent Abstand und, als hätte er Kopfschmerzen, wandte er sich von uns ab. Der Arzt hingegen schien sehr erleichtert:

„Gut, dass Sie das sagen! Dann wissen wir, woher der Bluthochdruck kommt. Keine Sorge, das kriegen wir hin. Aber bitte bringen Sie ihm mit, was er haben will. Auf Entzug sind wir hier nicht eingestellt."

Was hätte ein Vertuschen denn gebracht?

Eigene Meinung?!

Schnell wurde ich bekannt dafür, dass man von mir eine ehrliche Antwort erhielt und ich meine Meinung offen vertrat. Im Alltäglichen machte das kaum Probleme. Ging es zum Beispiel um Fragen zu einem schicken Outfit, wurde ich gerne zurate gezogen. Meiner Antwort auf: „Wie gefällt dir meine neue Hose?" konnte meine Freundin entnehmen: Das sieht gut aus! Kannst du unbedingt so lassen. Und sie konnte darauf zählen, ohne hässliche Nachrede durchs Tal laufen zu können. Auch umgekehrt war ich ganz direkt und antwortete: Geh' lieber nicht so.

Der typische Talbewohner hätte auch im schlimmsten Fall gesagt: „Des passt scho'!" Was so viel hieß wie: *Ach du Scheiße…, aber ich kann's dir grad' nicht sagen.* Damit war für ihn die Konversation über das Thema beendet.

Um mich an das neue Umfeld anzupassen, musste ich jetzt lernen, sorgfältig abzuwägen, wo ich meine Meinung herauslassen konnte.

Allmählich fand ich auch außerhalb der Familie Zugang zum gesellschaftlichen Leben im Tal. So wurde mein tatkräftiger Einsatz beim Waldfest mit einer Einladung zur Teilnahme an einem Ausflug aller helfenden Frauen honoriert. Der Ausschank und die Bewirtung hatten mir Spaß gemacht. Umso mehr freute mich, die Menschen näher kennen zu lernen und ein wenig in der Gegend herum zu kommen.

Dass ich mit dieser einen meiner Eigenschaften, zu sagen, was ich denke, so schnell anecken würde, kam unerwartet. Die Gespräche an diesem wunderschönen, sonnigen Ausflugstag drehten sich, wie immer bei solchen Gelegenheiten, um alles und nichts Besonderes. Wir waren eine bunte Mischung aller Altersklassen, eine große Tischrunde auf der Alm bildete den abschließenden Höhepunkt. Im Angesicht des Panoramas kamen wir auf die Bergbahnen zu sprechen.

„Ich finde ja die Preise der Bergbahn zu teuer", brachte ich mich mit einer Einschätzung in das Gespräch ein, die von vielen und insgeheim von den meisten Talbewohnern geteilt wurde.

„Ich meine, nicht für die Gäste, sondern für die Einheimischen, wobei ich mich nicht dazuzähle", ergänzte ich ausdrücklich. *Mach' dich lieber ein bisschen klein hier*, dachte ich, *du bist ja neu und noch fremd*. Ich liebte die nahegelegenen Berge, war selbst schon mehrfach auf den Gipfeln gewesen. Es war nicht nur mein Eindruck, dass sich die ortsansässige Bevölkerung selbst nicht allzu oft den Blick von oben leisten konnte.

Eine unangenehme Pause am Tisch war entstanden.

„Mir geht es nicht um mich, sondern um die Leute, die hier leben!" erläuterte ich meinen Gedanken noch einmal. „Die kriegen die Fahrt ja nur ein paar Mark billiger, dafür kann man sich oben nicht mal ein Würstchen kaufen. Aber das sind doch diejenigen, die hier Steuern zahlen und die ganzen Gäste bewirten!"

Totenstille am Tisch. Ich ließ einen verunsicherten Blick in die Runde schweifen und blickte in leere Gesichter. Manche drehten sich weg und kramten ziellos in ihrer Handtasche, andere bemühten krampfhaft ihre Gabeln auf leeren Tellern. Das Thema wurde gewechselt. Dennoch spürte ich ein unterschwelliges Beben. Da ich kaum jemanden kannte und die Zusammenhänge nicht weiter einordnen konnte, blieb ich zunächst ungetrübt.

Was ich nicht wusste: Eine der Teilnehmerinnen war die Frau des Geschäftsführers der Bergbahnen. Ich hatte es gewagt, die Preis-Politik der über allen stehenden Autorität infrage zu stellen. Ich hatte die Obrigkeit kritisiert, was sich ansonsten niemand – nicht einmal im Traum – angemaßt hätte. Das war der perfekte Anlass, hinter vorgehaltener Hand gegen mich zu stochern.

Ich musste mir mit großer Anstrengung klarmachen: *Du bist jetzt hier im Tal, du darfst hier wohnen und wahrscheinlich alles essen, aber alles sagen, das darfst du nicht! Du bist hier ein unbeschriebenes Blatt, ein No-Name-Zugang, den keiner kennt, dazu noch die Fremde aus Deutschland!* Sollte ich doch froh und dankbar sein, überhaupt am Tisch weilen zu dürfen?

Nur nicht diese Rolle, durchfuhr es mich. *Muss man erst tausend Bilder von sich machen lassen, bevor man ‚etwas sagen darf'?* Ich nahm mir fest vor, von nun an genau hinzuschauen und so gut ich konnte meine Gedanken für mich zu behalten.

Schere im Kopf

Welche Sprache ist „normal"? Ich habe so geredet, wie ich es gelernt habe, von klein auf. Meine Sprache steht für meine Herkunft, meine Wurzeln. Damals hatte meine Mutter mich zwar erzogen, oder aus meiner Sicht drangsaliert, um mir die „Wuuaast" abzugewöhnen, ohne dass ich wusste, was daran falsch war. Kein Kind möchte aus den Normen herausfallen, Kinder in Normen zu zwingen war Erziehungsgrundsatz seiner Zeit. Das saß mir im Nacken. Es kam mir so vor, als wäre ICH falsch.

Als ich klein war, hatte ich keine Wahl. Aber ich verlor mein Gesicht nicht, wenn ich gerüffelt und belehrt wurde. Blieb mittendrin, wurde geliebt. Dabei entwickelte ich allen Erziehungsmaßnahmen zum Trotz eine höchst individuelle Sprach-Mischung aus Ruhrpott und Rheinland, einen mit mir gewachsenen Mix.

„Lass' mal zu dem dicken „Fährt" fahren", wünschte ich mir als Kind, wenn ich die dicke Stina mal wieder mit Grasbüscheln füttern wollte, und alle haben es verstanden. Im Tal wurde ich durch dieses eine Wort zum Gegenstand allgemeinen Gelächters und einer Serie von Belehrungen: „Das heißt hier „Pffferrrddt" oder „Rrrross"! Es ging nicht um Verständlichkeit – so groß waren die sprachlichen Hürden zwischen Österreich und Deutschland nicht. Es interessierte auch keinen, was mein damaliges Pferd für mich bedeutete, was ich mit ihm machte, warum ich die vielen Kilometer Anfahrt fast jeden Tag auf mich nahm. Ständige Zurechtweisung an der Oberfläche statt gegenseitigem Interesse und Austausch.

Im Tal durfte ich wieder einmal nicht mehr „so" sprechen. Der traditionelle Dialekt an diesem Ort machte die Daseinsberechtigung aus, war Norm und damit die einzig akzeptierte Normalität.

Immer gab es neue Vorschriften, wie ich etwas auszusprechen hatte, welche Ausdrücke ich nicht mehr verwenden sollte oder was ich gar nicht erst sagen durfte. Aber ich war erwachsen, hatte eine eigene Geschichte.

Musste ich mich ihrem Sprachgebrauch unterwerfen? Sie waren der Normalfall, war ich die Abweichung? Sie imitierten mich, machten mich lächerlich. Als könnte ich nicht richtig sprechen. Das führte zu einem Gefühl von Minderwertigkeit. Aus dem elterlichen Nackengriff in der Kindheit waren Nackenschläge geworden.

Gerade im Dialog vieler Menschen mit unterschiedlichen Erfahrungen entwickelt sich Zukunft, neu, anders, spannend. Wie ist der Blick der anderen auf das Geschehen, welche Gründe haben sie für diese oder jene Entscheidung, für diesen oder einen anderen Weg. Wie reicher ist ein Miteinander statt einem Nebeneinander, statt einer wie selbstverständlich gelebten Vorherrschaft, die beinhaltet, nichts erklären zu müssen, entscheiden können, wie es einem gerade passt, ohne eine nur als lästig empfundene Auseinandersetzung. Welch Trugschluss für das Zusammenleben der Menschen. Eingeschüchtert machte ich es mir zur Auflage, am besten nicht mehr gehört zu werden. Aber was passiert dann? Die in einem wohnenden Gefühle rebellieren. In meinem Fall ganz besonders, weil ich gewohnt war, offen und direkt in jede Begegnung hineinzugehen, in aller Freundschaft, im Ringen um Klarheit und die besten Ideen, den besten Weg für alle Beteiligten. Die Schere im Kopf war angelegt.

Nie wäre mir eingefallen, den Dialekt im Tal anzunehmen. Er passte nicht zu mir. Gefühle und Eindrücke in Worte zu kleiden, authentisch zu bleiben, gelingt mir nur in meiner Muttersprache.

Und hätte ich dennoch nur im Ansatz probiert, Dialekt zu sprechen, wäre es mir ergangen, wie den vielen anderen, so als Klasse bezeichneten „Fremden", die es versuchten. Hinter ihrem Rücken wurde über jeden noch so begabten Versuch gelästert. Selbst ein personifiziertes Sprachwunder hätte nur Spott ernten können. Sie wurden so oder so als die „Zugereisten" etikettiert und damit war die Hierarchie besiegelt.

Niemals hätte ich erwartet, dass jemand in meiner Gegenwart lupenreines Hochdeutsch redete. Eine gemeinsame Sprache zu finden, ist mehr als identisch klingende Wörter zu benutzen. Dazu gehört herauszufinden, was eine Person oder ihre Geschichte ausmacht und welches Potenzial, - und seien es auch Konflikte -, die Unterschiede in sich bergen. Das stand für mich immer im Zentrum. Sie wollten es anders. Um einfach in den Boden zu versinken, wenn ich von „Teich" für die Muffins sprach, um wieder einmal schallendes Gefeixe und eine Serie von Sprachübungen: „Des heischt Teeigk!" ungerührt über mich ergehen zu lassen, hatte ich schon zu viel erlebt.

Was erwartete ich von ihnen? Einfach als Mensch, mit eigener Prägung und eigenem Werdegang, gesehen und als solcher respektvoll behandelt zu werden.

Mit den einen klappte es auch, wir wurden Freunde. Die anderen, die die Mehrheitsfraktion stellten, praktizierten strukturelles Ausgrenzen. Verletzend und unversöhnlich!

Die Identität im Tal war wichtiger als Offenheit gegenüber der Neuen.

Warum ich? Warum nicht?!

Die Ortsfeuerwehr im Tal war eine auf ehrenamtlichen Kräften basierende Institution, in der Tradition eines über hundert Jahren zuvor gegründeten „Freiwilligen Feuerwehrvereins" der Gemeinde. Im Grunde hatten sich die Strukturen und Abläufe bis dato nicht grundsätzlich geändert, abgesehen von der technischen Ausstattung, die mit viel Engagement und Herzblut über die Jahrhunderte konsequent modernisiert und ausgebaut wurde. Jedes neu erworbene Fahrzeug wurde wie seit je her selbstverständlich kirchlich geweiht und die Tal- und Ortskommandanten der Feuerwehren hatten das Sagen verbunden mit einem hohen Ansehen. Die wöchentlichen Proben mit den entsprechenden Vereinsabenden sowie die vielen freiwillig geleisteten Arbeitsstunden strukturierten das Leben der jungen Männer. Oft schon als sechzehnjährige Jugendliche traten sie, nach früher, kindlicher Prägung bei den „Florian-Jungen", der Nachwuchsorganisation, in den aktiven Dienst der jeweiligen Ortsfeuerwehr ein.
Eines Abends, wir saßen mit Freunden bei uns zu Hause zusammen, wandte sich der Feuerwehr-Kommandant zu mir und fragte:
„Sag' mal, hättest du nicht Lust bei der Feuerwehr den Funkdienst zu machen?" Eine Frage, etwa gleichbedeutend damit,

ob ich bei der Erstbesteigung des Matterhorns dabei sein wollte.

„Ja, sischer dat!" antwortete ich ohne eine Miene zu verziehen in breitestem Kölsch, flapsig, mit der festen Überzeugung, dass das ja wohl nicht ernst gemeint sein konnte.

„Würdest du das machen?" drängte er.

Was wollte er wirklich? Ich vermutete erst einmal wieder Gegenstand des speziellen im Tal verbreiteten Humors zu sein.

„Ja, ja", wiederholte ich beiläufig, maß dem Ganzen keine weitere Bedeutung zu, dachte auch nicht weiter darüber nach.

Was ich wohl gehört hatte, denn bei fünftausend Seelen im Tal kam alles jedem zu Ohren, dass es innerhalb der Feuerwehr Konflikte gab. Das passte nicht, nicht zu der Arbeit, die geleistet werden musste, und auch nicht zur Tradition. Hinterrücks über den Kommandanten zu lästern, als Einzelner sich als etwas Besonderes gegenüber den Kameraden aufzuspielen, sich über vermeintliche Unfähigkeit der anderen auszulassen, war mehr, als die Ehre anderer zu verletzen und konnte die Arbeit im Team gefährden. Eitelkeit hatte bei der Feuerwehr keinen Platz.

Keine zwei Wochen nach dem für mich völlig nebensächlichen, bedeutungslosen Dialog mit Sepp war es dann so weit.

„Jetzt melde ich dich bei der Feuerwehrschule an, und du machst den Kurs!" Er schaute mich dabei an, als wäre es das Selbstverständlichste von der Welt.

„Bist du bescheuert?", fragte ich ihn etwas entgeistert und sah mich tatsächlich vor einer Art Eiger-Nordwand stehen.

„Doch, du hast es mir versprochen!" beharrte er.

Damit hatte er bei mir DEN Knopf gefunden. Ich hatte *Ja* gesagt, in welchem Kontext und wie unbedeutend auch immer. Wort zu halten, galt für mich auch bei Weltuntergang.

Ich war fast ein bisschen verzweifelt, der Ernst der Lage hatte mich eingeholt: „Sepp, was hast du da mit mir vor, die nehmen mich hier auseinander! Das halte ich nicht aus, ich bin dann die erste Frau bei der Feuerwehr! Das geht nicht!" Womit ich genau das aussprach, was neunundneunzig Prozent aller Talbewohner und vor allem Bewohnerinnen für ehernes Gesetz hielten.

Am Tresen hatte ich die Sprache der markigen Männer gehört, der richtigen Kerle eben, wie sie von „mies Wieb", also „meinem Weib" sprachen und sowohl in der Wahl der Worte als auch in der Besitzanzeige markierten, wie es in ihrer Welt aussah. Wie es schon in der Steinzeit im Alpenvorland gewesen sein musste. Und daran sollte sich in den nächsten tausend Jahren im Tal nichts ändern – wenn es nach ihnen ging.

„Doch, doch, das kriegen wir schon hin! Ich pass' schon auf dich auf", beruhigte mich Sepp. Ich wurde das Gefühl nicht los, Teil irgendeines Plans zu sein, dessen Logik ich nicht überblickte. Wie sich später herausstellte, lag ich damit gar nicht so falsch.

Aber jetzt war Grübeln keine Hilfe mehr. Das Spiel war eröffnet und ich hatte keine Ahnung wie es ausgehen würde.

Da kommt eine Frau zur Feuerwehr! Nichts machte eiliger die Runde im Tal, dem geschlossener Raum, in dem sich Nachrichten wie Viren ohne Frischluftzufuhr verbreiten.

Aufruhr! Kein Jubel.

Die größten Sorgen der Männer waren, dass sie dann ihre gemeinsamen Fahrten nicht mehr zur Hamburger Reeperbahn oder nach Frankfurt in die einschlägigen Viertel machen könnten, auf den Dienstabenden keinen Schweinskram mehr rauslassen dürften. Das ging ja dann alles nicht mehr, man konnte ja praktisch kein offenes Wort mehr sagen. Die Frauen ihrerseits malten sich aus, wie sich alle geheimen Sehnsüchte ihrer Männer auf mich konzentrieren würden, und noch schlimmer, ich konnte an den Abenden dabei sein, wo sonst noch nie eine Frau zugelassen war.

Selbst in den Nachrichten, im Radio und im Fernsehen war ich Thema: Die erste Frau, die zur Landesfeuerwehrschule ging.

Einige der Männer traten postwendend aus der Feuerwehr aus.

Nach außen bewahrte ich die Fassung, kommentierte das Ganze höchstens mal mit: „So, so". Angenehm fühlte sich das aber ganz und gar nicht an.

Irgendwann musste ich dann schließlich innerlich lachen: *Habt ihr denn keine eigenen Frauen im Tal gehabt, dass ihr mich genommen habt? Und dann noch 'ne Preußin?*

Unsanfte Landung

Durch die Gasflaschen-Aktion hatte ich mich für meinen ersten Job qualifiziert, ohne es zu beabsichtigen. Wie alles, hatte sich auch das sofort herumgesprochen. Die Inhaberin des örtlichen Frisörladens, mit der ich mich von Anfang an gut verstanden hatte, empfahl mich in ihrem großen Bekanntenkreis weiter. Froh, dem Staat nicht auf der Tasche liegen zu müssen, trat ich eine Stelle im Steuerbüro an.
Der Chef stellte mich meinen neuen Kolleginnen vor, ganz begeistert, dass er endlich eine Arbeitskraft zur Entlastung seiner Mitarbeiterinnen gefunden hatte. Alle waren sehr freundlich, so mein Eindruck. Mir wurde ein Abteil in einem hellen, freundlichen Gruppenraum zugewiesen. Diejenigen, die schon länger dort waren, verschiedene Frauen aus der Umgebung, kannten sich untereinander gut. Kein Problem, dachte ich, mit der Zeit würden wir schon miteinander klarkommen. Mir war schon bewusst, dass es, wie in jedem Büro, auch eine interne Rang-, wenn nicht gar Hackordnung geben musste. Aber ich machte mir keine großen Sorgen. Hatte ich doch, wie alle anderen, einen von vornherein festgelegten Kundenstamm zu bearbeiten. Damit war ich glücklich und zufrieden.

Kaum hatte der Chef das Terrain verlassen, durfte ich die, anscheinend wichtigste, Anweisung der ganz vorne sitzenden Mitarbeiterin entgegennehmen: „Also vor halb acht brauchst du hier gar nicht anzufangen, das möchte der Chef nicht!" *Was soll es*, dachte ich, *kann ich so einrichten.*

Nach und nach bekam ich immer mehr Aufgaben und erweiterte meinen Kundenbestand, auch die Bearbeitung der Steuerunterlagen meiner guten Bekannten sollte ich übernehmen. Zu unserer beider großen Freude war das Thema bei unserem nächsten Treffen. Hätte ich besser nicht drüber gesprochen. Schon am nächsten Morgen wurde ich von der „Frontfrau" im Büro zitiert. Was war mein Fehler gewesen?

Bisher hatte sie, höchst persönlich, diesen Steuerfall bearbeitet. Der Wechsel passte ihr anscheinend nicht, jedenfalls nicht ohne die Hoheit darüber aufzugeben und ihn, zumindest nach außen, selbst zu veranlassen. Also hatte sie es als ihre exklusive Aufgabe angesehen, den Wechsel vorzubereiten, ganz sensibel, wie sie mir gegenüber betonte, als ginge es um einen heiklen diplomatischen Fall, wenn nicht gleich um einen Staatsakt. Dabei waren die Unterlagen längst auf meinem Tisch. Es ging doch nur um Fallbearbeitung, dachte ich.

Falsch, so machte sie mir in nicht gerade freundlichem Ton vor allen anderen klar. Mit der Ankündigung des Wechsels hatte ich mir angemaßt, der Autorität ihrer Person vorzugreifen und die „Hackordnung" zu missachten. Ich kommentierte den Vorfall nicht weiter.

Dass sie vorn saß, machte noch keine Vorgesetzte aus ihr. Dennoch gehörte es zu den ehernen Gesetzen, die Wege dieser einen Person nicht ungefragt zu kreuzen. Zeitpunkt meines Arbeitsbeginns war eigentlich Chefsache, so hatte ich ihrem Gebot entnommen, jedoch sickerte der wahre Grund für meinen, von ihr angemahnten späteren Arbeitsbeginn irgendwann doch zu mir durch. Die Dunkle Macht in unserem Gruppenraum erschien morgens schon um sieben Uhr, um dann in dieser ruhigen Zeit genau eine halbe Stunde ungestört von „fremden" Blicken mit ihrer Mutter zu telefonieren. Jeden Morgen.

Außer den wenigen Eingeschworenen, die auch früh kommen durften, sollte das niemand mitbekommen. Das also war der höchst eigennützige Grund für ihre Anweisung, ich solle erst später kommen. Mich interessierte weder, was sie mit ihrer Arbeitszeit machte, noch wann sie kam, es war nicht mein Problem. Aber sollte es werden.

An einem normalen Dienstag, so konnte man das zu diesem Zeitpunkt noch sagen, war ich sehr früh am Morgen mit dem Hund draußen gewesen und entschied mich, direkt zur Arbeit aufzubrechen.

Erstaunt wurde meine Anwesenheit um sieben Uhr zur Kenntnis genommen. Ich erklärte naiv und aufrichtig: „Ich

bin heute Morgen so früh aus dem Bett gefallen! Ich konnte nicht mehr schlafen, da wollte ich lieber mit euch anfangen!" War da ein verstohlenes Kichern? Das Gewitter brach um halb elf über mich herein. Es schallte quer durch den Raum. Unmöglich, es im Chefbüro nicht zu hören:
„Also, Frau Kollegin, eins will ich dir gleich sagen: Den Kunden Müller, den hast du ganz schön schlampig bearbeitet!"
Nicht mit mir, dachte ich, stand langsam auf, ging nach vorn, vorbei an aufgeschreckten Gesichtern. Ich blieb ganz ruhig, sprach in einem sachlichen Ton, als hätten wir gemeinsam die Zeichensetzung in einem gewichtigen Schreiben abzuwägen.
„Weißt du, Kritik ist das Eine und damit habe ich kein Problem, im Gegenteil. Wenn du etwas hast, kannst du mir das gerne sagen. Aber du musst es nicht von hier nach da herausschreien" und zeichnete den Weg mit einer weit ausgestreckten Handbewegung nach. „Du kannst auch gern mit mir zum Chef gehen, dann können wir in aller Ruhe zusammen darüber reden. Aber diesen Umgang möchte ich nicht!" fuhr ich fort und setzte nach einem Blick in die Runde hinzu: „…was dir, soweit ich weiß, auch gar nicht zusteht."
Damit war die Sache alles andere als erledigt. Immer wieder suchte sie Vorwände, um meine Arbeit lauthals zu kritisieren. Nach diesem Dienstag kam ein Donnerstag, nach dem Donnerstag kam ein Freitag – der Ablauf war an den Tagen

zwei und drei nahezu der gleiche. Obwohl von vorneherein klar war, dass es vorgeschobene Kleinigkeiten waren, die sie herausposaunte als ginge es um Kardinalsfragen, beließ ich es dabei und mahnte nur mehr Kollegialität im Umgang an. Eines Tages kam dann die Wende in ihrer Dramaturgie. Nach ihrem Auftritt verschwand sie direkt in den Druckerraum, um meiner Antwort auszuweichen.

Spontan ging ich hinterher und veranlasste sie, mir ins Gesicht zu schauen. „Pass' mal auf", hob ich meine Stimme deutlich an, „du hast es anscheinend nicht kapiert: Machst du das noch einmal, wirst du mich richtig kennenlernen!", drehte auf dem Absatz um und ließ mich auf meinen Platz nieder, äußerlich gefasst, aber innerlich brennend.

Ich hatte diesen Zusammenprall nicht beabsichtigt, ihre wiederholten Übergriffe lange toleriert. Klar war mir nur, dass ich mit akademischer Wortwahl nichts hätte ändern können. Es war mein letzter Tag in diesem Büro.

Der Chef war ein sehr netter Mensch. Als ich ihn fragte: „Du weißt, warum ich hier kündige?" sah ich ihm an, wie unwohl er sich fühlte. Noch nie hatte er bezüglich meiner Arbeit irgendwelche Kritik geäußert. Er wich einer direkten Antwort aus, unsicher, blieb allgemein: „Du kannst doch sicher sein, dass ich dich und deine Arbeit sehr schätze! Aber ja, es gibt Menschen, die verstehen, wie man sich unentbehrlich macht. Was soll ich da machen? Ist vielleicht besser als ein Schrecken ohne Ende…"

So waren sie, die Gesetze im Tal. Sie war Teil davon und niemals hätte er die Seite wechseln oder für mich Partei ergreifen können.

Aufgeben oder Klassenbeste

Die Ausbildung bei der Feuerwehr wurde in Lehrgängen organisiert. Die fachliche Schulung, Grundausbildung und Qualifizierung für Feuerwehrmänner in leitender Stellung fand in den Landesfeuerwehrschulen statt. Nach dem Grundsatz: Ausbildung ist Einsatzerfolg genossen diese Institutionen hohes Ansehen und wurden staatlich geführt, waren mit Hauptamtlichen besetzt. Neben den für alle obligatorischen Einführungskurs waren verschiedene mehrtägigen Seminare an die Funktionen gekoppelt. Am Ende stand eine schriftliche Prüfung.
So fuhr ich also nach Feldkirch, in die nächstgelegene Institution dieser Art. Die einzigen beiden in diesen ehrwürdigen Mauern bislang geduldeten Frauen waren die Putzfrau und die Sekretärin. Letztere sah sich mit meiner Ankunft schier unlösbaren Problemen ausgesetzt, sprang nervös von ihrem Stuhl auf, lief mir hektisch entgegen und, statt jeglicher halbwegs geläufigen Begrüßung, zwischen totaler Überforderung und Angriff, überfiel sie mich mit der Frage:
„Ja, wollen Sie denn hier auch über Nacht bleiben?"
Obwohl nicht das Einzige, was ihr die Fassung raubte, war es immerhin das, was in ihren Zuständigkeitsbereich fiel und sie deshalb vorrangig in Anspruch nahm. Ihrem

Gesichtsausdruck konnte ich entnehmen, dass sie weitere unausgesprochene Probleme in ihrem Kopf wälzte: *Wo kommen wir denn dahin? Wie soll das denn gehen? Muss das denn sein? Das hatten wir ja hier noch nie!* Und so weiter. Nachdem ich sie beruhigen konnte: „Nein, ich fahr' nach Hause, das ist ja nur eine halbe Stunde von hier", entspannte sie sich etwas und beeilte sich, ihre Situation näher zu erläutern. Da hätte sie doch tatsächlich für mich ein eigenes Zimmer herrichten müssen, ich hätte ja nicht... den Rest verschluckte sie mit leichtem Erröten. Es gab tatsächlich nur Mehrbettzimmer.

Meine Spezialausbildung „Funk I" durfte ich ungewöhnlicherweise vor dem Grundkurs beginnen. Wir sollten vom Ausbildungsleiter der Einrichtung persönlich begrüßt und unterrichtet werden. Als er den Klassenraum betrat, beeindruckte mich seine Erscheinung und Ausstrahlung. Sie war geprägt von Autorität und Sicherheit, sparsame, ruhige Bewegungen und nicht zuletzt die Uniform manifestierten das. *Ein ganz schön hohes Tier*, dachte ich bei mir, als er sich vor unserer Gruppe positionierte und freute mich auf das, was kommen würde.

In seinem Innersten musste sich etwas angespannt haben. Schnell hatte er die Situation erfasst, die mit nichts weniger als seinem gesamten bisherigen Weltbild kollidierte. Äußerlich gab es keine Anzeichen von Unmut. Oder war ich einfach zu aufgeregt, um den einen nervösen Wimpernschlag zu

bemerken? Die ersten Worte, nachdem er sich räuspernd neben dem Pult aufgebaut hatte, erschienen mir langsam, bedächtig, eher einer Beerdigung angemessen:
„Ich habe ja gedacht, dass mir das bis zur Rente erspart bleibt." Eine kleine Pause, als müsste er einen schweren Abschied nehmen, und dann korrigierte er sich resigniert und um Fassung bemüht:
„… demnach wohl nicht."
Im ersten Moment konnte ich das nicht einordnen, bis es unzweifelhaft klar wurde. Leise, süffisant setzte er mit aufgesetzt freundlich klingender Stimme nach:
„Guten Morgen, die Dame…!"
Gefolgt von einem lauten, geradezu donnerndem:
„Guten Tag, meine Herren!"
Stille. Ich dachte, alle Blicke würden auf mich gerichtet und mich durchlöchern. Wie so oft, funktionierte mein Notfallknopf. Irgendwo tief in mir schaltet er sich an, und ich konnte, ohne Aufnahme von weiteren, eventuell störenden Eindrücken aus dem Umfeld eine Entscheidung treffen. Innerlich checkte ich die Alternative ab: *Entweder ich stehe jetzt auf und fahre nach Hause oder ich stecke die hier alle in die Tasche.* Ich beschloss letzteres zu tun, aufgeben passte nicht zu mir.
Der Unterricht ging los, nicht ohne diverse Seitenhiebe.
„Vielleicht muss ich die Technik jetzt ein bisschen genauer erklären: Wir haben ja jetzt Frauen, die hier anwesend sind",

meinte die Autorität, als spräche sie über ein Ding, das vom Mars heruntergefallen war. Und alle nahmen die bittere Ironie, die er da hineingesteckt hatte, für bare Münze.

Es wühlte in mir. *Was machen die eigentlich hier mit dir? Ich muss das nicht haben, ich hatte nicht darum gebeten.* Nach außen ließ ich mir nichts anmerken, denn ich hatte ein Ziel, und das war: Klassenbeste.

Die Mittagspause kam und machte sichtbar, was meine bloße Erscheinung noch alles auslösen konnte.

Ich stand zusammen mit den anderen Kursteilnehmern in der Reihe zur Essensausgabe. Sah dem Koch bei seiner Arbeit zu. Ein anscheinend sehr fähiger, ganz penibler Vertreter seiner Kunst. Die Bestandteile des Essens wurden nicht etwa einfach auf den Teller gehäuft. Regelrecht zelebrierte er die Anordnung der verschiedenen Komponenten zu einem Gesamtkunstwerk auf Steinguttellern. Dabei vollführte er ausladende Bewegungen, voll konzentriert, um am Ende mit einem großen Schwung jedes neu geschaffene Oeuvre über die Theke zu reichen. Erst ganz am Ende der kurze Blick auf *den* Empfänger, um die Wirkung der in seinem Metier erbrachten Leistung zu prüfen. Eindrucksvoll!

Leider hatte ihn niemand vorgewarnt. Im Moment, als er zu mir hochschaute, wäre es beinahe passiert. Der Teller befand sich noch kurz vor der Landung und wäre beinahe aus der finalen Kurve geflogen. Aus der Hand gefallen - vor Schreck!

In der Feuerwehr-Uniform vor ihm steckte eine Frau.
Er jonglierte bis zum Schluss und brachte den Teller erfolgreich ohne materielle Verluste, mit letzter Kraft, so schien es, „an den Mann".
Ein perfektes Schauspiel mit fast dramatischem Finale! Innerlich musste ich schmunzeln. Äußerlich passte ich mich der schwergewichtigen Lage an:
„Danke", sagte ich so freundlich wie ich konnte, mit betont heller Stimme.
Der Kurs ging noch zwei Tage weiter. Nach der anfänglichen Zurückhaltung, ja fast Verzweiflung über den neuen Umstand, sich mit einer Frau im Kurs arrangieren zu müssen, stellte sich Rolf – auch ich durfte ihn inzwischen duzen – völlig um.
Ich biss mich tapfer durch und dachte nur, *ich zeig' denen mal, wie das mit Frau und Technik so ist. Ich zeig denen einfach, was eine Frau kann.* Rolf war zu klug und zu sehr mit seiner Sache verbunden, für die er brannte, als dass er sich mit den Vorurteilen, seinen eigenen und denen im Kurs, aufgehalten hätte. Er drehte den Spieß einfach um:
„Schauen Sie sich die Dame hier mal an! Was ist denn mit Ihnen, meine Herren? Sie kann's! Das muss doch auch für alle anderen hier möglich sein!"
So nahm er die neue Situation an und setzte sie für die Entwicklung seines Unterrichts und seines Kurses gewinnbringend ein. Mehr war aus seiner Sicht zum Thema Frau und

Feuerwehr nicht zu sagen. Er wurde von der Lichtgestalt zum Förderer und Freund und setzte damit für alle anderen ein Beispiel.

Die Einzige im Kurs, die man am Funk immer gut verstehen konnte, war die Frau, die Hochdeutsch konnte. Klar und deutlich ankommen, war im Einsatz das Wichtigste, was durchaus nicht immer gegeben war. Der Wechsel ins Hochdeutsch kostete den einen mehr oder den anderen weniger Anstrengung, leicht fiel es keinem.

Ich war in eine Gruppe eingeteilt, die einen Beispiel-Einsatz gemeinsam durchspielen sollte. Der Mann am Funk gab Anweisungen. Ich verstand nicht das Geringste, war aber nicht die Einzige, die ihm nicht folgen konnte. Der Dialekt der Bregenzer Wälder brachte immer wieder deutliche Verständigungsprobleme mit sich. Das kam dem wackeren Funker gar nicht in den Sinn, er sprach einfach immer weiter, viele Konsonanten aneinandergereiht und nahm dabei kaum die Zähne auseinander: „…dmsscht zschrrst dLtrue…" Sollte heißen: Du musst zuerst die Leiter rauf.

„Entweder du sprichst jetzt Hochdeutsch oder hältst die Klappe! Ich versteh' kein Wort von dem, was du hier redest!" musste ich ihn kurzerhand unterbrechen. Die Gruppe reagierte dankbar auf die Frau, die die Klappe nicht halten konnte. War es ihnen doch genauso ergangen. Aber das auszusprechen, wäre keinem der Männer in den Sinn gekommen.

Am Ende hatte ich mein Ziel erreicht. Klassenbeste. Rolf stellte meine Mitarbeit immer wieder als vorbildlich heraus. Den Abschlusstest bestand ich mit Auszeichnung.

Es folgte der Grundkurs. Im Ausbildungskanon verbindlich vorgeschrieben, empfand ich ihn nicht als Pflichtübung. Wer mitreden wollte, musste wissen, dass eine TS, eine Tragkraftspritze, ein B-Rohr oder ein Stützkrümmer war. Kurz, ich musste beim Einsatz wissen, was die da draußen machten, um funken zu können. Darum ging es mir. Von vorne herein wusste ich: *Ich werde nie ans Feuer gehen!* Daran hatte ich gar kein Interesse. Ich wollte zum Funk, dem Posten, auf den die Männer anscheinend keinen Bock hatten, bei genauerem Hinsehen aber eher Angst hatten, sich zu blamieren.

Inzwischen war mir auch klar geworden, warum sich mein Vorgänger im Amt so wichtig genommen hatte. Er fühlte sich nicht angreifbar in der Annahme, er sei im Tal unersetzlich. Seinem Gehabe hatte der Kommandant einen Riegel vorgeschoben, denn so etwas passte nicht zum Teamgeist der Feuerwehr. Er hatte ihm den Pieper abgenommen, und ihm gesagt, er solle verschwinden. Und das konnte er nur so machen, weil er mich in der Hinterhand hatte.

Die Veränderungen im Kurs brachten viel Spaß mit sich. Wenn ich am C-Rohr hing, drehte Rolf auch schon mal das Wasser besonders stark und plötzlich auf: „Wasser marsch!"

und ich ließ mich zur allgemeinen Erheiterung am Schlauch gespielt spektakulär durch die Gegend schleifen.

Beim Thema Gefahrstoffe war ich tiefernst und mit besonderer Konzentration dabei. Auf Zuruf von Zahlen musste ich aus einem riesigen, gelben Ordner die genaue Bezeichnung mitsamt Eigenschaften heraussuchen und vortragen. „Vier-sieben-eins-eins" schallte es durch den Raum. Dadurch, dass ich mir immer alles aufschrieb, sah ich direkt, woran ich war. „Ja, sofort!" vermeldete ich beflissen, tat so, als würde ich unter Hochdruck suchen, schließlich musste alles immer schnell gehen. Ich nahm irgendeine Tabelle und begann vorzulesen: „Hochgradig entzündlich. Vorsicht, wenn man in die Nähe kommt. Unbedingt Atemschutzmaske tragen. Stinkt. Name: Siebenundvierzigelf, Kölnisch Wasser."

Solchen Blödsinn habe ich gerne mitgemacht, die Stimmung löste sich immer mehr, es wurde zusammen gelernt und gelacht. Ich gehörte dazu, paukte wie alle anderen auch mit Feuereifer.

Rolf hielt ein Auge darauf, dass ich von den Jungs, in ihrem Tatendrang und Übereifer, nicht an den Rand gedrängt wurde. Er beobachtete alles sehr genau, nicht nur die fachliche Seite. Und wenn es die Herren eben mal vergaßen, dass es nicht nur um Selber-Loslegen und Draufgehen zählte, sprang er mir schon mal zur Seite: „Hier mach' mal Platz, die Frau kann das auch!" Aber er hatte auch genau gesehen, dass ich mir im Dienst nicht die Koffer tragen lassen würde.

Am Ende hatte ich alle notwendigen Kurse absolviert und wurde ordentliches Mitglied der freiwilligen Feuerwehr.

Feuerwehr

Funkdienst

Nicht genug, dass einige Männer aufgrund meines Einsatzes bei der Feuerwehr ausgetreten waren. Im Hintergrund wurde gestichelt. Alle schauten mit Argusaugen auf jeden meiner Schritte. Ihnen gemeinsam war: Hoffnungsvolle Skepsis, dass ich es nicht schaffen würde.
Ganz unbegründet war das nicht. Die Aufgaben am Funk lagen auf verschiedenen Ebenen, sie waren mit der Einsatzleitung eng verbunden. Es hieß schnell und souverän Entscheidungen treffen, das Ausmaß der Situation einschätzen, die Rettungskräfte koordinieren, die Ärzte bestellen, den Bürgermeister informieren, je nach Lage den Helikopter anfordern, alles mit dem Kommandanten absprechen, und, und...und. Vor allem musste man funken können.
In meinen Anfängen gab es noch den taktischen Funk, mit zwei Knöpfen konnte man den Alarm auslösen. Alle im Funknetz hörten gleichzeitig, was gesprochen wurde. Ich wurde nachgeäfft, es wurde gelacht. Die erste Zeit im Einsatz versprach keine Herrenjahre. Oder anders gesehen, es herrschte die Meinung vor, es sollten besser „Herren"jahre für alle Zukunft bleiben.

Normaler Dienst hieß für mich, die Feuerwehrstation im Ort zu besetzen, „den Florian", Gerätehaus und Stützpunkt für alle Einsatzkräfte. Mein Job war es, dort die Betriebsfunkanlage der Feuerwehr zu bedienen. Mir standen am sogenannten Funk-Pult zunächst die analogen, später digitale Geräte und ein Telefon zur Verfügung.

Der Umgang mit den analogen Funkgeräten erinnerte noch an die Zeiten, als Kinder in den 1970er Jahren Polizei und Feuerwehr-Einsätze im anmeldefreien „Jedermanns Funk" mit geringer Reichweite nachspielen konnten. Dabei war es völlig nebensächlich, wer gerade das Geplapper mit den Walkie-Talkies mithören konnte.

Im Florian war es kein Spiel. Es ging um hundertfache Einsätze, nicht selten verbunden mit der Rettung von Menschenleben. Jede Sekunde zählte, jeder Handgriff musste sitzen.

Retten-Löschen-Bergen-Schützen - das ganze Spektrum der Aufgaben der Feuerwehr. Brände, Unfälle mit Fahrzeugen und Insassen, Wasserrohrbrüche, Naturkatastrophen. In der Ausbildung hatte ich die Regeln für den Sprechfunkverkehr gelernt, den Leitfaden für das drahtlose Miteinander gut abgespeichert. Die sogenannte Funkdisziplin blieb dennoch eine Herausforderung, alles musste sehr schnell und präzise ablaufen. Die Routine kam erst mit der Zeit.

Eigentlich war es nicht kompliziert: Erst Drücken, dann Sprechen. Nur mussten die Pausen nach dem Betätigen der Sendetaste exakt eingehalten werden, um das Verschwinden von Satzanfängen zu vermeiden. „Denken – Drücken – Schlucken – Sprechen", so lautete dazu die Regel.

Was aber, wenn dabei der Hals trocken wurde? Darüber dachte ich nicht nach. Im Gegenteil, ich war mir sicher, dass ich das Mikrofon bedienen konnte: Klar, kurz, einfach und verständlich, dabei langsam, ohne Dialekt und jeglichen Versprecher. Das saß seit der Feuerwehrschule, die Funkdisziplin hatte ich drauf.

Aber beherrschte ich auch die Vorurteile im Tal? Die Vorstellung der vielköpfigen Häme, sollte ich mich versprechen? Denn anfangs bekam das ganze Tal die Alarmierung mit, sobald das Funksignal ertönte, zum Beispiel im Supermarkt. Allseitige Aufmerksamkeit war nicht zu verhindern. Angeklemmt an die Jeans, meldete sich der Empfänger mit seinem markanten Düddelütt-Ton und unmittelbar folgte meine Sprachdurchsage: „Einsatz für Feuerwehr …", laut und öffentlich. Jedes Räuspern, jeder Frosch im Hals, und jeder Versprecher wären am nächsten Tag *Breaking News* im Tal gewesen. Wenn auch bei mir Unsicherheit, die Angst vor Fehlern mitspielte, kam ich doch einigermaßen ungeschoren durch.

Ich wollte es allen beweisen: *Dranbleiben – nicht aufgeben – nicht stören lassen*, so mein Mantra, denn nur so bekam ich Routine und Sicherheit. Weniger die Funk-, als meine persönliche Disziplin, rettete mich in einen ohne Reibungsverluste verlaufenden Alltag im Dienst hinüber. Sehr bald kam mir die Modernisierung der Technik zu Hilfe. Die neuen Pager, die kleinen Rufempfänger, konnten mit Textnachrichten versehen werden und so hatte ich die Möglichkeit, mit kurzen schriftlichen Anweisungen zu reagieren. Ein Piepton alarmierte die Feuerwehrmänner, sie lasen den Text, der über die Rettungs- und Feuerwehrleitstelle kam, und zogen los. Das Öffentlichkeitsproblem war damit zumindest behoben.

Ein Schwelbrand aus Misstrauen mir gegenüber hatte seine Nahrung schon vor meinem Amtsantritt aus den Schreckensbildern bezogen, die mein Vorgänger über die technischen Neuerungen entworfen hatte. Unverlangt und wo er nur konnte, hatte er, im Ton dem Eingeweihten einer weltumspannenden Verschwörung gleich, über die Umstellung vom analogen zum digitalen Funk verbreitet:

„Bündelfunk! Alles Hexenwerk!" klang das heiser dämonisch aus seinem Mund. Tief ergriffen von dieser Darbietung zog er damit alle in seinen Bann.

„Das kann keiner!" orakelte er, als handele es sich um dunkle Magie. War es zunächst für ihn nur darum gegangen, seine Unersetzlichkeit zu unterstreichen, betraf es nun meine Person. Alle dachten: *Das kann die sowieso nicht! Ach, dann lass' die mal machen. Sie wird schon gehörig auf die Nase fallen.*

Damit hätten sie die eindeutige Bestätigung dafür, was sie vorab schon wussten: Eine Frau bei der Feuerwehr - das geht gar nicht!

Die Prophezeiung war, dass ich aufgebe, heulend vor versammelter Mannschaft zugeben würde: „Ich kann das nicht! Könnt ihr nicht den Xaver nochmal fragen…".
Falsche Adresse bei mir, beschied ich. Ich ging zur Fortbildung.
In dem Kurs Bündelfunk stellte sich dann ganz schnell heraus, dass das Ganze so einfach war wie Telefonieren.
1994 war landesweit das Bündelfunknetz eingeführt worden, seinerzeit das modernste Mobilfunknetz in Österreich. Im Gegensatz zum herkömmlichen Funkbetrieb stand in diesem neuen Alarmierungsnetz ein ganzes Bündel freier Kanäle für Gespräche und Datenaustausch im Tal zur Verfügung. Die Reichweite des Funknetzes war größer, die Sprachqualität besser, es konnten mehrere Benutzergruppen, wie z.B. die benachbarten Feuerwehren, Hilfsdienste, wie das Rote Kreuz oder die Bergrettung, gleichzeitig erreicht werden. Die Funkfrequenzen wurden wesentlich effektiver ausgenutzt. Damit war Schluss mit dem Wortsalat in einem Kanal, wenn mehrere gleichzeitig sprachen. Besonders für große Einsätze war das von enormem Vorteil.
Bald nach meinem Eintritt in den Dienst bei der Feuerwehr wurde auch unsere Station an dieses neue Netz angeschlossen.
Die technische Seite war NICHT schwierig zu bedienen.
Ich hatte verschiedene Möglichkeiten, mit Gruppen oder Einzelnen zu sprechen. Alles konnte ohne das hinderliche

Warten am Mikrofon abgeklärt werden. Welches Ausmaß hatte der Brand? War es nur ein Kochtopf, der auf dem Herd vergessen worden war, ein Zimmerbrand oder stand ein Mehrparteienhaus in Flammen? War ein Rettungswagen erforderlich, war der Notarzt direkt anzufragen? Alles lief schneller und flexibler, vielfach entscheidend für den Erfolg. Es konnte passieren, dass ein Mülltonnenbrand gemeldet wurde, der sich später als Großbrand eines Supermarktes herausstellte.

Wenn mehrere Orte und Personen gleichzeitig betroffen waren, musste, je nachdem, nachalarmiert oder nachbarschaftliche Hilfestellung angefordert werden.

Meistens aber hatten wir nur eine Schadensmeldung, das lief reibungslos. Ein Teil der Fälle war mehr oder weniger Routine. Wenn ein Auto wieder einmal die Treppe im Ort genommen hatte, war das zwar dumm, aber nicht so sonderlich herausfordernd. Insbesondere nicht, wenn es zum sechsten Mal passierte. Wasserrohrbruch im Café Amadeus und überquellende Gullideckel gehörten auch zu dieser Kategorie von Alarmierung.

Manchmal kamen Schutzengel mit zum Einsatz, wie im Fall einer jungen Frau, die mit ihrem PKW in der Kurve vor der Brücke im Tal ins Schleudern geraten und fast siebzig Meter über extrem steiles Gelände ins Bachbett gestürzt war. Aus nichtigem Anlass, denn sie wollte nur das Schlimmste – was es ja aus der Rückschau gar nicht war – verhindern, nämlich dass der gesamte Müll aus einem auf dem Beifahrersitz befindlichen Korb den Fliehkräften folgte und ins Auto zu kippen drohte. Mit Blick und Griff nach rechts hatte sie das Steuer verrissen.

Es war ein Deja-Vu für mich. Was hätte mir selbst damals bei meiner reflexartigen Bewegung auf der Autobahn beim Lohnausfahren alles passieren können? Schutzengel sind eine gute Erfindung.

Auch sie hatte Glück und wurde, nachdem sie sich aus dem völlig zerknautschten Auto selbst befreien konnte, direkt unverletzt von der Rettung in Empfang genommen. Unseren Männern von der Feuerwehr blieb nicht mehr zu tun, als das Fahrzeug über die Brücke nach oben zu hieven und dem Schrott zu übergeben.

Glücklich endeten Einsätze, wenn wir den Kater vom Baum oder den Hasen aus dem Kaminschacht retten konnten.

Manchmal kamen auch äußerst kuriose Sachen vor.

Wenn möglich, bitte wenden

Sonntagmorgen, 7.00 Uhr. Alarm. Es hieß: Ein PKW ist auf dem Panoramawanderweg in Richtung Alm unterwegs. Fahrzeugbergung ohne Personenschaden.
War es noch zu früh? Hatte ich mich verhört? Es handelte sich immerhin um einen teils weniger als 1,50 m breiten Pfad. Ich kannte ihn gut. An mehreren Stellen durch kleinere Erdrutsche beschädigt, war er für Wanderer und Mountainbiker problemlos. Aber für einen PKW?
Die Einsatzkräfte schilderten später ein irreales Bild: Das Tal wurde zum Ende hin schmaler, die Hänge rechts und links noch steiler, und schließlich hatte eine schmale Brücke den Fahrer zum Stehen gebracht. Nicht etwa davor. Ein Vorderrad stand auf den Holzplanken, das andere war außerhalb der Befestigung stecken geblieben und ragte nach einigen Manövrierversuchen und dem Auslösen einer kleinen Geröllawine in den Abgrund hinein.
Unten gurgelte ein Gebirgsbach. Was einem malerischen Ambiente hätte dienen können, mit kleinem Wasserfall, munterem Sprudeln und Stolpern des Flüsschens, gab nun mit Blick über die Motorhaube ein etwas anderes Bild: Zehn Meter ging es senkrecht hinab in die Tiefe. Das Fahrzeug neigte sich bereits im Sog der Schwerkraft.

Auch wenn es der Fahrer nur schwer eingesehen hatte, die Fahrt war hier zu Ende.

Es war unmöglich, das Fahrzeug zu bewegen, die Lage war kompliziert. Mit Bergungsfahrzeugen war eine Zufahrt und ein Einsatz unmöglich. Also blieb nur die Rettung per Hubschrauber übrig, den ich umgehend nachalarmiert hatte. Auch aus der Luft bot sich dem Piloten ein Bild, das man nicht hätte erfinden können: Ein Mercedes, mattgraues Silbermetall, eingeklemmt in einer Schlucht mit fast senkrechten Felswänden. Wie ein Spielzeugauto – oder im Größenvergleich: Wie ein Silberfischchen in der Badewanne.

Der Fahrer des Fahrzeugs war natürlich alkoholisiert. Seiner Meinung nach nicht. Er wollte nur zum Besuch auf die Alm. Als die zwölf Männer nach sechs Stunden wieder im Florian ankamen, war das Schmunzeln in manchem Gesicht noch nicht vergangen. Als Erinnerung an diesen Einsatz gab es ein Foto mit Hubschrauber.

Nacht der Nächte

Es sollte nicht lange dauern, bis sich, noch am Anfang meiner Feuerwehrzeit, eine regelrechte Naturkatastrophe anbahnte.

Es hatte tagelang geregnet, wie aus Eimern geschüttet. Ein Weltuntergangs-Szenario, das ich mir niemals so hätte vorstellen können. Die Gemeinde war durch den Abgang einer Schlamm- und Gerölllawine bereits von der Außenwelt abgeschnitten. Metergroße Felsblöcke, Zäune, entwurzelte Tannen, Buschwerk schossen in einem braunen, brodelnden Strom das Tal hinunter, durch das bislang ein beschauliches Gebirgsbächlein geflossen war. Großformatige Teile bildeten Barrieren, ließen Seen entstehen, entknäuelten sich wieder und rissen Verstärkung für ihr gewaltiges Werk mit, wo immer sie Gelegenheit an den Hängen und Böschungen fanden.

Schlamm- und Wassermassen strömten über und unter die geteerten Straßen, wurden zu Wasserfällen, Autofahrten endeten an solchen Stellen im Nirvana, im Nichts. Dreißig, vierzig Meter Abgrund, Abbruchkante statt Leitplanke. Die Schuttlawinen hielten sich durchaus nicht an Verkehrsregeln, nahmen mit tausenden von Kubikmetern Material die

Straßen quer ein und begruben geparkte Autos unter sich. Im besten Fall schaute noch das Dach des Fahrzeugs heraus.

Wege glichen Gebirgsbächen, die mit unvorstellbarer Kraft Erde und Steinmassen zu Tal beförderten. In den Senken stieg das Wasser, ohne Rücksicht auf die Häuser und ihre Bewohner, die dann mitten in der Wasserfläche standen. „Glück" bekam einen neuen Inhalt für Gebäude und Familien, wenn zum Beispiel die Geröllawinen vor der Haustüre zum Stillstand kamen.

Die Murenabgänge rissen auf den abschüssigen Wiesen Kegel aus der Erde und endeten nicht selten als riesige, graswachsene Schildkröten auf den Straßen, versperrten sie und brachten ähnlich wie die weggespülten Brücken Autofahrer in ungemütliche, weit öfter sogar in gefährliche Situationen. Ich saß im Florian. Alarmmeldungen und Einsätze kamen im Minutentakt herein. Ich konnte sie nicht mehr zählen, vielleicht siebzehn, achtzehn, zwanzig, sie betrafen verschiedene Orte, jeweils andere Großgeräte und Einsatzkräfte. Das war eine völlig neue Situation für mich.

Für Angst vor Fehlern war keine Zeit. Ich nahm mir einen Stapel leerer Blätter, und wäre die Situation nicht so dramatisch gewesen, hätte man von Buchhaltung sprechen können: Die Einsätze schrieb ich auf der linken Seite des Blattes auf, die vorhandenen Kräfte auf der rechten. Mit Ausrufungszeichen wurden die Alarmierungen versehen, die ich als besonders wichtig einschätzte, dann brachte ich sie eine

Reihenfolge, sondierte parallel, wer wo frei war und verteilte sofort die Einsatzgebiete: Ihr räumt sofort den Campingplatz, ihr fahrt sofort zu dem Haus, da sind noch Leute drin, ihr fahrt sofort zu der Straße und sichert. Und so ging es Stunde um Stunde.

Der Kommandant der Feuerwehr hörte über Funk mit und konnte durch die Vorarbeit sofort zu den Einsatzorten fahren, dort beurteilen, ob alles gut lief und falls erforderlich weitere Einsatzbefehle senden. Es galt wie immer: Jede Sekunde zählt. Der Campingplatz war gerade geräumt worden, als er zum großen Teil vom Fluss regelrecht weggefressen wurde.

Das Gütekriterium für einen Einsatz war: Wie schnell kriegt man die Chaosphase in den Griff. Wir waren achtundvierzig Stunden vor Ort, ohne Schlaf, ohne Pause. Mir ging es so, wie ich es schon von früher kannte: Die Konzentration war da, also weckte ich unbekannte Kräfte, lief zu ungeahnten Höhen auf. Stärke kam vor allem von der Ruhe, mit der ich funktionierte: Anrufe entgegennehmen, sortieren und Entscheidungen fällen, Einsatzkräfte alarmieren, mit möglichst wenigen Worten diese über Einsatzort und Aufgabe informieren, sichern, ob alles genau verstanden wurde. Erst hinterher wurde mir bewusst, was alle geleistet hatten.

Insgesamt waren einhundertfünfzig Rettungskräfte im Großeinsatz, sechzig Personen wurden evakuiert, alles schwere Gerät und die Fahrzeuge waren ununterbrochen beansprucht.

Es kam keine Person zu Schaden. Der Einsatz entsprach den Gütekriterien der Feuerwehr, schnell, professionell und routiniert, dieser Einsatz von einhundertneunundvierzig Männern und einer Frau.

Unter Männern

Jeden Mittwochabend kamen die Feuerwehrleute aus dem Ort zur Feuerwehrprobe zusammen. Diese war nach ein bis zwei Stunden beendet, aber, genauso wichtig, anschließend folgte der gesellige Teil. Ich machte wie gewohnt meinen Funkdienst, ging immer direkt nach Hause, wenn die Übungen abgeschlossen waren, ganz konsequent. Alle anderen blieben.
Nach einiger Zeit, vor allem als eine jüngere Generation zur Gruppe gestoßen war, kam neuer Wind auf. Einer von ihnen fragte mich geradeheraus: „Hey, was iss'n los? Bleib doch auch da!" und ein anderer forderte mich direkt auf: „Trink doch was mit uns!" Zwiespältige Gefühle kämpften in mir: Keinem auf die Füße treten, vor allem nicht der unsichtbaren Macht der Ehefrauen, oder auf immer und ewig Außenseiterin bleiben. Den Job machte ich gerne und alle waren zufrieden damit. Konnte ich die Anerkennung auf dieser Ebene mit ins Stüble retten?
Ich musste es versuchen. Das andere war kein Leben. Reduziert auf eine Funktion. Das war nicht ich. Also blieb ich, allein unter Männern. Setzte mich dem einfach erstmal aus. Hatte ich doch die Erfahrungen aus der Feuerwehrschule als Hintergrund.

Als die erste Scheu der Männer offensichtlich verflogen war, kamen die Witze. Ausgerechnet der Kleinste von allen fühlte sich anscheinend auserwählt oder stark genug, um „die Frau" in Verlegenheit zu bringen. In einer Gesprächspause nutzte er seine Chance.

„Hey, warum haben Frauen so kleine Hände?" rief er in die Runde und schaute mich herausfordernd an.

Was sollte ich sagen? Es war ja keine wirkliche Frage, wohl nur der Anfang eines zurzeit im Tal kursierenden Witzes.

„Damit sie beim Putzen besser in die Ecken kommen!" Ein Ausbruch von Heiterkeit im ganzen Saal. Im Rheinland hätte das nicht gereicht, um damit zu punkten.

Durch das Gelächter animiert, machte er weiter:

„Was ist, wenn eine Frau im Wohnzimmer rumläuft? – Dann ist die Kette zu lang!" fuhr er fort, ohne die Reaktion der anderen abzuwarten. Rundum Heiterkeit.

Ich lachte mit, war aber genervt. Sollte das jetzt immer so weiter gehen?

„Sag mal, warum hast du eigentlich so kleine Hände?" nahm ich den Schlagabtausch mit ihm auf. Etwas irritiert schaute er mich an. Aber ich wollte, ganz so wie er zuvor, gar keine Antwort haben. Während ich mit Daumen und Zeigefinger eine denkbar kleine Strecke markierte, fuhr ich fort:

„Weil man für so ein kleines Stückchen Fleisch gar nicht mehr Hand braucht!"

Danach hat sich keiner mehr mit mir angelegt.

Gegenüber dem kleinen großen Wortführer konnte ich mich bei einer passenden Gelegenheit zwei Wochen später noch einmal revanchieren. Als er direkt vor mir die Toilettentür im Untergeschoss ansteuerte, nutzte ich meine Chance und rief von Weitem:
„Soll ich dich hochheben oder kommst du alleine dran?"
Wir lachten beide.
Dann war Ruhe. Die Bresche war geschlagen.
Es war mir egal, wem ich Kontra gegeben habe, Männern oder Frauen. Bei Männern war es sogar einfacher. Die lachten mit und es blieb alles beim Alten. Man nahm sich gegenseitig auf die Schippe, aber nicht um jemanden loszuwerden oder zu vernichten.
In der Ortsgruppe der Feuerwehr kehrte Frieden ein. Ich setzte Grenzen und fuhr nicht mit auf die jährlichen Feuerwehrfahrten. Später fand ich sogar einen festen Platz im „Stübchen" und schmiss mit einer Freundin dort die Bewirtung.
Irgendwann kam es, dass sie von „unserer Loni" sprachen. Ich war eine von ihnen und wurde respektiert, wie ich war.
Das hieß noch lange nicht, dass sich im Tal im Großen und Ganzen etwas ändern sollte. Als eine junge Frau aus dem Nachbarort anfragte, ob sie auch zur Feuerwehr kommen könne, schlug ihr der ganze Muff entgegen, der seit alters her durch das Tal wehte. Einer der Älteren, der bei meinem

Eintritt beinahe unter Protest das Handtuch geworfen hätte, beschied ihr definitiv:
„Nein, wir nehmen keine Frauen!"-
„Und die Loni?" fragte sie ganz entgeistert zurück.
„Ach die Loni, das ist ganz was anderes!" wehrte er ab und machte die Schotten dicht.

Domäne

Frauen sind schon sehr viel länger als im Allgemeinen bekannt im Feuerwehreinsatz aktiv. Vor allem und immer wieder in Kriegszeiten, wenn nicht genug Männer verfügbar waren, standen Frauen an der Spritze. Aber nicht nur dann. So berichtet die nordrhein-westfälische Zeitschrift „Der Feuerwehrmann" aus dem Jahr 1895 wie sich die „Wasserträgerinnen" in zwei Abteilungen in Reihe und Glied bei Übungen beteiligten und Mädchen die Spritzen bedienten, während die Männer Vieh und Inventar retteten (Jg. 1895, S. 7).

Im Jahr 1917, also während des Ersten Weltkrieges, wird ein Bezirksbrandmeister unter der Überschrift *Die Frau als Feuerwehrmann* mit seinen guten Erfahrungen zitiert: „Was mir vor allem gefallen hat, das war der Ernst bei der Übung. Kein Lärmen und Schreien, kein Necken herüber und hinüber. Ich fragte die Mädchen: ‚Ist's euch denn nicht zu schwer, die Spritze zu drücken?' Sie erklärten: Nein, beim Heuaufladen und Abladen haben wir's viel saurer mit der Arbeit'." Man habe beobachtet, dass sie den Dienst gern verrichteten und ihn als etwas ganz Selbstverständliches ansahen. (Der Feuerwehrmann, Jg. 1917, S. 208)

Bis in die 1970er Jahre schlossen die Landesfeuerwehrgesetze in Deutschland Frauen gesetzlich aus. „Zum Eintritt in die Freiwillige Feuerwehr werden nur unbescholtene männliche Einwohner über achtzehn Jahre zugelassen", hieß es zum Beispiel im Landesfeuerwehrgesetz Niedersachsen. Der Passus wurde erst 1978 gestrichen. Noch kurz davor warb die Kölner Feuerwehr mit einem Plakat unter dem Titel „Männersache" um Nachwuchs. Abgebildet „der Held" in voller Uniform, daneben die Frau mit Feuerwehrhelm – durchgestrichen.

1985, also erst vier Jahre vor dem Mauerfall in Deutschland, wurden „weibliche Beamte" in den westdeutschen Bundesländern zugelassen, im Osten seit Anfang der 1970er Jahre.

Auch nach der Jahrtausendwende sieht die Statistik nicht besonders ausgeglichen aus. In Vorarlberg liegt der Frauenanteil im Jahr 2020 im Mittel bei ungefähr vier Prozent, die Spitzengemeinde dort kann sich mit einem Anteil von sechzehn Prozent rühmen. Bei der freiwilligen Feuerwehr in Deutschland sieht es nicht wesentlich besser aus, liegt der Durchschnitt des Frauenanteils bei den Freiwilligen Feuerwehren hier bei ungefähr zehn Prozent, die Berufsfeuerwehr liegt dagegen nur bei mageren zwei Prozent.

Zu meinem Glück war ich in der Landesfeuerwehrschule anno 1994 auf einen aufgeschlossenen Bezirksbrandmeister gestoßen. Und so wie ich es damals immer vermeiden wollte, als etwas Besonderes, als etwas Anderes gesehen zu werden, wehren sich auch die meisten Frauen, die inzwischen einen Platz im Löschzug oder auf der Wache erobert haben, längst dagegen. Keine wollte die Senkung der Anforderungen extra für Frauen oder eine Quote. Es geht allen um die eine Sache: Wo's brennt soll optimal gelöscht werden.

Bis heute halten sich hartnäckige Vorurteile, die sowohl die Aufnahme als auch die dauerhafte Integration von Frauen und Mädchen in die Feuerwehr erschweren. Das sei keine Arbeit für Frauen, wegen der Kinderbetreuung hätten sie sowieso keine Zeit und sie brächten höchstens Unruhe in die Mannschaft. Der geringe Frauenanteil ließe sich auch biologisch begründen, denn sie würden ja keine fünf Klimmzüge schaffen. So und ähnlich lauten die wiederholten Stereotype, die auch durch vielfältige Beweise des Gegenteils offenbar bis heute schwer abzubauen sind.

Immer noch findet sich dieser oder jener Wehrführer, der die Aufnahme eines Mädchens in seine Jugendgruppe ablehnt. Immer noch zieht man sich auf einen „Kommandobeschluss" zurück, nach dem die Frauen „Kuchen backen, Erbsensuppe kochen, die Feuerwehrkameraden versorgen und im Hintergrund bleiben". (z. B. in: Florian Hessen 2/2002, S. 5; Feuerwehrmagazin Bremen 8/2002, S.95)

Schmuddel Seiten im Internet konstruieren auf Stammtisch-Niveau, dass Frauen naturgemäß nicht für die Arbeit der Feuerwehr geeignet seien, beschreiben sie so in ihrer Rolle verhaftet, dass ihnen sicherlich selbst der Dienst am „C-Rohr" auf Ewig suspekt bleiben würde.

Im Tal, zwischen den hohen Bergen, hielten sich viele Vorurteile und Gewohnheiten besonders hartnäckig. Recherche unter dem Stichwort „Feuerwehr" führt schnell dahin, dass das Wort „Mannschaft" meistens immer noch in seinem wahrsten Sinn gebraucht wird. In den Chroniken der Orte bezeugen das die schier endlosen Fotogalerien, in denen ausnahmslos Männer in Uniformen abgebildet sind.

Wie viele Frauen gab es seit der Gründung der Ortfeuerwehren im Tal? In der Nachzeichnung der Geschichte unserer Wache war ich als erste Feuerwehrfrau im Land jedenfalls nicht einer Erwähnung wert.

Die offiziellen Bestimmungen und Vorschriften hatten zwar auch damals schon landesweit Gleichstellung der Geschlechter in der Amtssprache geregelt: Bis in die kleinste Feuerwehrrichtlinie oder Stellenbeschreibung wurden Männer und Frauen ganz ausdrücklich, jeweils mit Schrägstrich aufgelistet. Wie selbstverständlich stand die Hauptfeuerwehrfrau „HFF" hinter dem „HFM", dem Feuerwehrmann. Aber leider sah es im echten Leben ganz anders aus, ein ausgeglichenes Zahlenverhältnis war es mit mir als einziger „HFF" jedenfalls nicht.

Im wirklichen Leben hieß Frau Löschmeisterin ohnehin wieder „Jugendwart" oder „Truppführer". Leider unpädagogisch gegenüber all den Teilen der Bevölkerung, die man besser schonend daran gewöhnen sollte, dass ihnen im Ernstfall eine Frau gegenübersteht. Aber wie die Zahlen schon sagen, dieser Fall ist äußerst unwahrscheinlich, auch noch im Jahre 2020.

Was bedeuten schon korrekte Dienstbezeichnungen, bleiben solche Betrachtungen nicht an der Oberfläche stecken? Sie spiegeln eher das reine Beamtengewissen im politisch korrekten Staat wider als die Realität. Daraus resultierte jedenfalls damals wie heute nicht, tatsächliche Verantwortung für eine Veränderung zu übernehmen.

Hätte man nicht schon vor Jahren, als die Gesetzgebung auf europäischer Ebene vorschrieb, die Frauen mehr ins Blickfeld zu nehmen, die Basis für mehr Frauen „am Brandherd" schaffen können? Die Weichen im Tal wurden zu meiner Zeit nach alter Tradition gestellt. So gründete man in den 1990er Jahren die Jugendfeuerwehr „Florians-Jungen", um dort „die Buben" auszubilden und später nahtlos in den aktiven Dienst zu übernehmen. Nachwuchs ja, aber Mädchen? Die standen beim Feuerwehrfest mit ihren Müttern im Dirndl hinter dem Tresen. Das kann auch sehr cool sein, führt aber nicht dazu, dass Frauen bei der Feuerwehr stärker vertreten sind.

Die Jobs werden bei der Feuerwehr beschrieben als geeignet für „Teamplayer mit Hirn und Mut". Ich kenne genügend junge Frauen, die dafür in Frage kämen.

Die Hoffnung auf Leuchttürme bleibt. So wurden zum Beispiel am 7. März 2020 in Waren an der Müritz vier Mädchen nach bestandener Truppmanns-Prüfung aus der Jungendfeuerwehr in den aktiven Dienst übernommen. So könnte es gehen.

Lageführung Großbrand

Nach einigen Jahren Einsatz im Florian wurde ich so etwas wie befördert. Der Kommandant hatte entschieden, dass ich bei der Lageführung vor Ort mit eingesetzt werden sollte. Die Modernisierung der Funknetze brachte die technischen Voraussetzungen dafür. Mit dem Kommandanten und eventuell einem Gruppenleiter, kurz dem Kommando, fuhr ich nach der Alarmierung raus und war mit ihnen als erste am Feuer.

Trotz allen technischen Fortschritts hieß Lageführung für mich damals: Seitentüre vom Kommandofunkfahrzeug auf, in Nullkomma-Nichts Tische und eine große Tafel aufbauen, um darauf die Lagekarte zu erstellen. Die Gefahrenstelle musste skizziert, alle Gebäude, exponierte Stellen, Straßen, Wasserentnahmestellen, Gasanschlüsse eingetragen werden. Am Ende gehörten noch Einsatzprotokollierung und Dokumentation zu meinem Aufgabenbereich.

Weil die Feuerwehr ihre Aufgaben im Auftrag der Gemeinde versieht, war bei jedem Großbrand auch der Bürgermeister mit im Einsatz, per Gesetz der oberste Feuerwehrmann. Als behördliche Einsatzleitung kam er zuerst zu mir, um sich über die Gefahrenstelle und Situation zu informieren.

Eigentlich müsste das doch der Kommandant machen, dachte ich. Der befand sich jedoch direkt am Brandort im Einsatz und stand nicht zur Verfügung. Also musste ich diese Aufgabe übernehmen. Anhand meines Lageplans konnte ich ja die gesamte Situation überblicken und ihm erklären. Zum wiederholten Male half nur die klare Einstellung zur Sache: Jede Sekunde zählt! Du musst jetzt funktionieren! Für alles andere ist keine Zeit!

Der Einsatz kam mitten in der Nacht herein. Um 2.20 Uhr ertönte das Signal des Pagers.

Vollbrand im Nachbarort.

Alle Einsatzkräfte, wie ich selbst aus dem Schlaf gerissen, waren sofort auf und trafen sich im Feuerwehrhaus. Ich besetzte als erstes das Funk Pult und quittierte den Einsatz. Eilig, aber ohne Hast, zogen die Männer ihre persönliche Schutzausrüstung an und begaben sich nach festgelegtem und tausendfach erprobtem Plan zu den Fahrzeugen. Noch bevor sie ausrückten, keine drei Minuten nach dem Eintreffen im Florian, saß ich im Einsatzleitfahrzeug, der Kommandant am Steuer schaltete Blaulicht ein, zusätzlich noch die Sirene, trotz des zu erwartenden geringen Autoverkehrs mitten in der Nacht. Während der Fahrt erteilte der Gruppenleiter vor mir, vom Beifahrersitz aus, die ersten Befehle an die Fahrzeugleitungen. Der Atemschutztrupp musste sich bereits während der Anfahrt komplett ausrüsten, um an der Einsatzstelle unverzüglich eingreifen zu können.

Unser Fahrzeug war das erste am Feuer. Wenn auch die anderen sofort nachkamen, war dieses wie immer ein ganz besonderer, unheimlicher Moment.

Die Nacht war taghell erleuchtet. Die Geräusche, die das brennende Haus von sich gab, machten den kurzen Moment der Stille noch unheimlicher: Ein Ächzen, als würde das alte Gebälk unsägliche Schmerzen erleiden. Das Feuer, wie ein Ungeheuer, schien zu reden und hatte nur eine Botschaft: *Komm mir bloß nicht zu nahe! Das Haus gehört mir!* Machtvoll, mit absoluter Bestimmtheit zeigte es an, dass es das Werk, das es begonnen hatte, zu Ende führen wollte.

Geräusche, das Zischen und Brodeln der Feuerbrunst füllten die Luft. Ab und zu unterbrochen vom Knacken der Balken, die, von den Flammen angefressen, schon an Kraft verloren hatten und dabei waren aufzugeben.

Glühende Monster formten bizarre Figuren, flohen aus den Fenstern, zerteilten sich gegen den schwarzen Himmel, sammelten ihre Kräfte erneut unter dem Dach, um unaufhaltsam nach oben durchzubrechen, machtvoll zu einer gleißend hellen Front zusammengefügt. In Sekunden erbarmungslos zerstörend, was über mehr als ein Jahrhundert lang der Lebensraum ganzer Generationen war.

Fünf Minuten nach der Bestätigung des Einsatzes im Florian waren wir am Brandort. Das Lagezentrum hatte ich mit wenigen Handgriffen eingerichtet. Derweil verschafften sich die anderen Mitglieder der Einsatzleitung einen Überblick und entwickelten aus ihrer Einschätzung die Taktik des Vorgehens.

Menschenrettung hatte immer die oberste Priorität. Der Bauer Gruber und seine Frau hatten Glück. Sie waren wegen des Brandgeruchs aufgewacht und hatten zunächst versucht, ihren landwirtschaftlichen Mitarbeiter im oberen Geschoss zu wecken. Unmöglich, die Rauchentwicklung war schon zu stark. Während sie sich an den Wänden entlangtasteten, um das brennende Gebäude zu verlassen, war es dem Hofbesitzer noch gelungen, das schon angeschmorte Telefon zu greifen und die Feuerwehr zu rufen.

Das Geschehen war komplex. Auf vielen kleinen Karten musste ich alles vermerken und diese anpinnen: Wo war die Drehleiter anzulegen zur Rettung vermisster Person, welcher Gebäudeteil brennt, wo liegen die Hydranten, wo war der Standort des Tanklöschfahrzeug zu markieren, wie sollte die Zubringerleitung gesteckt werden, wo war der Einsatzort der Tragkraftspritze einzutragen. Alles im Kurzformat: DL, HD, TLF, TS. Dafür hatte ich die Feuerwehrschule absolviert.

Obwohl die Temperaturen im frühen Herbst nachts bereits an der Null-Grad-Grenze waren, hatte uns an der Einsatzleitstelle die Hitze des fünfzehn Meter entfernten Brandes erreicht. Die Temperaturen wurden vom Feuer höllisch nach oben getrieben.

Kurz nach unserem Eintreffen hörten wir hinter uns das tiefe, grollende Brummen der direkt in Stellung einfahrenden technischen Fahrzeuge. Unwirklich beruhigend angesichts des Infernos, kennzeichnend für die Abläufe.

Die Motorengeräusche blieben im Hintergrund, das Trappeln der Stahlkappenstiefel hallte über den Asphalt, alles ging schnell, dank der Routine aus Übungen und Einsätzen. Die Feuerwehrschläuche wurden mit wenigen Handgriffen in Position gebracht und zusammengesteckt, begleitet vom Ratschen beim sekundenschnellen Abrollen der handbreiten Schlangen und der Geräusche beim Einschnappen der Kupplungen ihrer Verbindungsstücke.

Beinahe wirkte das ganze Szenario friedlich. Das Schleifen der Rohre, kaum ein Wort, keine lauten Befehle. Keiner brachte Hektik in die Abläufe. Jeder kannte seinen Job, wusste genau, was er jetzt machen musste. Alle Feuerwehren aus dem Tal waren inzwischen vor Ort. Die Kommandanten verständigten sich kurz über Funk. Brandbekämpfung und Menschenrettung begannen parallel: Einsatz der Drehleitern an der Rückseite, Löschangriff von der Nordostseite, Innenangriff unter Atemschutz.

Schon aus den ersten Litern Löschwasser entstanden quellende, grau-weiße Dampfwolken, die Feuer und Haus teils verbargen und dann wieder schemenhaft auftauchen ließen. Manchmal flackerten die Umrisse des Gebäudes auf – eine surreale Erscheinung in einem Kampf ungleicher Kräfte.

Noch war nicht klar, was mit der vermissten Person war. Im Minutentakt wechselten sich die Teams im sogenannten

Innenangriff ab. Keiner konnte lange in dem brennenden Haus bleiben. Rein-raus, Flasche wechseln und wieder rein. Bleierne Ungewissheit in der Lageführung. Wärmebildkameras kamen zum Einsatz.

Dann die Erlösung: Der junge Mann hatte sich in dieser Nacht nicht in dem brennenden Haus aufgehalten, sondern hatte bei der von ihm zu versorgenden Mutter weiter oben im Tal genächtigt. Dort war er von den Einsatzkräften erreicht worden. Man kannte sich im Tal, so hatte einer den entscheidenden Hinweis gegeben.

Rettungskräfte versorgten inzwischen das Ehepaar. Auch wenn die Verbrennungen durch das angesengte Handy nur leicht waren, war der Schock unübersehbar. Nichts hatten sie mitnehmen können, kein Foto, keine Urkunde, kein Kleidungsstück, keinen mit Erinnerungen bestückten, über Jahre und Jahrzehnte innig geliebten Gegenstand. Geblieben war ihnen das nackte Leben und das Angesicht eines Infernos.

Jeder Einsatz verlangt hohe Flexibilität. Bei Großbränden generell, aber in diesem Fall waren es zusätzlich die alte, verwinkelte Bauweise des Hofes, die die Löscharbeiten äußerst schwierig machten. Komplizierte Lageführung, zeitlich, örtlich und personell.

Auch die Nachbargebäude waren durch die enorme Hitze in Gefahr. Das angrenzende Haus schien leichte Beute für die Flammen. Trotz lebensgefährlicher Bedingungen wurden die Löscharbeiten professionell, ruhig und routiniert durchgeführt. Eine Wasserwand zum Schutz der benachbarten Gebäude, ein Hydroschild, wurde errichtet. Alle, die sich noch in den Häusern befanden, konnten rechtzeitig in Sicherheit gebracht werden.

Das Aufspüren der Brandnester zog sich bis in den Abend des folgenden Tages hin. Übrig blieb ein bizarres Gebilde aus verkohlten Balken, ineinander verkeilt, verschweißt in undefinierbaren schwarzen Klumpen, die nicht mehr ahnen ließen, was einmal ihre Bestimmung war. Das Dach des Hauses hatte sich wie ein sterbendes großes Tier in einem Stück auf dem Boden niedergelassen, zusammengebrochen, die stützenden Balken hatten ihre Dienste versagt.

Damit war unsere Arbeit noch nicht beendet. Wie auch die anderen Feuerwehren und Rettungskräfte fuhren wir an unseren Stützpunkt zurück. Fahrzeuge mussten dort wieder einsatzbereit gemacht werden, schmutzige Ausrüstung und Schläuche gesäubert oder gegen bereits aufbereitete ausgetauscht werden. Auch das gehörte zur Routine.

Alle gaben ein dem über siebzehnstündigen Einsatz entsprechendes Bild ab, waren dreckig und verschwitzt, völlig geschafft. Dennoch, auch wenn es nicht danach aussah, war die Atmosphäre mit Zufriedenheit angefüllt. Natürlich hätte das keiner so gesagt, auch hier wurde nicht viel geredet. Alle hatten selbstverständlich ihr Bestes gegeben, bis zum Anschlag. Man konnte spüren, dass jeder einzelne und die Gemeinschaft gewachsen war.

Die obligatorische Nachbesprechung war in diesem Fall kurz. Die Abläufe waren angemessen, die Eindrücke ohne den Verlust von Menschenleben oder schwer Verwundeten für alle normal zu verarbeiten. Damit war der Einsatz für die meisten abgeschlossen und sie konnten nach Hause gehen.

Mein Bett musste noch warten, denn alle Unterlagen wurden für die nachfolgenden Berichte an den Bürgermeister und die Presse gebraucht.

Der Einsatz der Feuerwehrleute war mit den Löscharbeiten in diesem Fall nicht beendet. Alle haben mitgeholfen und bauten der Familie ein neues Zuhause.

Auch das war eine Seite des Tals.

Zuversicht

Zu meiner Zeit war es sicherlich ein starker, unvorhergesehener Eingriff in das bisherige Gefüge des Zusammenlebens im Tal, als Frau bei der Feuerwehr anzuheuern und das auch noch erfolgreich durchzuhalten. Für manche ist das bis heute ein UNfall in der Geschichte. Es ging aber um noch viel mehr, zumindest in einigen Köpfen.

Als Person stand ich dafür, dass ein Mensch seinen eigenen Weg wählen kann, nämlich den, der zu ihm passt. Niemand hatte mich zur Mitarbeit bei der Feuerwehr überredet, ich war, zugegebenermaßen spontan, einem Reiz gefolgt. Aber hätte dieser nicht meinem tiefsten Inneren entsprochen, wäre ich niemals die ganzen folgenden Jahre mit so viel Einsatz und Herzblut dabei gewesen. Schon in der Feuerwehrschule wusste ich ganz genau: *Das ist es, was ich machen möchte! Wo ich mich einbringen will!*

Dabei wäre es mir niemals in den Sinn gekommen, eine wie auch immer geartete Rebellion anzuzetteln. Es war überhaupt nicht meine Gedankenwelt, aus meiner Entscheidung für die Feuerwehr irgendeinen Anspruch an andere abzuleiten. Egal, ob Mann oder Frau, Mädchen oder Junge: Wenn man dazu Lust hat, sollte man es anpacken dürfen.

Wie eine Welle war das Angebot auf mich zugekommen. Und ich habe nicht abgewartet, bis sie über meinem Kopf zusammenbrach, sondern habe die Gelegenheit beim Schopf ergriffen. Ich bin durchgetaucht, wie es die kleinen Jungs am Meer unermüdlich üben, während Mädchen sich das oft nicht zutrauen, am Strand sitzen und den Sandkuchen backen. Warum muss das so vorgegeben oder gegeneinandergestellt werden? Auch wenn ich hervorragend Kuchen backen kann, so hatte ich auch gelernt, im Heu zu toben, und durch Türen, die sich öffnen, auch hindurch zu gehen. Herausforderungen entstehen auf dem Weg, dann geht es darum, sie zu erkennen und anzunehmen. Sie sind die Chance, sich selbst weiter zu entwickeln. Im Vorhinein ist ohnehin nicht alles abzuschätzen. Mit dem Bemühen, alles zuerst abzuwägen und rundherum abzusichern, ist die Gelegenheit schnell verstrichen.

Wie oft habe ich Männer erlebt, die zwar nicht die Bedienungsanleitung für ein Gerät kannten, aber die ersten waren, die ohne zu zögern vorpreschten: *Gib mal her!* Männer, die sich neue Aufgaben aneigneten, ohne alles vorher tausendfach durchgespielt zu haben. Sie gingen davon aus, dass sie das schon schaffen würden, wuchsen in ihre Aufgaben selbstbewusst hinein, und landeten dort, wo sie hinkommen wollten.

Ich glaube nicht daran, dass das „Typ Sache" ist oder auf einem bestimmten Gen zu finden ist. Der Lebensweg sollte einfach nicht von einer vorgegebenen Rolle abhängen oder einem von Klein Auf zugewiesenen werden. Jeder Mensch kann sich entwickeln, wenn er Mut, Ausdauer und Zuversicht einsetzt, und sich nicht vom eigenen Weg abbringen lässt.

Ich wollte auch niemandem etwas beweisen. Die Dienste, die Übungen, die Einsätze, der feste Termin an jedem Dienstag, der für mich heilig war, bereicherten mich. Ich lernte viel Neues und war in meiner Freizeit eingebunden in eine gute Gemeinschaft. Ich wollte etwas machen, wovon ich überzeugt war, wie beim Flamenco-Tanzen,

So einfach ich dachte, war gerade das der eigentliche Stein des Anstoßes für viele Seelen im Tal.

Ich war aus der althergebrachten Rolle ausgebrochen. Frauen hatten in den Augen der meisten Männer bei der Feuerwehr nichts verloren. Sie sollten sich mit anderen Aufgaben beschäftigen. Mit meinem Beitritt wurden die weiblichen Normen durchbrochen oder sogar neu definiert.

Waren wir im Dienst, fanden es die Männer toll, dass mit mir eine Frau dabei war. Sie nahmen wahr, dass meine, oftmals andere Sicht auf die Gegebenheiten hilfreich sein konnte. Meine Art, Dinge direkt anzusprechen, half, sie nicht lange in einer Grauzone gären zu lassen und führte zu manch ungewohnter, aber allgemein anerkannter Lösung eines Problems. In diesem Sinn war ich „multifunktional", leistete mehr als manch einer von ihnen. Ich hatte eine eigene

Meinung. Diese Mischung war interessant. Das war neu, sollte die Männer aber bitteschön in ihrem Zuhause nicht erreichen.

Akzeptanz bezog sich ausdrücklich nur auf den abgekapselten Bereich des Florians und der Einsätze, sie war eine Innensicht.

Die Frauen neideten mir die Bühne der Aufmerksamkeit. Sie verschwanden im Publikum, traten nicht ins Rampenlicht. Fragten ihre Männer, wenn sie nach Hause kamen: *Warum duldet ihr diese Frau?* Die gleichen, die sich gerade schulterklopfend von mir verabschiedet hatten, zuckten die Achseln und wichen aus: *Wieso? Ich weiß auch nicht.* Machten sich einer undurchschaubaren Komplizenschaft verdächtig. Es wuchsen die Eifersucht der Frauen und ihre Fantasien, denn keine von ihnen hatte Zutritt zum geschlossenen Kreis der Feuerwehr.

Traditionen sind nicht frei von Belastung. Die meisten Frauen begnügten sich mit dem Platz am Herd, applaudierten den Männern und blieben hinter dem zurück, was sie konnten oder was sie einmal wollten.

Sie waren erzogen, die perfekten Vertreterinnen eines Frauenbildes zu sein, das seit Jahrhunderten im Tal etabliert war. So wollten ihre Männer sie auch behalten, ihre „Wieble" zu Hause.

In dieses Schema passte ich nicht. Ich verkörperte die Ausnahme, die nicht zur Regel werden sollte. Zu Hause zählten weiterhin andere Konventionen als bei der Feuerwehr. Da wollten dieselben Männer lieber alles beim Alten lassen, ihre Mäuschen behalten. Das eiserne Räderwerk der Tradition durfte nicht in Gefahr geraten. Mit nur einem Rädchen, das aus der Spur geriet, wäre das ganze Gefüge bedroht.

Ich passte in keine Schublade, fiel durch alle Raster. Auf der einen Seite war ich akzeptiertes Mitglied der Ortsfeuerwehr und auf der anderen eine die althergebrachte-Sitten-und-Gebräuche in Gefahr brachte. Und natürlich auch – in den Augen der Frauen – eine Männer-mordende Angstgegnerin. Hatte ich ihnen doch schon den Konstantin weggeschnappt. Und da sie nicht genau so sein konnten, aber vor allem nicht sein durften wie ich, wurde die eigene Beschränktheit zum Gesetz erklärt. Sie bedienten sich aller möglichen Vorurteile, mit der für sie nützlichen Seite, dass sie sich gar nicht erst auseinandersetzen mussten. Als Fremde abgestempelt, bot ich eine einfache Projektionsfläche. Oder sie suchten etwas an mir, um mich zu erniedrigen. War ich ganz unten, waren sie wieder oben.

Gingen Konstantin und ich mit dem Hund spazieren, wurde ich ausdrücklich nicht gegrüßt. Nachdem ich bei jedem Aufeinandertreffen, angepasst an die Gepflogenheiten, definitiv und sehr bemüht die erste war mit einem „Grüaß di" oder „Grüß Gott", kam jedes Mal ein schmetterndes „Grüaß di Konsti!" zurück, nicht ohne mir dabei triumphierend in die Augen zu sehen.

Das war ihr Weg, in der eigenen unveränderbaren Welt für alle Zeiten die geltende Ordnung aufrecht zu erhalten.

Erst später erkannte ich, dass viel Zukünftiges schon damals hinter den Kulissen angebahnt wurde. Frauen können langfristig Intrigen schmieden. Sie lassen nicht ab, wenn sie jemanden einmal als Opfer ausgemacht haben. Damals ahnte ich das Ausmaß noch nicht.

Seine Aufgaben erfolgreich zu erledigen ist die eine Sache, Ablehnung und Ausgrenzung entgegentreten zu können, eine andere. So stark wie eine Frau in Feuerwehrklamotten in Übergröße auch erscheinen mag, wie wichtig sie am Funk und im Einsatz wirkt, steckt dahinter ein ganzer Mensch, mit Gefühlen und dem intensiven, wenn nicht dem stärksten Bedürfnis alles Lebendigen, einfach dazu zu gehören.

Bei keinem Menschen gibt es nur schwarz-weiß, es gilt nicht: Einmal taff ist immer taff. Auch wenn du in der Einsatzleitung beim Großbrand mitarbeiten kannst, bist du noch lange nicht davor gefeit, im Büro in die Mühle zu geraten und dich auch so zu fühlen.

Die Lösung für mich war zunächst, den Kopf nicht in den Sand zu stecken. Ich kannte die damalige Form von Social Media im Tal noch nicht, hatte keinen Zugang dazu und dachte, irgendwann würde ich innerlich gelassen damit umgehen können. Was wussten sie denn schon wirklich über mich?

Ich stellte mir eine Art innere Reifung vor, mit dem Ziel, dem mir eigenen Drang zu widerstehen, sofort meine Klappe aufmachen zu müssen und arrangierte mich damit, dass es nicht in meiner Hand lag, ihre Urteile über mich zu beeinflussen. Am wichtigsten war mir, die Energie dort zu bündeln, wofür mein Herz schlug und mich auf die Verbindungen mit Menschen zu konzentrieren, die mir wirklich nahestanden.

Ich wollte einfach der Mensch bleiben, der ich war, und nicht zulassen, dass mein Selbstwertgefühl von anderen bestimmt wurde.

A...uf Grundeis

Ohne Ausflüge keine Feuerwehr, ein absoluter Höhepunkt im Jahr für alle Aktiven.

Ich hatte unmissverständlich klar gemacht, dass ich nicht mitfahren würde. Die Planung der Fahrten oblag dem Feuerwehr-Spaßminister.

„Was macht's denn so in Köln", fragte der mich eines Abends. „Na, da ist der Dom, dann das Früh..." begann ich einige Touristenziele aufzuzählen, und überlegte, was den Männern noch gefallen könnte, um ein ordentliches Kontrastprogramm zum Leben im Tal zu entwerfen.

Was dabei herauskam, war die nächste Fahrt, ein Ausflug nach Köln. Wie schön, dachte ich, dann rufe ich doch gleich mal meinen langjährigen Freund Ingo bei der Polizei in Köln an. Der war hocherfreut und nach dem üblichen Intro, wie es denn gegenseitig so geht, kam ich ganz vorsichtig zu meinem Anliegen: „Die Jungs von der Feuerwehr kommen nach Köln. Können wir da nicht irgendwas organisieren?"

„Ja sischer dat, Liebelein, was stellst du dir genau vor?"

Huch, ja, eine genaue Vorstellung hatte ich noch nicht, es sollte irgendwas Eindrucksvolles werden. Aber was konnte das sein? „Nichts, was du nicht verantworten kannst, natürlich!", stammelte ich los – was verlangte ich denn da? Dann fiel mir nichts Besseres ein als: „Irgendwas mit einer Verkehrskontrolle vielleicht?" Noch während ich weiter laut nachdachte: „Oder was anderes Abgedrehtes?", rief er dazwischen:

„Sischer dat! Hören's op! Na klar, mach' ich dir!"

Als wäre es das Selbstverständlichste von der Welt, diktierte er mir ins Telefon:

„Du musst nur dafür sorgen, dass der Kommandant Bescheid weiß, der muss mit mir in Kontakt bleiben. Und der Busfahrer muss eingeweiht werden." Er machte eine kurze Pause, in der er anscheinend seine gesamte Einsatzvorbereitung im Kopf noch einmal durchging und bekräftigte:

„Kein Problem, hab' ich im Kasten!"

Der Zeitpunkt kam und der Bus fuhr los. Sechzig Mann voller Vorfreude und Spannung. Im Vorfeld hatte ich mit dem Kommandanten einen begeisterten und engagierten Mit-Akteur gewonnen, Instruktionen weitergegeben und alles für den Einsatz vorbereitet.

An einer Stelle hinter der Kölner Zoobrücke war es dann so weit.

Zwei Motorrad-Polizisten überholen den Bus, hielten die Kelle raus, der Fahrer musste an der Seite anhalten. Drinnen, in Reih und Glied, die Reisenden, drahtige Bergburschen, aber eher kleiner Statur, draußen zwei Schränke mit Kahlschlag, schwarzen Bärten und einer Statur von knapp zwei Metern, die schwergewichtig von den großen BMW-

Maschinen abstiegen und diese parkten. Nichts konnte Kräfteverhältnisse offensichtlicher markieren.

Der Arm des Gesetzes langte unverzüglich, in barschem Ton zu:

„Die Ausweise bitte! Alle mal 'raus hier!" Und tatsächlich sammelten sie alle Pässe ein. Jeder wurde ausführlich gemustert und kontrolliert. Ein Riesenaufstand! Derweil kamen weitere Ordnungshüter auf Motorrädern und umrahmten den Bus.

Nach einem endlosen Studium aller Personalien, bellte einer der hinzugekommenen Polizisten: „Fritz Martens!" Der Name wurde quasi militärisch aufgerufen.

„Kommen Sie mal hier rüber!"

Die Atmosphäre wurde heikel. Die Mienen aller Beteiligten ebenso.

Ein weiterer Beamter übernahm das Verhör:

„Waren Sie in der Vergangenheit irgendwann einmal im nicht-europäischen Ausland?" Und mit Nachdruck: „Na, überlegen Sie mal!" Das klang alles andere als wohlgesonnen.

Tatsächlich. Der Besagte „gestand" unmittelbar: Er war ein Jahr vorher in Russland gewesen, hatte dort ein altes Feuerwehrauto abgeliefert. In der Regie ein reiner Zufall!

Der Beamte machte sich bedeutungsvoll Notizen. „Alle anderen wieder rein!", befahl er. Mit einer lässigen Handbewegung veranlasste er zwei seiner Kollegen, der Räumung des

Seitenstreifens Nachdruck zu verleihen. Dann kam er „zur Sache", herrschte den mittlerweile ziemlich verängstigt umherblickenden Fritz mit zusammengezogenen Augenbrauen an:

„Sie werden per Europol gesucht!"

Völlig perplex nahm der Beschuldigte die Hände hoch und wandte sich hilfesuchend zum Bus, um direkt weiter eingeschüchtert zu werden: „Ja, jetzt bleiben Sie mal hier draußen stehen!"

Im Bus wurden die Namen aufgerufen und die Pässe verteilt. Einer wollte draußen rauchen, wurde rüde auf seinen Platz verwiesen.

Die hinzugekommenen Streifenbeamten hatten inzwischen den Bus vollständig überprüft. Waren außen und innen bedeutungsschwer herumgegangen, hatten Klappen geöffnet, sich Blicke zugeworfen. Einer schrieb unaufhörlich.

Konnte die Situation zu brenzlig werden? Der Einsatz-Chef machte schließlich einen auf Mega-Bulle…

Sicherheitshalber nahm der Busfahrer mit dem Kommandanten neben ihm unterschwellig Kontakt auf. Der konnte ihn beruhigen: Das kippt nicht!

Ergebnis der Bus-Inspektion war:

„Der Bus ist konfisziert, er kann nicht mehr weiterfahren!"

Fassungslosigkeit in den Gesichtern.

„Die Bus Firma ist pleite, die haben das Versicherungsunternehmen betrogen. Das Fahrzeug hat keinen TÜV und ist nicht versichert! Der Bus muss stillgelegt werden!"
Mehrere Insassen hatten unter der Bank bereits ihr Handy gezückt. Hatten sie vorher Zurückhaltung geübt oder schlicht zu viel Angst gehabt, in den Taschen zu kramen, war jetzt der Zeitpunkt gekommen: Das musste raus. Sofort tickerten die Nachrichten über die Berge. Wollte doch jeder der erste Informant für eine Schlagzeile im Tal-Anzeiger sein.
Inzwischen wurde ausgerechnet der Kleinste, Günther, durch die streng bewachte Tür nach draußen gelotst, um nach kurzem Intermezzo mit dem Größten der Polizisten wieder in den Bus einzusteigen.
Die anderen löcherten ihn, es ging drunter und drüber. Manche waren inzwischen von den Sitzen aufgestanden:
„Ja, was ist denn da draußen los?"
Mit Leichenbittermiene klärte Günther sie auf, alle schauten ihn mehr oder weniger offenen Mundes an. Resigniert und erschüttert, so schien es, ließ er den Blick in die Runde schweifen, bedeutete allen, sich wieder zu setzen und ließ seine Kollegen mit Grabesstimme wissen:
„Habe' ich mir doch gleich gedacht! Der wird gesucht! Der hat schon alles zugegeben, der Fritz!"
Schließlich hatte dieser seinen Trip nach Russland wahrheitsgemäß angegeben. Draußen wurde miteinander geredet. Drinnen konnte man ja nicht hören, dass dort alles längst

aufgelöst war und die Gespräche wieder im normalen Bereich abliefen.

Günther war im doppelten Sinn „eingestiegen":

„Habt ihr denn Geld dabei? Wir müssen Kaution hinterlegen!"

Betretene Gesichter. Einer brachte die Vereinskasse ins Spiel.

Der Busfahrer, inzwischen anscheinend doch um seinen Job bangend, rückte noch näher an den Kommandanten heran und flüsterte:

„Sag' mal, stimmt denn das alles wirklich nicht?"

Sein Nachbar antwortete nicht, sondern wies ihn für alle anderen unsichtbar auf ein weiteres Polizeiauto hin, das in diesem Moment direkt neben dem Bus hielt. In voller Uniform stieg mein alter Freund Ingo aus, öffnete den Kofferraum, angelte zwei Kästen Kölsch heraus, wuchtete sie in den Bus und ließ sie geräuschvoll nacheinander über den Boden weit in den Gang hineinschlittern. Dabei seine Worte:

„Schönen Gruß von der Loni! Herzlich willkommen in Köln!"

Die ganze aufgebaute Spannung löste sich in einem riesigen Gewusel auf, alle redeten durcheinander, einige prusteten vor Lachen. Gleichzeitig war klar, dass alle sofort zu Hause anrufen mussten. Die einen, weil die Bus-Firma doch nicht pleite war und der Fritz völlig unbescholten, die anderen, weil sie das Unglaubliche sofort loswerden mussten:

„Das war von der Loni!"

Es gab eine Mordsstimmung, Ingo wurde in den Kreis der Feuerwehrleute aufgenommen und für den Abend ins „Früh", einem großen, zentral gelegenen Brauhaus in Köln, eingeladen. Bei seiner Ankunft wurde er mit einem Männer-Chor, - da sind Österreich und Köln nicht weit auseinander, herzlich, mit einem über alle Grenzen hinaus wohlbekanntem Lied begrüßt:

„Du altes Arschloch, ja lebst du auch noch, …"

Die neue deutsch-österreichische Freundschaft war besiegelt und die abschließende Meinung war einhellig: Sie erlebten einer der schönsten Ausflüge, an den sie sich lange erinnern würden.

Im Tal kam keine zwei Stunden nach der Aktion ein riesiger Blumenstrauß bei mir an der Haustüre an. Ich grinste in mich hinein und freute mich über das Dankeschön.

Meine frohe Stimmung über die geglückte Aktion sollte nicht ungetrübt bleiben. Kaum hatte ich das Haus verlassen, wurde ich schon von den Daheimgebliebenen argwöhnisch gemustert: Was ich denn da wieder gemacht hätte. Es klang nicht gerade wohlgesonnen. Was mich auf jeden Fall zu einer Reaktion veranlasste. Recht trocken antwortete ich ihnen:

„Wir haben in Köln auch unsere Connections, es gibt ja nicht nur die Fäden hier im Tal. Und ich kenne die ganze Polizei in Köln!"

Ich konnte schließlich damals an der neuen Schule auch Karate.

Einsatz für die Einsatzkräfte

Der „Vergnügungsminister" unserer Feuerwehr hatte wieder einmal eine gute Idee für den nächsten Ausflug gehabt. Es sollte einen Hubschrauber-Rundflug über Stuttgart geben. Totale Begeisterung! Der Bus war geordert, alle Vorbereitungen abgeschlossen, und dieses Mal hatten sich viel mehr Feuerwehrmänner angemeldet als sonst.

Ich arbeitete zu der Zeit in einer Metallverarbeitungsfirma vor Ort. Es machte mir Spaß. Ich hatte Ruhe, um mich in die Abrechnungen richtig hineinknien zu können, und wünschte nach Möglichkeit keine Ablenkung. Das war allgemein bekannt und wurde respektiert. Umso überraschender war an diesem folgenschweren Morgen, dass hoher Besuch, der Vergnügungsminister im Amt, persönlich in mein Büro stürmte. Ich schaute auf und blickte in ein käseweißes Gesicht.

„Ja, was ist denn passiert?" kam ich seinem Gruß zuvor, so erschrocken war ich über diesen Anblick. Er fiel geradezu auf dem nächstgelegenen Stuhl zusammen, gestikulierte mit den Händen, war sichtlich geschockt.

„Die haben mir abgesagt!" Ich verstand ihn nicht sofort. Sein nächster Satz brachte Klarheit und ließ mich entspannter zuhören. An Fantasie mangelte es mir nach den ganzen

Erfahrungen bei der Feuerwehr nicht mehr, was alles hätte passiert sein können.

„Die haben den Hubschrauberflug abgesagt!" fuhr er fort. „Der Pilot ist denen ausgefallen, einen Ersatz haben sie nicht. Jetzt werden alle stornieren, deshalb wollten doch alle mitfahren!" Er war fassungslos.

Mir war nicht ganz klar, worin sein größtes Problem bestand. Dass er jetzt sein Ansehen bei den Kollegen verlieren könnte, wo er doch schon für seinen tollen Einfall gefeiert worden war? Rein organisatorische Probleme rechtfertigten sein Auftreten nur schwerlich. Ich war erstmal erleichtert, dass es nicht um Leben und Tod ging.

Immerhin bedeutete die kurzfristige Absage großen Aufruhr und einen Rattenschwanz an Umständen. Ich malte mir die Gesichter meiner Kollegen aus, die voller Vorfreude in ihrer Vorstellung, den Höhenflug in alle Richtungen ausgesponnen hatten. Angestrengt dachte ich nach und produzierte eine Idee.

„Pass' auf, ich organisier' dir was!" versicherte ich ihm. Auch wenn es sich anhörte wie: *Ist hundertprozentig sicher! Brauchst dir keinen Kopf mehr zu machen!* hatte ich eigentlich nur die Idee vor Augen, konnte die Umsetzung aber höchstens zu einem mittleren Prozentsatz garantieren. Um die Dramatik der Situation nicht zu steigern, behielt ich das für mich.

Nach der Arbeit fuhr ich, schneller als sonst und etwas aufgeregt, zum Stall, in dem meine Andalusier Stute stand. Dort gab es einen Hubschrauber, verbunden mit einer kleinen Transportstation für Material, Musiker und alles, was auf den Hütten gebraucht wurde, aber nicht mit der Gondel oder zu Fuß transportiert werden konnte.

Auf dem Weg dorthin kam mir mein spontanes Versprechen doch recht mutig vor, um nicht zu sagen, etwas verwegen. Es gab außer dem Helikopter keinen Anhaltspunkt dafür, dass ich nur mal eben fragen müsste und alles wäre geregelt. Ich sprach den Chef ganz vorsichtig an: „Sag mal, könntest du dir vorstellen…?" Dabei schmückte ich die Dringlichkeit meines Anliegens so schillernd aus, wie ich nur konnte und schwor, dass alles gut bezahlt würde. Ein wahrer Redeschwall meinerseits, beantwortet mit einem kurzen: „Ja, können wir machen!"

Tage später: Eine gut gelaunte Mannschaft, vermeintlich auf dem Weg nach Deutschland.

Nach den ersten Kilometern ging der Chef-Organisator ans Mikrofon, begrüßte alle Teilnehmer mit Leichenbittermiene und kam ohne Umschweife zur Sache:

„Jungs, ich muss euch was sagen: Der Hubschrauber-Rundflug in Stuttgart ist abgesagt!"

Lange Gesichter! Alle verharrten regungslos auf ihren Sitzen und schauten ihn an.

Den Optimisten herauskehrend verkündete er der enttäuschten Mannschaft: „Lasst euch mal überraschen, es gibt ein Ersatzprogramm!". Mehr oder weniger überzeugt ließen sich die Männer darauf ein. Es war deutlich stiller im Bus geworden.

Das Ziel war nicht so weit entfernt, der Bus nahm die Ausfahrt mit Kurs auf die Hofanlage. Diese hatte sich inzwischen auf wundersame Weise verändert: Im Innenhof waren Bierbänke und Tische aufgebaut, alles blauweiß geschmückt. Brezeln und Bierkästen standen parat. Noch bevor es zum Weißwurstfrühstück ging, klärte der Vergnügungsminister die verunsicherte Mannschaft auf: „Ihr werdet jetzt mit dem Hubschrauber über das Tal fliegen und euch hier die Umgebung mal von oben ansehen!"

Das schlug ein wie eine Bombe! Kaum einer hatte die eigene Heimat jemals vorher aus dieser Perspektive zu Gesicht bekommen! Nicht einmal in der horizontalen Perspektive hatten die meisten alle Dörfer und Ecken im Tal gesehen.

Manch einer hatte Tränen in den Augen.

Der Posten als „Vergnügungsminister" ging rundherum, auch mein Mann kam an die Reihe. Er blieb als kreativ und überaus lustig in Erinnerung. Was nicht alle sehen konnten oder wollten: Dahinter stand eine Frau. Ich erfand Wintergaudis mit waghalsigen Rodelmanövern oder Schneewiegen, Sommergaudis mit Baumstammweitwerfen, und derartiges mehr. Es war eine unbeschwerte, lustige Zeit.

Der Funkdienst war inzwischen Routine für mich. Kein Kollege hielt sich noch damit auf, welches Geschlecht diesen Posten besetzte.

Als die Position der Stüble-Wirtin in der Wache nach einigen Jahren frei wurde, übernahm ich zusammen mit einer Freundin diese Aufgabe. Die Verpflegung von fünfunddreißig Männern bei Einsätzen und Mannschaftsabenden wurde zu einer kulinarischen Leidenschaft. Liebevoll verpasste ich den Herrschaften Chili con Carne und abgedrehte Salate, sorgte für die Getränke und ihr leibliches Wohl. Die gute Laune und Akzeptanz auf beiden Seiten beflügelten mich bei dieser Arbeit.

Niemand hatte mehr ein Stoppschild im Gesicht, wenn ich auftauchte.

Ausgeschlossen

Fremdenpass

Jeder Mensch, der ins Tal zog, benötigte nach einiger Zeit einen „authentischen Lichtbildausweis zum Nachweis der Identität". Was ich schließlich in Händen hielt, war eine Bescheinigung, dass ich als „Ausweisinhaber" befristet für fünf Jahre in Österreich aufenthaltsberechtigt war. Auf der Vorderseite des Papiers stand in fetter Schrift:

„Lichtbildausweis für Fremde"
Unter den Fittichen des österreichischen Bundesadlers schrumpften damit Identität und Authentizität auf das Fremdsein zusammen. Schwarz auf weiß wurde festgehalten, wie sie es hielten mit den „Zugereisten", den auf ewig Fremden, egal, wie sehr diese mit der Gemeinschaft verbunden waren, ob sie, wie ich, im Tal verheiratet, in der Gemeinschaft engagiert und berufstätig waren. Es war ein Dokument des Nicht-Dazu-Gehörens, ein offizielles Ausschlusskriterium, das Fremdsein hatte einen amtlichen Stempel. Mehr als eine Verlängerung dieses Zustands ließ das Dokument nicht zu. Es blieb nicht nur Papier.
Aus verschiedenen Anlässen kam man im Tal zum geselligen Austausch zusammen, unter anderem gab es die sehr beliebten Jahrgangstreffen. Alle 1969 Geborenen zum Beispiel wurden dafür namentlich angeschrieben und eingeladen.

Öffentlichkeit wurde streng vermieden, sollte sich doch kein „Fremder" angesprochen fühlen, egal wie lange er schon im Tal wohnte. Ich war „Ausländerin", also auf gar keinen Fall mitgemeint.

Etliche, so wie ich schon seit vielen Jahren familiär und freundschaftlich verbunden mit den Menschen um sie herum, waren genauso betroffen, weil zugezogen. Sie wurden aus dem geselligen Zusammensein explizit ausgeschlossen, aber es war nicht nur das. Ein Austausch aus verschiedenen Perspektiven und Erfahrungen hätte Anregungen für alle gebracht, hätte bunt, lustig und vielfältig sein können. Nein, man wollte lieber „unter sich" bleiben. Unter Gleichen musste so manches nicht auffallen.

Zum Ausgleich kam ich auf die Idee, einen Stammtisch für „Zugereiste" ins Leben zu rufen. Der Kreis der Betroffenen war interessiert und ebenso groß das Bedürfnis, Geselligkeit und Austausch zu pflegen.

Mit diesem Unterfangen wandte ich mich an meinen Mann, wie immer meine erste Adresse. Aber weiter kam ich nicht.

„Lass' das bloß bleiben", riet er mir mit Nachdruck, sicherlich um mich zu schützen. „Du kommst nur noch mehr ins Gerede. Die fallen dann erst recht über dich her!"

Und so wurde wieder dieses, mein Gefühl bestärkt, dass irgendetwas an mir „nicht richtig" sei. Ich konnte mich nicht richtig „ausweisen".

Als eine mögliche Demonstration von Zugehörigkeit galt die typische Tracht im Tal, festgeschrieben seit Jahrhunderten. Wie stolz die einzelnen Frauen auf diese Kleidungsstücke waren, mit wieviel Überzeugung und Leidenschaft sie sie getragen haben, war nicht offensichtlich. Vielleicht ist die Tracht eine ernste Angelegenheit und zu gewichtig, um ein fröhliches Gesicht damit an den Tag zu legen. Als kleidsam für die Frauen war sie nicht zu bezeichnen. Viel anderes als die Größenverhältnisse konnte man bei den Trägerinnen nicht unterscheiden. Puffärmel und ein Umhang, bestehend aus sehr viel Stoff mit so vielen Falten wie nur möglich, mit breitem Achselband oberhalb der Brust geschnürt, machten jede Anmut und Individualität zunichte.

Im besten Fall war die Tracht geeignet, um bei der Hochzeit einen Umstandsbauch vollständig verschwinden zu lassen. Man musste schon sehr mit der Tradition verbunden sein, um sie als prunkvollen Schmuck einer Frau zu sehen. Persönlichkeit und Stolz wurden unter der Stofffülle begraben. Ganz im Gegenteil die Männertracht: elegant, körperbetont und in schwarz mit imposantem Dreispitz.

Für meine Person hätte ich es ohnehin als anmaßend empfunden, mich dieser Tracht als „Fremde" zu bedienen. Sie war das Zeichen aller im Tal Gebürtigen, *seht her, ich gehöre dazu*. Eine Abgrenzung gegenüber aller Welt, ja schon zum nächsten Tal. In diese Fußstapfen konnte und wollte ich gar nicht treten.

Traditionell kamen die Trachten etwa bei Hochzeiten zum Einsatz. Wir waren aus einem solchen Anlass im benachbarten Bundesland eingeladen und trafen mit vielen anderen Gästen im Hotel ein. Konstantins alte Tante, mir wegen unschöner Nachrede über mich in ganz besonderer Erinnerung, empfing mich in angriffslustigem Ton mit der Frage:
„Na, Loni, ziehst du morgen auch Tracht an?"
Was sollte ich sagen? Natürlich meinte sie die angestammte Tracht unseres Tals. In der Vorbereitung auf diese Hochzeitsfeier hatte ich keine Kosten und Mühen gescheut, mich von Kopf bis Fuß neu eingekleidet, mir ein teures Dirndl angeschafft. Aus Ziegenleder, figurbetont, mit Unterrock, Rüschenbluse und Strickweste, wie es zu der Zeit durchaus modern und exklusiv war.
„Na klar", beschied ich sie knapp. Ich hätte ja auch als Funkenmariechen, der traditionellen Figur des Kölner Karnevals, gehen können, auch dann hätte ich „Tracht" getragen.
Als ich am nächsten Morgen den Frühstücksraum betrat, wurde es ganz leise. Ich bemerkte sofort, wie der Sohn besagter Tante seinen Blick einmal an mir hochwandern ließ, nicht ohne dabei ein leises Schmunzeln zu verbergen. Er hatte den Konflikt durchschaut.
„Ich dachte, du trägst auch Tracht!" polterte sie in die Stille hinein los.

„Wieso? Ich trage doch Tracht", erwiderte ich gelassen und erklärte ihr bescheiden: „Du hast mich nicht gefragt: Trägst du auch die Tracht vom Tal? Das hätte ich mich niemals getraut. Ich bin doch gar keine Einheimische."

Für einen Moment sackte sie in ihrem mächtigen Gewand auf ihrer Bank in sich zusammen. Sie war nicht einmal selbst Urgestein aus dem Tal, eingeheiratet aus dem benachbarten Bundesland, wie man es nicht unbedingt wohlmeinend bezeichnete. Was war nun ihre Identität?

Ich hatte mich in der Vorbereitung des Festes mit mir selbst auseinandergesetzt. Sicher wollte ich dazu gehören. Aber ich wollte mich nicht als Einheimische verkleiden, um anschließend in der trügerischen Annahme unterzugehen, damit würden sie mich in ihrer Mitte anerkennen. Es würde nicht einfach alles besser, wenn ich die anderen nur gut genug zu imitieren versuchte.

Wie sollten sie mich denn richtig kennenlernen, wenn nicht ungeschminkt und nicht kostümiert? Ich wollte keine Fassade, kein Hologramm meiner eigenen Person abgeben. Sollte ich mich, mitsamt meiner Herkunft, verleugnen?

Schattenseiten

Familie war für mich ein schwieriges Thema. Sich auf den unterschiedlichsten Ebenen im Leben bewiesen zu haben, änderte nichts daran. Beim Feuerwehreinsatz verbindet das gemeinsame Handeln und das gemeinsame Ziel: Retten, löschen, bergen, schützen – für mich eine klare Sache, die im Team angepackt und gemeistert wird. Jeder Platz wird nach bestem Wissen und Gewissen ausgefüllt.

In der Familie war das anders. Ich hatte keinen Platz auf Familienfeiern. Ich schlug mich mit Schuldgefühlen herum, weil sie mich ausgrenzten. War ich nur anders als sie? Schon in meiner Kindheit hatte ich meine Eltern mal gefragt, ob sie ganz genau wüssten, dass ich nicht adoptiert wäre.

Und niemand kann dich so treffsicher verletzen wie die eigene Familie, sie war ja dafür auch lange genug nah dran. Die Neid-Folie erfüllte ich immer noch. Wir hatten ein großes Haus mit Zimmervermietung und uns ging es gut. Das rief, wie selbstverständlich, meine Schwestern auf den Plan. Unser Zuhause wurde wie ihr eigenes Familieneigentum behandelt.

„Überraschung"! stand meine Schwester mit ihren Kindern vor der Tür, um sich für eine Woche Urlaub bei uns einzuquartieren. Und aus einer Woche wurden drei. Sie schlief bis mittags und die Kinder tobten im Haus herum. Seinerzeit führte ich das Gästehaus, richtete morgens das Frühstück für alle und machte mich danach an die Zimmerreinigung. Mein Mann arbeitete zu dieser Zeit selbstständig und hatte ein kleines Transportunternehmen. Einmal hatten wir einen exklusiven Teppich in der Garage gelagert. Er war für ein Hotel bestimmt und sollte am nächsten Tag ausgeliefert werden. Als ich das teure Stück vor den in schmutzigen Stiefeln herumtollenden Kindern retten musste, beschwerte sich meine Schwester voller Unverständnis und meinte abfällig: „Ja, dürfen die denn gar nichts hier?"

Sie kam gerne wieder, auch schon einmal mit zweifelhaften Freunden. Abstimmen, ob das passte?

„Du hast doch wohl nichts dagegen, oder!" Das war keine Frage, sondern eine Feststellung. Und damals für mich selbstverständlich.

Die Spuren der triefend fettigen Wurst, in unserer Küche zum späten Frühstück mittags gebraten, durfte ich beseitigen. Dass diese auch noch auf dem Tisch an die Katze verfüttert wurde, ging mir schließlich zu weit. Aber schon der geringste Versuch, mich in meinem eigenen Haus gegen diese Übergriffe zu verwahren, prallte an den Beteiligten ab: „Ey, du bist uncool! Wie deine Mutter!". Und genau so hatte sie mich an einem sehr wunden Punkt getroffen.

Meine andere Schwester und mein Bruder mieteten sich bei uns ein. Ihr Radius beschränkte sich nicht auf die Einnahme der Wohnung., auch unsere Garage wurde besetzt, denn schließlich sollte ihr Auto ja nicht einfrieren. Ihr Freund nahm dann den von uns mit großen Mühen in den Berg gehauenen Stellplatz in Beschlag, Und mein Auto?

Meine Mutter besuchte mich oft, zog später in unsere Dachwohnung ein. Sie lebte eine Zeit lang bei uns. Es entsprach ihren Erwartungen, dass wir für sie eine Wohnung in der Pension ausbauten und dass ich, nach meiner Arbeit, für sie kochte, sie an meinem Leben ganz und gar teilhaben ließ.

Ich hatte sie gerne zu mir geholt, tat alles, um es ihr recht zu machen. Dabei sehnte ich mich schon das eine oder andere Mal, ausgepowert von Umbau des Hauses, der Feuerwehr, den Tieren und meinem Job, nach ein bisschen Unterstützung von ihrer Seite. Ich wünschte mir so sehr, dass sie nur einmal gesagt hätte, „Komm, lass mal, ich mach das schon!". Es war mein Fehler, das zu erwarten.

Trotzdem war es für mich in „Ordnung", dass sie da war. Es gestaltete sich nicht einfach für mich. Ihre chronische Unzufriedenheit schwebte über allem, sie ließ unser gesamtes Umfeld daran teilhaben. Alles wieder zu glätten, zu vermitteln, zu schlucken – wo sollte ich neben meiner eigenen Familie und meinen eigenen Problemen die Kraft dafür hernehmen? Allein die Angst davor, was kommen würde, wenn ich es nicht mitspielte und nicht aushielt, trieb mich durch die gemeinsame Zeit und hinderte mich daran, für klare Verhältnisse zu sorgen.

Es war die alte, kindliche, abgrundtiefe Furcht davor, dass sie, oder gar die ganze Familie, mich nicht mehr akzeptierte. Das war die schlimmste Strafe. „Wenn du unseren Ansprüchen nicht genügst, wenn du nicht bist, wie wir dich gerne hätten, dann reden wir nicht mehr mit dir!" Das war eine Leitlinie meiner Erziehung. Der Boden tat sich unter mir auf, wenn meine Mutter diese Maximalstrafe über mich verhängte. Wenn ich „brav" war, was meinte, in ihrem Sinne funktionierte, dann war ich die Prinzessin. Diese Verknüpfung war die Hölle für mich.

Keine Fessel hält ewig.

Meine Mutter war nicht nur raumgreifend. Alles, was wir uns als junges Paar anschafften, ging wie selbstverständlich in ihren Besitz über. Sie scheute sich nicht mal, unseren Herd beim Umzug zu ihrem neuen Partner einzupacken. Das war das erste Mal, soweit ich mich erinnern kann, dass ich mich gewehrt habe. Es gab eine fürchterliche Szene auf der Straße, vor tausend Augen. Die auch von Mitleid zeugten, was mich in dieser schrecklichen Situation aufrichtete.

Stellensuche

Es ging mir weniger um das Geldverdienen, ich war gut abgesichert durch meine Reserven. Ohne eine feste Arbeit wollte ich nicht bleiben, hatte ich schon bei verschiedenen Anlässen eine Vertretung übernommen oder bei Nachbarn geholfen, mit der Erkenntnis, dass sechs Wochen in einem Schmuckladen zu sitzen genauso langweilig war, wie die Wohnung aufzuräumen.
Passend dazu kam ein Vorschlag von der Arbeitsvermittlung, mich beim Fremdenverkehrsamt zu bewerben. Also nichts wie hin, direkt zum Gespräch mit dem Chef. Der konnte sich gut vorstellen, dass ich ins Team passen würde. Es war ein sehr nettes Gespräch. Wir waren beide ganz zuversichtlich. Ich bat mir aus, einmal drüber zu schlafen, und wollte mich telefonisch am nächsten Tag melden.
Kein Funk kann schneller sein. Auf dem Weg nach Hause, sprach mich eine Bekannte an. Es wäre ja so gut, dass der Ort für das Tourismus-Geschäft jetzt Verstärkung bekäme. Aber das wäre ja gar nicht einfach...
Ich wusste zuerst nicht, worum es ging, hörte freundlich zu und ging im Kopf meine noch zu tätigenden Besorgungen durch. Bis mir klar wurde, dass sie über mich und meine eventuelle zukünftige Arbeitsstelle sprach. Sie formulierte

vorsichtig, aber mit der Macht einer Eingeweihten: *Schau her, ich weiß alles, was dich betrifft!* Eine meiner potenziellen neuen Kolleginnen, hatte sie voller Sorge angerufen, um ihr von der neuesten Unmöglichkeit zu berichten.

„Ja, was hat sie denn erzählt?" fragte ich perplex nach. Sie druckste ein wenig herum, dass ich ja da jetzt anfangen würde, das könne ja nicht jede…, um mit ihren Worten auszudrücken, was die andere ihr souffliert hatte: *Wieso denn ausgerechnet die? Die ist doch gar nicht von hier! Die passt doch überhaupt nicht rein!*

Über die Whistle-Blowerin innerlich wutschnaubend, musste ich mich mit Mühe eines Kommentars vor versammeltem Publikum enthalten und dampfte ab nach Hause.

„Was ist denn das für ein Umgang," polterte ich meinem Mann gegenüber, großen Druck und Unmut offenbarend: „Es kann doch wohl nicht sein, dass ich jetzt schon ins Gerede komme, obwohl der Vertrag noch gar nicht unterschrieben ist!"

Seine Reaktion war verhalten. Für mich gab es nur eins, nämlich umgehend den Chef anzurufen.

„Ich möchte die Stelle absagen," begann ich das Telefonat.

„Ja, warum denn das?" fiel er aus allen Wolken. Meiner Gemütsverfassung folgend, wiederholte ich meine Worte in aller Klarheit und ergänzte: „Was ist das denn für ein Datenschutz hier, wenn eine Mitarbeiterin das ganze Tal ins Bild setzt, bevor irgendetwas unterschrieben ist?"

Besagte Beinahe-Kollegin rief mich am nächsten Tag an. Ihr Chef hatte seine Angestellten sondiert und ausgemacht, wo die Quelle der Gerüchteküche lag. Sie hatte mich ins Personalbüro gehen sehen und gewusst, dass es eine freie Stelle gab Den Rest hätte sie sich zusammengereimt. Sie entschuldigte sich bei mir und fragte mich kleinlaut, ob ich denn nicht trotzdem anfangen wollte. Einen Anflug von Sinneswandel in ihrer Einschätzung über meinen Einsatz konnte ich dahinter nicht heraushören.

„Nein, auf keinen Fall!", gab ich ihr ohne Umschweife zur Kenntnis, „wie soll denn das weitergehen, wenn es schon so anfängt, noch bevor ich einen Fuß in eure Bürogemeinschaft gesetzt habe? Bevor ihr überhaupt mit mir selbst gesprochen habt? Ihr kennt mich doch gar nicht!"

Ein bisschen überrascht war ich, als sie ganz leise wurde und mir zustimmte: „Ja, das stimmt schon, hier ist die Hölle los…"

„Und ich werde garantiert nicht in der Hölle arbeiten, ganz bestimmt nicht!" Damit beendete ich für mich und alle anderen dieses Kapitel.

Wen es betrifft

Einen guten Job bekam ich bei der Tal Bank. Ich konnte mich in Ruhe einarbeiten, hatte guten Kontakt zu den Kunden, ein sehr nettes, kollegiales Umfeld und einen freundlichen Abteilungsleiter.

Auf der anderen Seite waren meine persönlichen Kräfte stark strapaziert. Nach acht Monaten, in denen wir das große, alte Haus, neben acht Stunden Arbeit am Tag, innen und außen umgebaut hatten, Hund und Garten nach meiner Anwesenheit verlangten, spürte ich, dass ich die volle Leistung nicht länger auf allen Posten bringen konnte. Der Feuerwehrdienst lief weiter, den wollte ich auf keinen Fall opfern. Im Freundeskreis warf man mir vor, ich wäre ja sehr zurückhaltend geworden. Waren sie es gewohnt, jederzeit auf einen Abstecher bei uns vorbeizukommen, der nicht selten in einem ausgedehnten Gelage endete. Jetzt wurde ich angefeindet: „Mit der kannst du nicht mal mehr einen Kaffee trinken…"

Was tun? Ich ging zu meinem Vorgesetzten, um ihm mein Dilemma zu erklären. „Und deshalb muss ich wohl kündigen, einen Halbtagsjob kriegt man hier ja nicht…" schlussfolgerte ich resigniert.

„Wer sagt das denn?" unterbrach er mich. „Ich will dich auf keinen Fall verlieren!"

„Alle!" fasste ich meine Beobachtungen im Umfeld zusammen. Wie oft hatte ich gesehen, dass junge Mütter, die gerne eine halbe Stelle gemacht hätten, chancenlos ganz auf Heim und Herd sitzengeblieben waren.

„Es gibt solche und solche Fälle", erklärte er mir ausschlaggebend, „du schaffst mir das in vier Stunden weg, was andere in acht nicht schaffen. Ich frage mal nach, ganz oben, bei der Geschäftsleitung auf Landesebene, ob das in deinem Fall funktioniert!"

Das setzte er unmittelbar in die Tat um und ich hatte einen Job - und ein Verhältnis, mit ihm. Das eine tatsächlich, das andere lediglich in den Köpfen im Tal, weil es ihrer Logik nach nur so sein konnte.

Der Hintergrund war: Ein Mitarbeiter der Bank, in leitender Funktion, aber selbst gar nicht befasst mit dieser Personalangelegenheit, hatte zu Hause mit größter Empörung über die Ungeheuerlichkeit meiner Teilzeit-Zusage berichtet. Das Ganze konnte ja nur „so weit gekommen" sein, weil ich ein Verhältnis mit meinem Chef hätte, anders ginge so etwas ja nicht. Seine ihm angetraute Frau hatte das für bare Münze genommen und im Kegelklub zum Besten gegeben, natürlich unter dem Siegel der Verschwiegenheit. Wohl wissend, dass die Heimlichtuerei der beste Garant für die Verbreitung der Breaking News war und selbstverständlich auf das angedichtete Verhältnis verkürzt werden würde.

Also dauerte es nicht lange, bis die Endversion der Geschichte einen Freund von uns erreichte. Da das Siegel ohnehin schon gebrochen war, erzählte er es mir weiter.

Sollte ich das einfach so stehen lassen? In diesem Punkt unterschied ich mich grundlegend von allen anderen im Tal. Sie hätten mit einem Zungenschnalzen den Kopf weggedreht und laut zu sich selbst gesagt: „Lass' die Leute halt reden…", um die Angelegenheit in ihrem Inneren zu versenken, wo es dann mit den verschiedensten Konsequenzen vor sich hin schmoren würde.

Ich hab's anders gemacht. Der direkte Weg zu meinem Chef ergab sich am selben Abend, da wir uns auf einer Feier trafen.

„Weißt du schon das Neueste? Was erzählt wird?" empfing ich ihn lachend bei der Begrüßung.

Als er mich neugierig anschaute, kam ich direkt zur Sache:

„Ich habe ein Verhältnis mit dir!"

Verschmitzt blickte er kurz an die Decke, nicht um eine Antwort verlegen:

„Und, war ich gut?"

„Das weiß ich ja nicht – ich war ja nicht dabei!" musste ich ihn enttäuschen. Beide konnten wir uns ein herzliches Lachen nicht verkneifen. Er fragte mich noch kurz nach dem Weg dieser Information. Warum sollte ich nicht die Quelle nennen?

„Was?" meinte er ungläubig und ließ sich zu der Bemerkung hinreißen: „Unser Kollege geht nach Hause und erzählt das so seiner Frau? Und die erzählt das rum?" Ganz ruhig schloss er seine weitere Überlegung ab: „Interessant. Das hätte ich jetzt nicht gedacht."

Konstantin und ich hatten mit ihm und seiner Frau noch einen vergnüglichen Abend. Zu diesem Thema war längst alles vergessen. Aber es war nicht abgeschlossen. Vielleicht hatte ich mich deshalb so gut mit meinem Chef verstanden, weil er ähnlich vorging wie ich.

Er verfolgte genauestens die Informationskette Stück für Stück zurück. Das endete damit, dass unser Freund, der mir alles davon erzählt hatte, mich vollkommen aufgebracht und cholerisch anrief, wie ich denn sowas nur weitererzählen könnte und steigerte sich regelrecht in eine Tirade von Vorwürfen hinein.

„Stopp 'mal!" unterbrach ich ihn, mir keines Vergehens bewusst. Was war dem vorausgegangen? Nach der Aufklärung der Informationskette für den Klatsch und Tratsch, hatte sich die Frau die letzte Schaltstelle vorgeknöpft, unseren Freund. Und am Ende wurde er, der ehrliche Überbringer der Nachricht an mich, die es doch betraf, von ihr zum Hauptschuldigen erklärt. Der wiederum wollte mir jetzt alles Übel dieser beschränkten Welt in die Schuhe schieben. Wieso ich denn in aller Öffentlichkeit …und so weiter.

Mein Mann stand hinter mir. Er hatte, wie ich, keine Angst vor dem Gerede und unterstützte mich darin, dem Ganzen den Boden zu entziehen. Er sprang sogar für mich in die Bresche und übernahm das Gespräch mit dem Tobenden. Diese Freundschaft hat es uns gekostet.

Ich war selbst mit mir auch völlig im Reinen. Hatte ich doch dafür gesorgt, dass mein Mann und die Frau meines Chefs nicht einen Moment ihr Gesicht verlieren mussten, unerklärliche, mitleidige Blicke im Supermarkt zu ertragen hatten. Sich voll im Besitz der Wahrheit wähnend, hätten alle ihr Bedauern ausgedrückt oder mit Blicken gesagt: „Der Arme…, beziehungsweise die Arme…, alles nur wegen...". Für diese Verdrehungen, als Ursache „allen Übels", wollte ich nicht zur Verfügung stehen.

Überhaupt war alles, was die Verhältnisse zwischen Männern und Frauen im Tal anging, mehr oder weniger ein offenes Geheimnis. Die Feuerwache war in diesem Zusammenhang zum Glück ein ziemlich neutraler Ort, an dem am wenigsten über die immerwährenden Techtelmechtel im Tal geklatscht wurde.

Trotzdem war niemandem dort entgangen, dass sich gegenüber vom Gerätehaus, im ortsansässigen Sportgeschäft, Ungemach zutrug. Von der Wache aus war der Skikeller direkt einsehbar, es wurde allen geradezu aufs Auge gedrückt. Alle wussten es. Erna „half" im Laden aus. Aber man redete nicht weiter drüber.

Eines Abends, wir feierten privat in einer sehr fröhlichen Runde, saß zu später Stunde mein Kollege und unser Trauzeuge Linus neben mir. Seine Stimmung hatte alkoholbedingt anscheinend umgeschlagen, und er erzählte lang und breit von seinen Beziehungsproblemen mit seiner Freundin Erna.

Oh je, dachte ich, *hör einfach nur zu.* Als er nach langen Umschweifen endete mit: „… und dann noch das mit dem Peter!", war ich erleichtert, dass ich es nicht mit einem unwissenden Gehörnten zu tun hatte. Er tat mir leid, was sollte ich zu ihm sagen?

Nicht ahnend, dass er damit etwas ganz anderes als das ortsbekannte Verhältnis ansprechen wollte, versuchte ich den Einstieg mit etwas Neutralem: „Schon mal gut, dass du es weißt…". Am Tisch waren ohnehin alle im Bilde - außer einem, dem Betroffenen selbst. In dem Moment klickte es anscheinend bei ihm. Linus sprang auf, der Stuhl knallte hinter ihm auf den Boden, wort- und grußlos verließ er das Lokal.

Am nächsten Tag hörte ich von Erna die Fortsetzung. Wie er wutentbrannt nach Hause gekommen war und sie einen Höllensturm erlebt hatte. Er hatte sie zur Rede gestellt und sie gestand ihr Verhältnis mit dem Peter. Aber schuld an ihrem Drama war ich! Ihre gesamte Energie richtete sich gegen mich!

Wie sollte ich ihr die Umstände erklären? „Ich wollte es ihm ja nicht auftischen!" versuchte ich sie zu beschwichtigen.

„Wenn ich das gewollt hätte, wäre das auch schon ein Dreivierteljahr früher gegangen! Das habe ich ja nicht gemacht! Er ist doch selbst damit um die Ecke gekommen!".

Alle meine Argumente, dass am Abend schon reichlich Alkohol geflossen war, er mir die Probleme ihrer Beziehung in aller Ausführlichkeit vor die Füße geworfen hatte und er, seinem letzten Satz nach zu urteilen, über ihr Verhältnis zu Peter Bescheid wusste, traf nicht den Kern dessen, was sie sagen wollte:

Das Problem bist du! Diejenige, die alle ins Verderben zieht!

Reale Romantik im Tal

Bevor wir zusammengezogen waren, war mein Mann solo und hatte sich jeden Abend der Woche mit Terminen zugepflastert. Für uns beide war klar, dass das nicht so weiter gehen konnte.

Es hatte sich auch schon vieles geändert. Aber vom Bauerntheater, an dessen Aktivitäten er ganz besonders hing, konnte er sich nicht trennen und er behielt die wöchentlichen Termine bei. Dafür hatte ich volles Verständnis, blieb aber zu Hause, weil ich mich der Gemeinschaft nicht aufdrängen wollte.

Er sah das anders: „Komm doch mit! Musst doch hier nicht alleine rumsitzen!" Mir schwante, dass von mir erwartet würde, mitzukommen. Es gehörte sich so, an der Seite seines Mannes die Statistenrolle zu spielen. Weil ich keinen Spielraum für Interpretationen lassen wollte, ging ich schließlich mit.

Um für alle das Beste daraus zu machen, fügte ich mich in das Geschehen ein, wo und so gut ich nur konnte. Ich war gespannt darauf, die Gruppe kennenzulernen. Offene Türen fand ich nicht vor. Zunächst versuchte ich das auszublenden, freute ich mich doch vor allem für meinen Mann, dass er Mitglied in einer netten Truppe war. Erst viel später sollte ich den Grund für die Vorbehalte gegen meine Anwesenheit verstehen.

Die Souffleuse führte einen regelrechten Feldzug gegen mich. Immer mehr spitze Bemerkungen schickte sie wie Giftpfeile in meine Richtung. Wie ich denn reden würde. Ich würde mich ja überall einmischen. Konstantin dürfte ja gar nichts mehr, der stände' ja total unter dem Pantoffel. Der Arme.

Was sollte ich sagen? *Bei mir steht keiner unter dem Pantoffel, sollte er's selbst versuchen, würde er keine bei mir vorfinden.* Oder: *Ich setz' auf Augenhöhe in der Beziehung?* Was ich auch hin- und herüberlegte, es wäre niemals so angekommen, wie ich es meinte. Also schwieg ich und ließ mir nichts anmerken. Aber in meinem Inneren brannte es.

Die Konversation beim abendlichen Zusammensein nach den Proben war minimal. Ich wurde nicht einbezogen und kaum mal angesprochen. Ich trank mein Bierchen und blieb bei dem, was ich vorher machte, nämlich dem Spiel der Akteure zuzusehen.

Am Ende sollte ich es ungeschminkt erfahren:

Walter hatte sich für diese Rolle qualifiziert.

„Ey, Loni", rief er zu mir rüber, quer über den ganzen Tisch und legte los.

„Treffen sich zwei, sagt der eine: Was bischt denn du?" „Na, a Preiß", sagt der andere. „Was isch denn des?" überlegt der erste. „Was zu essen? - Naa, des isch zum Kotzen!"

beantwortete er sich selbst die Frage und unterstrich seine hohe Aussage mit aufgeblähter Pose.

Ich sollte es endlich kapieren, den abfälligen Kommentar, der für ihn alles zusammenfasste, was deutsch war.

Die meisten lachten amüsiert, manche aber auch gequält, peinlich berührt. Anja, eine Theaterkollegin, berührte ihn am Arm und versuchte, ihn leise, aber deutlich vernehmbar zu bremsen: „Walter, jetzt reicht's aber!"

Hätte ich meine Klappe halten sollen? Ich konnte es nicht.

„Und das sagt einer, der selber ‚ne Preußin zu Hause hat!"

Seine Frau war gebürtige Duisburgerin, kam wie ich aus dem Ruhrpott.

Ich bin nicht mehr hingegangen. Vielleicht sollte es ja besonders lustig sein, aber ich fand die Ansage klar. Und es hat wehgetan.

Erst später kam ich hinter den eigentlichen Grund, warum ich als Störfaktor in der Laienspielgruppe angesehen wurde. Sie war das schützende Mäntelchen für ein verschwiegenes Verhältnis, das auf den Ausflügen und bei den Proben ausgelebt wurde. Ich war zwar für meine Offenheit bekannt, aber solche Sachen interessierten mich nicht im Entferntesten. Soll doch jeder Mensch auf seine Art glücklich werden. Das ging mich nichts an und wäre niemals Anlass für mich gewesen, darüber Aufhebens zu machen. Das hätte ich ihnen genauso gesagt. Aber einfach mal drüber zu reden, das kam in ihrer Welt nicht vor.

Einfacher war, mich zur unerwünschten Person zu erklären. Um dem Ganzen die Spitze aufzusetzen, kam es zum großen Wurf gegen mich, da wurde auch Konstantin nicht verschont. Zu unserer Hochzeit hatten wir unter anderem die ganze Laienspielgruppe eingeladen, niemanden ausgeschlossen, aber die Souffleuse nicht namentlich benannt. Das war ein Kompromiss, der mir half, vorausgegangene Bilder und Ängste nicht wieder neu zu beleben. Unsere Hochzeit sollte ein unbeschwertes, fröhliches Fest mit Freunden werden.

Einen Tag vor dem Termin sagte die ganze Gruppe geschlossen ab. So, dass wir nichts mehr regeln konnten, einfach nur gehörnt waren. Es waren nicht die zwanzig Essen mehr oder weniger, die eine Rolle spielten. Die Ansage war: Die gehört nicht zu uns. Und jeder sollte es merken.

Generationenerfahrungen

Woher kam dieser dunkle Schatten in meiner Familie, den ich schon als Kind empfand? Das Schweigen untereinander, der fehlende Zugang zu einem harmonischen Miteinander tauchten das Leben in meiner Familie in ein Grau, das mich an den Himmel im Ruhrpott in meiner Kindheit erinnerte. Auf uns lastete ein Bleigewicht.
Bei meiner Oma, die den letzten Krieg bewusst miterlebt hatte, ging es um das Überleben mit Armut, Angst, Tod und Verzweiflung. Mein Vater hatte als zehnjähriges Kriegskind miterlebt, wie man mit ein paar Lebensmittelmarken auskommen musste, was Hunger war. Er wusste, was es mit einem machte, wenn man als Kind die Mutter und den Bruder ernähren musste. Für ihn gab es nach diesen Erfahrungen nur einen Lebensentwurf: *Seine* Familie sollte es später besser haben. Dafür musste ein eigenes Haus her und es sollte an nichts fehlen. Dem wurde alles untergeordnet. Wir waren aus dem Gröbsten herausgekommen. Wirklich?
Das Zwischenmenschliche war meistens auf der Strecke geblieben.
Die Folgen des Krieges waren nicht allein verursacht durch Bombenhagel und Artilleriebeschuss, von denen das Ruhrgebiet in den letzten Kriegsjahren besonders betroffen war,

nicht nur durch die Schutzbunker zwanzig Meter unter der Erde, durch die Enge in den Kellern, sondern ganz besonders durch das Leid der Eltern und der hinterbliebenen Mütter. Das spürten die Kinder und nahmen es in ihr Leben mit. So wurde eine Generation schweigender Väter geprägt und das schleppte sich fort – in mein Leben.

Als mein Vater mich ab und zu im Tal besuchte, gelang es, diese unheilvolle Kette zu durchbrechen. Es passierte unangekündigt, aus dem Nichts heraus. Mit einem Mal überkam mich die Kraft, ihn auf meinen Kindheitsalptraum anzusprechen.

„Papa, ich muss dir mal was sagen."

Woraufhin mein Vater sichtlich blass wurde. Einfach so reden, das war bisher in unserer Familie nicht üblich.

„Du wirst jetzt denken, ich habe nicht alle Tassen im Schrank. Aber immer, wenn es knallt, habe ich unheimliche Angst um meinen Kopf. Es ist so ein Gefühl wie: Als ich schon mal groß war, da ist etwas Schreckliches passiert. Ich habe dann manchmal das Gefühl, ich bin dein Vater."

Er wandte sich nicht ab, hörte mir ganz konzentriert zu. Zuerst erwartete ich, er würde in schallendes Gelächter ausbrechen. Wie absurd hörte sich so ein Satz *Ich glaube, ich bin dein Vater* aus dem Mund einer Tochter an? Die Tochter als Reinkarnation, als Wiedergeburt des eigenen Vaters?

Aber er dachte nach und blieb ganz ruhig, viel ruhiger als sonst. Ich meinte, Tränen in seinen Augen schimmern zu sehen. Ganz sicher hatte er einen kleinen Kloß im Hals.

Sein Vater war bei einem Granatenangriff im Schützengraben ums Leben gekommen. Er hatte nie darüber gesprochen. Dieses Ereignis war bei ihm wie abgespalten, diese Tür hatte er komplett zugemacht. Wie das Ereignis in meinen Kopf gekommen ist? Ich weiß es nicht. Was die Soldaten an der Front erlebt hatten, hatte ich von ihm „geerbt". Wie der dritte links „von mir" im Schützengraben hieß, konnte ich nicht sagen, aber ich hatte diese Reaktion im Kopf. So seltsam es war.

Was schleppen wir über Generationen mit uns herum? Ohne es wirklich zu wissen. Erfahrungen werden unbewusst weitergegeben, sie sitzen tief im Innersten der Kinder. Das Leid hinterlässt seine Spuren. Auch die kleinen Kinder spüren, dass ihre Eltern in ihrem Inneren mit etwas kämpfen, aber wissen nicht, worum es geht, und bleiben damit allein. Und alle gehen unterschiedlich damit um.

Mein Vater hatte die Kriegserfahrungen in seinem Inneren abgekapselt. Die Erschütterung über den Tod seines Vaters, der Krieg, die Zerstörung, das Erleben der Not und Verzweiflung seiner Mutter, der Verlust von eigener Kindheit hatten Teile seiner Seele so sehr überfordert, dass er mit dem Erlebten nicht umgehen konnte. Mehr noch, die seelische Landschaft in seinem Inneren war verwüstet, hatte keine gebrauchsfertige Struktur, zum Beispiel dafür, auf seine Kinder emotional einzugehen, uns Kinder in unseren Gefühlen aufzunehmen und zu spiegeln, mit uns mitzugehen. Über die materielle Zuwendung fiel es ihm leichter. Auseinandersetzungen hatte er möglichst gemieden oder in seiner Arbeit ertränkt. Mit sich selbst abgemacht, ohne viel zu reden.

In dieser Situation im Tal war es anders. Die Blase, mit der sich mein Vater schützend umgeben hatte, war geplatzt. Sie trennte uns nicht mehr. Wir konnten ganz offen sprechen. Lange und vertraut. Es war ein bisschen wie die Befreiung aus dem emotionalen Eingesperrt-Sein für uns beide. Ein Stückchen Aufarbeitung, was das alles mit einem selbst gemacht hat. Was man zurückverfolgen kann, wird plötzlich klarer.

Für mich gab es von diesem Tag an, neben der Wende im Verhältnis zwischen meinem Vater und mir, noch einen ganz besonderen Aspekt: All das Abgetan-Werden als die Kleine, das Prinzesschen, das man rumreichen konnte, aber die Klappe zu halten hatte, war weg. Für diesen Moment. Ich fühlte mich verbunden, angenommen. Mutiger und stärker als in manch einem Einsatz bei der Feuerwehr, wo es um Leben und Tod ging.

Für manche fehlte nur der Besen

Meine Meinung habe ich immer gesagt – nicht ungefragt, aber wenn es erforderlich war und ich etwas beizutragen hatte. Daraus wurde nun: „Bei der musst du aufpassen, die sagt schon, was sie denkt!" Was eher ein Urteil als eine Feststellung war. Und dementsprechend verhielten sich die Leute im Dorf.

Bei der Feuerwehr gab es in dieser Hinsicht kein Problem. Die Dinge wurden beim Namen genannt und wenn jemanden was nicht passte, wurde das geklärt. Sachlich und mit einer fairen Lösung. Am Ende wurde alles wieder auf null gedreht, auch wenn es gegensätzliche Auffassungen gab. Man achtete sich trotzdem, ging ein Bier zusammen trinken. Und auch am nächsten Tag blieb es in Ordnung.

Wäre doch alles so einfach gewesen. Niemals hätte mir beispielsweise einfallen dürfen, mich im Café oder in der Bar an einem besetzten Tisch dazu zu gesellen, ohne mindestens dreimal dazu aufgefordert worden zu sein. Jeden Ansatz von Verstoß gegen diese eherne Regel hätte ich als unerhörtes und schamloses Vergehen wochenlang aus allen Ecken des Tals zu hören bekommen – als stille Post natürlich.

Trotzdem konnte ich nicht vermeiden, ihnen den einen oder anderen Anlass zu bieten. Bei der Beerdigung meines

Schwiegervaters zum Beispiel setzte ich mich in der Kirche an die Seite meines Mannes, obwohl sich die Männer im Mittelgang nach rechts und die Frauen nach links einfädelten. Aber wo sonst sollte mein Platz in dieser schweren Stunde sein, wenn nicht bei ihm, Hand in Hand ihm beistehend?
Sie ließen es mich spüren. Wer Konventionen durchbricht, wird gemieden.

Eines Tages, ich war auf dem Weg zum Einkaufen, kreuzte mein Weg ein kleines Grüppchen von Kirchgängerinnen, die vor der Gemeindeverwaltung zusammenstanden. Vom Sehen her kannten wir uns schon lange. Also blieb ich, auf ihrer Höhe angekommen, stehen und grüßte freundlich. Ihre Konversation verstummte augenblicklich. Schockstarre oder Flucht nach vorn, wie sollte ich reagieren?

„Ich komm' wohl gerade ungelegen, ihr habt bestimmt über mich geredet!" meinte ich scherzhaft in die eisige Stille hinein. Streitlustig war das nicht gemeint, das hätte ich mich niemals getraut. Ein Einstieg halt.

Bitterernst reagierte eine von ihnen: „Wie kommst du denn da drauf?"

„Weil mir gerade die Ohren geklingelt haben…" frotzelte ich.

„Bist 'ne Hexe!" zischte eine andere abwehrend und machte auf dem Absatz kehrt. Was von meiner Seite harmlos und freundlich gemeint war, nahm die versammelte Schar zum

Anlass, sich augenblicklich in alle Windrichtungen zu zerstreuen.

War ich ihnen unheimlich? Wie das Geisterweiblein aus der Sagenwelt in den Bergen, das Niemandem etwas zuleide tat und dennoch von allen gemieden und gefürchtet wurde?

Reichte meine direkte Art, um als Dämon zu erscheinen? Was meinte sie mit ihrem Etikett für mich?

Hexen waren ganz früher einmal, in der vorchristlichen Mythenwelt, hoch angesehen. Da waren sie noch Menschen, denen geheime Kräfte innewohnten, mit denen sie übernatürliche Werke vollbringen konnte. Oder die Hexe galt als eine „Holde", die in allen Lebensfragen Rat wusste.

Nein, so sahen mich diese Frauen im Tal nicht. Es ging auch nicht nur um diese eine Entscheidung bei der Beerdigung. Mit meiner Person war die unausgesprochene Frage verbunden, es gab einen ganz besonders wunden Punkt: *Wie kann sie einfach machen, was sie will? Was hat sie, was wir nicht haben? Wieso wird sie so gut mit den Männern fertig?*

Ein solches Herangehen an andere Menschen war mir ausgesprochen fremd. Mit den Männern kam ich klar, weil wir gute Teamarbeit leisteten. Weil wir die Leidenschaft für die Feuerwehr teilten. Bei so vielen Stunden auf der Wache, entwickelte sich eine gute und in der Praxis verbundene, eingeschworene Gemeinschaft. Es gab einen gemeinsamen Auftrag, alle wussten genau, dass man sich gegenseitig brauchte.

Man kannte sich untereinander, hatte sich immer wieder in unvorstellbaren Situationen erfahren. Kannte sich mit Stärken und Schwächen und hielt einfach zusammen. Das war die Basis. Die gemeinsamen Einsätze, die mit Not, Angst, Gefahr und Tod verbundenen Ereignisse, die tiefe Überzeugung, helfen zu wollen und die Erfahrung, es zu schaffen, schweißte jede Feuerwehrbesatzung buchstäblich zusammen. Der Dienst, jeder Einsatz war eine sehr intensive Erfahrung, fernab jeglicher Geschlechter- und Rollenzuweisung. Daneben war sie eine willkommene Abwechslung in der ewigen Wiederkehr des Alltags, die natürlich umso eintöniger empfunden wurde, je mehr man an das Haus gebunden war.

Die Gesetze in Österreich hatten vor allem in den 90er Jahren des letzten Jahrhunderts den Fortschritt in Sachen Gleichberechtigung vorgeschrieben. Papier ist das eine, was in den Köpfen bleibt das andere. Und erst recht, was an traditioneller Arbeitsteilung einmal eingerichtet worden war.

Den Frauen, zumal ihnen immer noch das uralte Vorurteil angehängt wurde, sie seien weniger leistungsfähig, hatten ihren Platz eindeutig zugewiesen bekommen: Heim und Herd war ihre Bestimmung, ungeachtet möglicher anderer Talente. Je kleiner der Wohnort, desto ausgeprägter gehörte das zum Leben. Aus diesem Grunde hatte jede dritte von ihnen auch nur das Minimum an Schulbildung erhalten. In Vorarlberg sind die Einkommensunterschiede zwischen den

Geschlechtern sogar die höchsten des Landes, gemittelt fünfundzwanzig Prozent. Klar, was das für das Leben im Tal bedeutete.

Über die Jahrzehnte und Jahrhunderte war das in Ordnung, durchaus für alle, es war eben *die* Ordnung. Die eigene Rolle wird aber viel deutlicher, wenn andere Lebensentwürfe sichtbar werden und dazu noch attraktiv erscheinen. Familie, Versorgung, Pflege dafür waren primär die Frauen zuständig, damit gebunden und festgelegt. Die Männer waren davon frei oder abgesichert. Sie hatten die Freiheit, sich in der Feuerwehr zu beweisen.

Wenn es doch schon immer so war, was sollte daran verkehrt sein? Nichts ist falsch, wenn es die freie Wahl ist. Aber die meisten Frauen im Tal waren weder gefragt worden, noch hatten sie sich bewusst entschieden. Und je deutlicher sich eine Frau positionierte, die sich für eigene Wege entschieden hatte, desto schmerzhafter rückte genau das ins Bewusstsein. Wie schon im Mittelalter die geistige und weltliche Obrigkeit sich der Konkurrenz der weisen Frauen entledigte, man fürchtete ihre „Manipulationsmagie", fühlten sich einige im Tal dazu berufen, diese Rolle in die Neuzeit zu transponieren.

Damals funktionierte es so: Ein neues Bild wurde vom unliebsamen Menschen geprägt, und die arme, als Opfer Auserkorene, musste so lange gestehen, bis sie in dieses Bild passte.

Hinrichten und verbrennen war in meinem Fall nicht mehr zeitgemäß, aber es brannten einige innere Feuer. Wie einfach war es doch, den Grund für die eigene Unzufriedenheit, für eigenes Unglück in fremder „Bosheit" zu suchen. Wie einfach war es, die unergründliche Angst vor der, die es anders machte, mit Ablehnung und Verachtung zu überschreiben. Das war der Nährboden für Verleumdungen.

Was war denn so gefährlich an meiner Art? Es gab keine Bereitschaft von ihrer Seite, auf jemanden wie mich zuzugehen. Als Besitzerin eines bedeutenden Cafés im Ort wäre es mir wohlmöglich anders ergangen, denn dann wäre mit meiner Person hier und da die Aussicht auf einen Kaffee und ein Stück Kuchen umsonst verbunden gewesen. Das war die materielle Seite.

Aber da war noch mehr: es fehlte an Offenheit, die eine unbedingte Voraussetzung für Annäherung und Miteinander, für Veränderung gewesen wäre. Lag dem etwa die Angst vor etwas Neuem zugrunde, ohne dessen Konsequenzen absehen zu können? Sich vom Althergebrachten, den eisernen Regeln, zugunsten einer ungewissen Zukunft zu verabschieden, war für die allermeisten eine unvorstellbare Herausforderung.

Was auch immer die Frauen umtrieb, ich war für sie die personifizierte „Unholde". Ob Hexe oder Störenfried, in dieses Bild wurde ich gerahmt, weil es so für sie erträglicher war.

Zwischenstopp

Es war stiller zwischen Konstantin und mir geworden. Unsere Gemeinsamkeiten waren fast auf null geschrumpft. Nicht mal streiten konnten wir uns mehr, was wir ohnehin selten taten. Eine unausgesprochene Spannung hatte sich in unserer Beziehung breit gemacht. Ich fühlte mich toTAL unwohl.
So viele Versuche, eine Lösung zu finden, waren ins Leere gelaufen.
„Komm, lass' uns wegziehen!" Wie oft hatten wir darüber gesprochen, zusammen irgendwo anders eine neue Existenz aufzubauen. Ich dachte, es würde genügen, wenn wir uns so tief liebten, wie ich es empfand.
Die Berge um uns herum setzten den Rahmen für ihn, er konnte nicht weg. Seine Wurzeln und sein Leben waren untrennbar mit dem Tal verbunden. Für ihn war hier alles normal.
Er hatte die herrschenden Regeln mit der Muttermilch aufgesogen, hatte die Macht der ungeschriebenen Gesetze anerkannt. Er versuchte immer mehr auf mich einzuwirken, mich zu belehren:
„Das kannst du hier nicht bringen."

Diese Ansprache kam immer häufiger, beschrieb dabei vielmehr seine Ohnmacht, als seine innere Überzeugung. Nicht, dass er mich bevormunden wollte, aber er konnte den Abstand, der sich zwischen mir und den anderen auftat, nicht mehr überbrücken. Das brachte auch uns auseinander.

In unserer kleinen, gemeinsamen Blase waren wir ein Paar. Aber im Vakuum um uns herum erstickte ich. Ich liebte ihn, aber nicht genug, um mich weiter zu quälen. Ich hatte den Glauben verloren, dass es besser würde, auch den Glauben an mich selbst. Ich machte mich für unsere Situation verantwortlich. Ich dachte, dann wäre folgerichtig, selbst zu gehen. Ich wollte gar nicht wirklich weg, aber er gab mir keinen Anlass zu warten. Insgeheim hoffte ich bis zuletzt, er würde sagen: „Ich möchte nicht, dass du gehst. Bleib' hier!"

Ich zog für ein paar Tage zu einer Freundin, übernachtete auf ihrer Couch. Natürlich konnte ich mich dort, zumal mit Hund, nicht lange aufhalten.

Es sollte auch nur so etwas wie ein „Warnschuss" sein: *Ich kann nicht mehr!* Mit meiner Ankündigung: „Ich gehe" hatte ich hoch gepokert.

Es schien, als erreichte ihn das gar nicht.

„Wenn du das möchtest, musst du das machen", war seine Reaktion.

Erschrocken ergänzte ich: „Den Hund lass' ich hier…"

„Das passt schon." Tonlose Leere.

Ich entwickelte das Szenario weiter: „Mittags kann ich herkommen und mit dem Hund rausgehen."

„Ja, wenn du magst." Es schien ihn gar nicht zu interessieren, welche Gefühle in meinem Inneren tobten.

„Gut, dann gehe ich, ziehe ich hier aus." In der Nähe, schon in Deutschland hatte ich noch alte Freunde und konnte dort eine Wohnung beziehen.

„Wenn du meinst." Gleichgültigkeit. Zumindest hörte es sich für mich so an.

„Ja, ich hau' hier ab!" Es war die Verzweiflung, die mich immer weitertrieb. Bis zu diesem Punkt *of no return*.

Das Tal hatte ihn im Griff. Das einzig Machbare für ihn war, alle seine Gefühle fest zu verschließen.

Aus meiner Sicht war der einzige Weg, der mir in dem Moment noch offenstand, meinen Worten Taten folgen zu lassen.

Odyssee

Ich zog aus. Von meiner Wohnung aus konnte ich weiter zur Arbeit fahren. Durch die Tiere, Hund und Katze, waren wir weiterhin verbunden. Also war es keine wirkliche Lösung.
Um einen klaren Trennungsstrich ziehen zu können, stand die Kündigung bei der Bank an vorderster Stelle. Leichter gesagt als getan, die Frist betrug drei Monate. Dieses Mal kam mir mein Chef nicht entgegen, verständlich, aber ich wollte nur noch weg.
Im Tal sprach man nicht mehr hinter vorgehaltener Hand, sondern offen aus, was alle dachten: *Das musste ja so kommen, und die schöne Hochzeit war auch umsonst, jetzt haut sie einfach ab…*
Manche blickten unsicher zur Seite, wenn wir aneinander vorbeigingen. Sie wollten nicht hinsehen, weil es auch die eigene Welt erschüttert, wenn eine Frau sich trennt. Die eigene Seele schützen, Schmerz und Bedrohung ausklammern. Trennungen sind immer möglich. Es betraf so viele Paare. Wie in einen Spiegel auf das eigene Leben zu schauen, konnte hervorbringen, dass auch die eigene Beziehung nicht mehr sicher schien.
Ich war eine Getriebene, konnte nicht anders, als genau das zu tun: Abzuhauen. Um nach den drei Monaten die

Entfernung so groß wie möglich zu machen, zog ich mit Hund und Katze zurück in den Schoß meiner Familie, zu meiner Schwester nach Dormagen bei Köln.

Sie wohnte in einer kleinen, engen Dachgeschosswohnung. Mein Onkel kommentierte das mit Erstaunen: „Ihr mit eurer Sippenhaft! Andauernd habt ihr Streit und kriecht dann doch wieder zusammen!" Damals war ich noch der Meinung, dass die Familie die erste Anlaufstelle bliebe, wenn man dringend Hilfe benötigte. Was war daran verkehrt? Hatte ich ihnen im Tal jemals die Tür gewiesen?

Um nicht bei meiner Schwester anzuecken, lief ich auf Zehenspitzen durch das Treppenhaus. Aber mein Onkel hatte den wunden Punkt getroffen. Es kam wie es kommen musste. Anlässlich einer Lappalie, geschuldet den Ausschweifungen auf einer Feier, konnte sie es nicht ertragen, dass ich ihrer Gesellschaft an diesem einen Abend die eines Freundes aus Kindertagen vorgezogen hatte.

Kaum hatte ich den Hausflur betreten, als sie – alkoholisiert und bedröhnt – auf mich losging. Wütende Fetzen, nicht nur Worte, flogen mir an den Kopf. Eifersucht und Besitzansprüche überschlugen sich, die alten, tiefsitzenden Konkurrenzgefühle brachen heraus: „Du willst den ja nur für dich alleine haben und lässt mich einfach sitzen, du doofe Prinzessin!".

Mir war nach allem anderen als dieser alten Rolle zumute. Ich hatte richtig Angst, wie damals als Kind. In meinen Schläfen hämmerte es.

Sie tobte sich weiter lautstark aus. Ich flehte sie an aufzuhören, aber sie zog meine Worte immer wieder ins Lächerliche. Ich versuchte wegzulaufen, ließ mich dabei immer wieder auf ein Knie fallen. Der Schmerz sollte von der Stelle weggehen, an der meine Schwester ihn platziert hatte. Am Knie tat er mir vergleichsweise geradezu gut. So müssen sich Borderliner fühlen, dachte ich komischerweise in diesem Moment. Sie ritzen sich, um der Wunde in der Seele etwas entgegen zu setzen. Irgendwann erwischte ich meinen alten Schulfreund am Telefon, der mich nach einem ersten Satz direkt unterbrach: „Komm sofort hierher!"
In meiner Not zog ich in einer Nacht- und Nebelaktion bei meiner Schwester wieder aus und bei ihm ein.
Der Abstand tat mir gut. Mein Bruder besuchte mich an einem der nächsten Wochenenden mit seiner neuen Freundin. Sie war sehr ruhig, beteiligte sich kaum am Gespräch. Aber sie hörte gut zu. Bei der Verabschiedung nahm sie mich in den Arm und flüsterte mir unvermittelt ins Ohr: „Wenn du mal was brauchst, Hilfe oder Unterkunft, dann melde dich bei mir! Ich habe im Keller einen schönen Raum frei." Was hatte sie dazu veranlasst? Ich war etwas irritiert, da ich zuvor keinen hilfesuchenden Eindruck gemacht hatte – dachte ich. Schneller als ich ahnte, musste ich auf ihr Angebot zurückkommen.
So einfach sich das Zusammenleben mit meinem früheren Freund anfangs darstellte, am Ende wollte er mehr,

entwickelte Ansprüche, forderte mich auf, nicht mehr wegzufahren und mich mit niemandem außer ihm zu treffen.

Eines Abends, als ich von einem Treffen mit meinem Freund Ingo, dem Polizisten, zurückkam, steckte ein Messer im Küchentür-Rahmen. Ein sicheres Zeichen, dass ich keine Zeit mehr verlieren durfte.

Stehenden Fußes floh ich nach Süddeutschland, in Steffis Kellerraum in einem großen Einfamilienhaus. Als hätte sie es schon lange vor mir kommen sehen, hatte sie am Telefon nur umstandslos gefragt, wann ich denn käme. Sofort war kein Problem.

Ein Bett, ein Kleiderständer, ein kleines Bad mit Dusche empfingen mich wie die Suite eines Luxushotels. Meine Habe war eingelagert, nur ein paar persönliche Sachen hatte ich mitgenommen. Und es war ruhig, kein lebendiges Wesen leistete mir Gesellschaft. Mein Hund und mein Kater waren mit der tierischen Konstellation im Haus nicht kompatibel, also waren sie kurzfristig wieder bei Konstantin untergebracht. Dieser Umstand wurde für mich dadurch erleichtert, dass er inzwischen eine neue Freundin hatte.

So saß ich ganz allein da, nur mit mir, und das zum ersten Mal seit sehr langer Zeit. Ich musterte die klinisch weißen Wände, das weiße Fenster, die zweckmäßige, aber karge Möblierung. Kein Fernseher, nicht mal ein Radio, dachte ich reflexartig, und das, obwohl ich nicht eine Minute allein Autofahren konnte ohne mich beschallen zu lassen. Die Stille und das Weiß des Raumes ließen mich auf dieses alte Gefühl im Magen am Steuer schrumpfen, nur konnte ich es dieses Mal nicht mit Knopfdruck lösen. In Großbuchstaben stand mir vor Augen: *Was passiert jetzt? Wie sieht die Steigerung aus?* Die Fragen fühlten sich nüchtern und real an.

Und so war es auch. Es passierte nichts, gar nichts. Aus einem gewissen Abstand heraus hätte man sagen können, den Umständen entsprechend.

Also gab es kein Entrinnen vor der Auseinandersetzung mit meinem höchst eigenen Gefühl des Alleinseins. Und auf ungeahnte Weise wollte ich dem auch gar nicht mehr entkommen. Meine Fragestellung wechselte: *Kann ich das aushalten? Kann ich mich ertragen?* Eine Spur von Entspannung breitete sich in mir aus, ganz ohne Radio oder Ablenkung drumherum. Die Gewissheit keimte, dass ich beide Fragen mit Ja würde beantworten können, als mein Telefon klingelte.

Eine gute, alte Freundin platzte in die Stille, aber schon nach ihren ersten Worten schien mir ihre Lage sehr viel schwieriger als meine. Also hörte ich lange zu, Beziehungskrise hin und her, und immer mehr drängte es mich, ihr zu sagen, ohne die Details im Einzelnen zu kommentieren: „Verlass' dich nicht auf andere! *Verlass dich nicht!* Da steckt doch was drin! Dich selber sollst du nicht verlassen, was auch immer du entscheidest, du musst bei dir bleiben!" Wir setzten das Gespräch noch eine Weile fort und teilten das wohlig-warme

Gefühl der Verbundenheit, des gegenseitigen Verständnisses und des Füreinander-Daseins.

Kaum war das Telefonat beendet, blitzten mir meine eigenen Ratschläge ins Bewusstsein. *Diese Sätze galten mir!* Einen Moment lang fühlte ich mich wie erleuchtet. Gemessen daran war das Alleinsein keine Belastung, keine Bedrohung mehr, im Gegenteil, es gab mir den Raum und die Freiheit, mir ganz klar über meine eigenen Möglichkeiten zu werden, mochte es um mich herum aussehen, wie es wollte. Sich auf sich selbst zu verlassen bringt mit sich, im Strom zu bleiben, auf aktiv und handlungsfähig umzuschalten.

Es hilft, nicht ins Bodenlose zu fallen, wenn man sich umdreht und niemanden hinter sich stehen sieht. Mehr noch, dass man das auch gar nicht erwartet. Ich spürte wieder Tatkraft und war von Stund an, bis heute, nicht ein einziges Mal mehr auf ein Radio im Auto angewiesen. Immer wieder einmal komme ich gern darauf zurück, in einer völlig reizarmen Umgebung in aller Ruhe in mich hinein zu hören und zu spüren, wie grundlegend es für alle weiteren Entscheidungen ist, nicht auf andere zu setzen, sondern auf die eigenen Kräfte zu bauen. Doch damals war meine Erkenntnis noch ein zartes Pflänzchen.

Durch meine Tiere war ich unfreiwillig wieder mit Konstantin verbunden. Trotz der neuen festen Hände, in die er sich begeben hatte, lud er mich manchmal zum Essen ein.

Er sprach immer wieder davon, sein Verhältnis zu beenden. Ich versuchte dringend, ihn davon abzuhalten:
„Ich bin doch nur hier in der Nähe, weil ich in Köln keine Wohnung und keinen neuen Job gekriegt habe – es hat alles nicht funktioniert!"
Ich konnte keine weitere Gemeinsamkeit zulassen. Wünschte ich ihm aufrichtig ein gutes, passendes und friedliches Leben, wollte ich gerade jetzt nicht auch noch Anlass für weitreichende persönliche Entscheidungen seinerseits geben. Hatte ich doch lediglich meine Frustration über meinen eigenen Schlamassel zum Ausdruck gebracht, ohne allerdings die tatsächliche Wirkung auf ihn in aller Konsequenz abzusehen.
„Nein, jetzt, wo du wieder da bist, mache ich Schluss!" beteuerte er.
Nein, das wollte ich nicht, im Gegenteil, es belastete mich. Hatte ich doch völlig überstürzt gehandelt. Undenkbar, ihm jetzt auch noch im Weg zu stehen.
Unsere Verbindung war freundschaftlich, kein Händchen halten und nichts darüber hinaus. Er machte keine Anstalten, mich auch nur in den Arm zu nehmen.
Wir erwischten eine der letzten Gondeln zur nahegelegenen Alm. Er hatte mich zu diesem Ausflug eingeladen, ja fast gedrängt. Von der Bergbahn aus sahen wir die Lichter in den Häusern, den ersten Schnee auf den Bäumen. Es roch verdammt gut nach Kaminfeuer.

Völlig unvermittelt sagte er zu mir:
„Ich möchte aber nicht dein Freund sein!"
Der Platz in der Gondel war beschränkt, sonst wäre ich impulsiv mit einem Schritt zurückgewichen. *Dann eben nicht!* hätte ich ihn beinahe patzig unterbrochen, als mir klar wurde, dass ich ihn im ersten Moment nur gründlich falsch verstanden hatte.
„Nein, ich möchte dein Mann sein. Ich möchte, dass wir das wieder hinkriegen!" fuhr er eindringlich fort Es kam aus tiefster Seele. Er hatte seine Beziehung inzwischen beendet. Ich war wie gefällt. Er redete mir sanft zu, packte mich auf Sinneskanälen, die so lange schmerzlich brach gelegen hatten.
Dem konnte ich nicht standhalten. Die Hölle lag hinter mir. Vor meiner Irrfahrt hatte ich nur gewusst, dass es so nicht weitergehen konnte. Die klare Perspektive nach vorn hatte gefehlt, den Abschied von den liebgewonnenen Menschen und Seiten im Tal hatte ich nicht mit allen Folgen durchdacht.
Auf einmal schien alles so einfach. Ein Gefühl von Geborgenheit, Sicherheit, Wärme überschrieb die vorhergehende Leere. Die schönen Erinnerungen waren wieder lebendig und brachten alte Gefühle zum Schwingen.
Die Trennung gemeinsam zu überwinden, das muss doch gelingen, ging es mir durch den Kopf. Wir waren ja noch verheiratet. Es fing an Winter zu werden und ich war seit

Monaten auf der Flucht. Endlich wieder irgendwo anzukommen, abends gemütlich zusammensitzen, sich zu verstehen, sich zu spüren, zusammen aufzuwachen, ein Zuhause zu haben, diese Vorstellung öffnete Schleusen in meiner Gefühlswelt.

Ich erlag diesem Zauber. Wir wurden wieder ein Paar.

Natürlich wurde nichts wie vorher. Die Leute vermieden, jetzt erst recht, den Kontakt. Ihnen stand auf der Stirn geschrieben, was sie dachten: *Ach, ist sie wieder da? Hat wohl nichts Besseres gefunden…*

Um meine Verbundenheit mit dem Tal zu beweisen, versuchte ich mich mit Diensten und meinem Engagement bei der Feuerwehr noch stärker für die Gemeinschaft einzusetzen.

Trotzdem brachen einige die Verbindung zu mir ganz ab. Der Brautführer zum Beispiel, der so stolz gewesen war. Und ich war einfach gegangen. Keiner wollte wissen warum, wollte etwas von den Umständen wissen.

Ich versuchte, unsere wiedergewonnene Zweisamkeit durch Anpassung zu schützen. Ich dachte, wenn ich mich klein mache, hört der Druck irgendwann auf. Aber schlechte Dinge hören nicht einfach auf.

Das selbstbestimmte Leben endet an der Stelle, an der man sich selbst zensiert, um nicht negativ aufzufallen. Auf Zehenspitzen gibt es keinen starken Auftritt.

Derweil wütete mein anderes Ich, das manchmal panisch ausbrechen, sich dem inneren Zwiespalt entgegenstemmen wollte.
Die Reaktion von Konstantin war immer die gleiche:
„Das kannst du hier nicht bringen!"
Damit machte er die Tür nach außen zu.

Rettung

„Schwitzialisten"

Das eine oder andere Mal war ich schon mit den Kollegen aus den benachbarten Tälern bei der Rettung mitgefahren, als „dritter Mann". Für mich war das so eine Art Schnupperkurs, ich machte das gern und interessierte mich perspektivisch für die Arbeit bei der Rettung.

Seit längerer Zeit stand für unsere Gemeinde ein eigenes Einsatzfahrzeug auf der Wunschliste. Und nun stand es da, das 260.000-D-Mark-Auto, eine Spende der ortsansässigen großen Firmen. Es war mit modernster Technik, für alle Arten von Einsätzen ausgestattet. Wir sollten erst einmal kleinere Aufgaben übernehmen, zum Üben, wie beispielsweise Krankentransporte fahren oder einen umgeknickten Knöchel zum Arzt bringen. Diese Sonderregelung gab es, damit wir langsam in das Rettungswesen hineinfinden könnten.

Hans, Mathias und ich hatten Dienst und inspizierten staunend das nagelneue Fahrzeug. Unser erster Einsatztag! Tausend unübersichtliche Knöpfe, eindrucksvolle Spezial-Vorrichtungen und technische Geräte standen zur Verfügung, mit denen wir uns ein wenig vertraut machen wollten. Perfekt, dachten wir beeindruckt, nur die hintere Sitzbank wackelte, weil irgendwelche Schrauben nicht richtig festsaßen.

Eine unerhebliche Kleinigkeit, aber bei dem blendenden Übrigen konnte das natürlich nicht so bleiben.

Nachdem sich durch einen kurzen, fachkundigen Austausch der beiden Männer ergab, welches Werkzeug vonnöten war, und sie festgestellt hatten, dass dieses vor Ort nicht vorhanden war, wurde gehandelt. Die Werkstatt auf Hans elterlichem Hof sollte angesteuert werden, zum Schraubenzieher-Einsatz am anderen Ende des Tals. Wir freuten uns auf eine gemütliche Fahrt, der Hof lag sehr idyllisch außerhalb der Bebauung, im stillen, abgelegenen Teil der Gemeinde. Wir waren schon einige Zeit unterwegs, als wir eine Frau am Straßenrand sichteten. Offensichtlich gab es einen Notfall, da sie heftig gestikulierte und mit schriller Stimme und panischem Ausdruck irgendetwas rief.

Wir hielten an. Hans, der neben mir saß, sog die Luft durch die Zähne ein: „Oje oje, habe die Ehre…", murmelte er, mehr zu sich, schaltete aber direkt auf Vollprofi um und nahm Haltung an, zumindest äußerlich.

„Da hinten, da hinten! Da liegt…!" wies uns die Frau eine Richtung, aufgeregt mit den Armen in der Luft rudernd. Wir sahen aber zunächst nichts und folgten im Schritttempo der Straße. Tatsächlich, über die Wiesen hastete stolpernd ein Mann heran, wild und aufgebracht gestikulierend.

„Meine Frau liegt hier!" rief er schon von Weitem und machte uns auf eine Stelle am nahen Waldrand aufmerksam. „Sie sind aber schnell! Wie gut, dass sie da sind!" fügte er sichtlich erleichtert hinzu. Anscheinend kamen wir wie gerufen.

Nur dass wir von nichts wussten und niemals in dieser Konstellation zum Einsatz gekommen wären. Wir, also alle drei, hatten bisher nicht einmal die Sanitäter-Ausbildung! Der große Rettungsdienstkursus war zwar angekündigt, aber außer einer Terminierung und der Anmeldung hatten wir nichts in der Hand!

Mit unseren roten Hosen und den weißen Sweatshirts sahen wir zweifelsfrei äußerst professionell aus, wie Amtsärzte in Dienstkleidung. Auf dem Auto stand unübersehbar in fetten, schwarzen Buchstaben RETTUNG. Nur: Alles, was wir einzubringen hatten, war unser Sechzehn-Stunden-Erste-Hilfe-Kursus.

„Hier lang, hier lang!" – der Mann rang um Atem, es sah gefährlich nach Ernstfall aus. Einige Schritte in Richtung Wald erkannten wir eine Gestalt. Ein Baumstamm stützte sie, hielt sie noch gerade so in einer annähernd sitzenden Position. Die Brille hing quer über das aschfahle Gesicht. Die Schweißperlen standen auf ihrer Stirn, sie atmete schwer.

„Oh je", entfuhr es Hans erneut, „müssen wir mal gucken!" An der Stimme hörte ich: Dem Urgestein des Tals war äußerst mulmig zumute. Auch mein Herz klopfte ungewohnt heftig.

Der Mann erzählte uns aufgelöst, seine Frau sei an dieser Stelle einfach zusammengesunken. Ich stellte mir kurz die

Alternativen vor: Die beiden allein lassen, die Rettung alarmieren, was wiederum gedauert hätte, dem Mann sagen, wir könnten nur Bänke reparieren... Ich entschied mich, das zu tun, was ich konnte. Ging auf den Mann zu, redete beruhigend auf ihn ein: „Wir sind ja jetzt da..." In meinem Hinterkopf stand, in mindestens genauso großen Lettern wie ‚Rettung' auf dem Auto: *Wenn der wüsste*....

Von außen betrachtet wuchs ich in die mir zugefallene Rolle hinein. Die Frau war orientierungslos, aber ansprechbar. Hans ging wie gewohnt pragmatisch, wenn auch etwas robuster vor: „Grüß Gott, Rettung," stellte er sich vor, fasste die Frau am Arm und fragte sie ganz entgeistert: „Warum schwitzen Sie denn so?"

Die schwer Gezeichnete konnte uns mehr oder weniger verständlich zum Ausdruck bringen, dass ihr übel war. Ihr Äußeres unterstrich ihren schlechten Zustand. Hans griff geistesgegenwärtig zum Telefon, rief den nächstgelegenen Arzt an und beschrieb die Situation: „Wir bringen da jetzt mal eine Frau, die ist hier zusammengebrochen, nur damit du Bescheid weißt. Wir kommen gleich. Die ist ganz komisch und schwitzt!"

„Sofort herbringen!", war die Order, „mit Blaulicht!"

Sie hatte einen Schlaganfall. Später, nach Abschluss unserer Ausbildung konnten wir solche Fälle zweifellos besser einschätzen. Jetzt, ohne dieses Wissen, aber mit der Gewissheit, dass alles schnell gehen musste, übernahm Hans den Fall und sprach die Frau mit fester Stimme an:

„Dann stehen Sie jetzt mal auf und kommen mit!" Daran war natürlich nicht zu denken. Die Trage, die wir noch nie bedient hatten, sah sehr kompliziert aus und schien nicht geeignet für den Transport über die Wiese. Die beiden Männer packten die Kranke kurzerhand unter den Armen, und verfrachteten sie ins Einsatzfahrzeug.

Es ging alles sehr schnell. Den Mann platzierten wir auf dem Beifahrersitz. Soweit, so gut, dachten wir alle.

Damit lagen wir nur teilweise richtig, denn, was wir nicht vorhergesehen hatten und uns deshalb kalt erwischte: Die Frau musste sich übergeben. Hans, ein Meter fünfundneunzig groß, in der Lage einen ganzen Hof zu führen und seine Tiere selber zu schlachten, fühlte sich dieser Situation nur bedingt gewachsen. Seine letzte Amtshandlung war, nach der Schüssel zu greifen, deren Halterung ihm passenderweise aus der Erst-Inspektion des Fahrzeugs präsent war, und die Frau verhältnismäßig unsanft im Ansatz zu korrigieren: „Nicht da rein!" – das wäre die Lüftung gewesen – und mehr oder weniger barsch anzuweisen: „Hier rein!" Dabei packte er sie wie einen jungen Hund im Nacken, sonst wäre einiges bei der rasanten Fahrt in die falsche Richtung gegangen.

Sein Blick heftete sich dabei flehentlich auf mich: „Nein, das kann ich nicht, ich kotz gleich mit! Das geht gar nicht!" Dann wies er Mathias an, am Rand zu stoppen und floh auf den vorderen zweiten Beifahrersitz.

Demzufolge war ich hinten alleine. Alle meine Sinne konzentrierten sich auf die mir verbliebene Aufgabe, ich funktionierte mechanisch, wie ich es von mir kannte. *Da musst du jetzt durch*, dachte ich, *und sei es, der Frau beim Kotzen zu helfen.* Vorn im Auto war es sehr still, die beiden Kerle fuhren höchst konzentriert, die Lippen aufeinandergepresst, bis auf die unbeholfene Frage: „Ja, Loni, klappt das denn?"
Die Frau hätte ja eventuell nochmal…
Ich hatte mich bereits in meinen Posten eingerichtet, hatte alles Mögliche improvisiert und die notwendigen Unterstützungs- und Reinigungsarbeiten erledigt. In diesem Sinne beruhigte ich, so mitfühlend ich konnte, die vorn nebeneinandersitzenden Herren: „Ja, alles klar, passt schon…" Durch meine Katzen war ich schon einiges gewöhnt.
Beim Arzt angekommen ging alles ohne Zeitverzug. Dort wurde, nach flüchtigem Händedruck und ein paar Fragen, sofort gehandelt: Infusion und professionelle Erstversorgung. Unser „Einsatz" war noch nicht beendet, denn wir bekamen unmittelbar den Auftrag, die Schlaganfall-Patientin mit Sondersignal ins nächste Krankenhaus zu fahren.
„Wie? Sondersignal?" entfuhr es Mathias. Wo wir noch nicht mal eine Ahnung davon hatten, wie man das einschaltete? Er schaute den Arzt verunsichert an.

„Ja, sicher, Blaulicht an! Sirene!" drängte uns der Arzt, der wusste, dass jede Minute zählte.

Eines war uns klar: Ein anderes Rettungsfahrzeug war so schnell nicht aufzutreiben. Wir kannten das Spital und die Wege wie unsere Westentasche. Also heizten wir mit Blaulicht und Martinshorn, das wir mit einiger technischer Intuition in den Griff bekommen hatten, in das im größeren Nachbarort gelegene Krankenhaus. Ich saß wieder hinten und hielt der Frau die Hand.

Wo sollten wir sie abgeben? Was sollten wir sagen? Zum Glück war alles gut ausgeschildert und wir konnten sie ohne Probleme in die Notfallambulanz vermitteln. Der Zufall hatte ihr wer weiß was, ein Leben im Rollstuhl vielleicht, erspart, wenn nicht Schlimmeres. Voll des Lobes über die hervorragend funktionierende Rettung im Tal und unseren Einsatz, schrieb sie uns eine sehr nette Danksagung. Sogar ihren Urlaub hatten wir gerettet.

Als die Geschichte bei den Kollegen bekannt wurde, bekamen wir unsere neue Dienstbezeichnung: Die „Schwitzialisten".

Nie wieder sollte mir so etwas passieren! Die Rolle des Zufalls wollte ich nie wieder einnehmen, und so absolvierte ich mit voller Überzeugung und Elan die Sanitäter-Ausbildung. Über ein gutes halbes Jahr waren es zweihundertsechzig Stunden, immer Freitag, Samstag, Sonntag. Keine Minute davon fiel mir schwer, bis heute habe ich die besten

Erinnerungen daran. Mit der Zeit wurde ich tatsächlich zu einer „Spezialistin", konnte Blutdruck messen, Verbände anlegen, unter ärztlicher Aufsicht intubieren, kannte mich in Medikamentenkunde aus. Sogar Zugänge zu legen stand auf dem Ausbildungsplan, obwohl wir es später nicht anwenden durften. Immer mehr lernte ich den menschlichen Körper lesen.

Als mir klar wurde, wie mühelos die Ausbildung für mich war, dachte ich nochmal zurück. Mit dieser Erfahrung hätte ich mir das mit der Schule eventuell anders überlegt und mir andere Optionen offengehalten.

Im nächsten Leben vielleicht.

Schicht beim Bergbahn-Unglück

Der Dienst wurde nach und nach ausgebaut, Alarm gab es rund um die Uhr. Bei unseren Einsätzen, wie Unfällen, auch mit tödlichem Ausgang, Verletzungen, Vergiftungen und Herzinfarkten, bekamen wir immer mehr Routine. In der Nacht waren es immer Notfalleinsätze, da ging es nicht um Krankentransporte. Die Bereitschaft musste besetzt werden, entweder im Rettungsstützpunkt direkt, oder ich konnte, wenn es sich einrichten ließ, von zu Hause aus starten – was für mich als einzige Frau die bessere Alternative war.

Mein Lieblingskollege war schon aus dem ersten provisorischen Einsatz mit dem Schlaganfall hervorgegangen, was aber nicht nur an unserer etwas skurrilen gemeinsamen Erfahrung lag. Wir waren bald gut eingespielt, behielten immer die Nerven. Im Gegensatz zu anderen Kollegen, die schon beim Eingang des Notrufes hektisch wurden. Was auch immer kam, ein schwerer Unfall, eine Reanimation, Herzinfarkt oder Schlaganfall, wir beide stimmten uns während der Fahrt darauf ein, ohne viele Worte oder Aufregung.

Es kann sehr schlimm kommen, der Tod kann dich erwarten oder das furchtbare Eingeständnis am Ende stehen: *Du bist zu spät gekommen, du hast es nicht geschafft.* Aber gerade die Konzentration davor bewirkt, dass du alles geben kannst.

Und genau das wollte ich, unnötigen Verschleiß von Nervenkraft vor dem Eintreffen am Einsatzort vermeiden. Deshalb scheue ich mich in anderen Teams auch nicht, einem auf der Fahrt schon über-agierenden Kollegen in die Parade zu fahren: „Komm' jetzt mal runter! Pass' erstmal auf, dass du jetzt keinen Unfall baust! Ein toter Retter ist kein guter Helfer mehr!"

Zum Glück gab es auch so jemanden wie Mathias.

Ich saß im Aufenthaltsraum des Stützpunktes, ein schöner Sommertag brachte die Berge um mich herum zum Leuchten. Mein Kollege war im Rettungswagen beschäftigt.

„Einsatz!" rief er mir zu.

„Was gibt's?" wollte ich wissen. Der Notruf war direkt über die Leitstelle bei ihnen eingegangen.

„Steig' schon mal ein, ich erzähle es dir auf der Fahrt!" meinte er, die Ruhe selbst.

„Irgendwas an der Alpenhornbahn…mach' mal den Funk lauter!" schickte er nach. Die Idee davon, was uns erwartete, bekam ich dadurch recht schnell. Wir hörten, wie nach und nach das ganze benachbarte Bundesland, sogar Kräfte aus dem Allgäu abgezogen wurden. Alle verfügbaren Hubschrauber, alle Kranken- und Rettungswagen wurden zur Bergbahn geordert!

„Was ist denn da los?" Mir wurde mulmig. Hätte mir Mathias nicht wie zufällig ans Handgelenk gegriffen, hätte ich nicht gemerkt, wie es in seinem Inneren bestellt war. Seine Hand war schweißnass.

„Ja, ich weiß nicht…"meinte er als würde er über den Nachtisch vom Essen sprechen, „ich glaube, da ist ein Gondelunglück…" Es war 15.56 Uhr.

Die Zugseilbremse hatte versagt. Wenige Minuten vor unserem Eintreffen waren an der höchsten Seilbahn in der Umgebung zwei Kabinen der Bergbahn ungebremst auf die Bahnsteige zu gerast. Das Unglück hatte seinen Lauf genommen, als eine der beiden Gondeln rund hundertdreißig Meter vor der Mittelstation die volle Geschwindigkeit behielt und drohte ungebremst einzufahren. Das notfallmäßige Eingreifen beider Gondelführer - die andere Gondel hing an demselben Seil - konnte nicht verhindern, dass beide Kabinen gegen die Betonpfeiler der Einfahrtrampen prallten. Wie Schiffsschaukeln schossen sie hoch und prallten gegen die Decke der Station. Insassen und Inventar wurden hin und her geschleudert, Menschen und Gegenstände durcheinandergewirbelt, Scheiben zerbarsten.

Ein unvorstellbarer Unfall! Es war der erste dieser Art in der ganzen siebzigjährigen Geschichte der Alpenhornbahn. Über dreißig Menschen waren betroffen. Vor allem in der talabwärtsfahrenden Bahn erlitten die Passagiere zum Teil schwere innere Verletzungen, Knochenbrüche, Platzwunden, hatten starke Prellungen oder einen Schock erlitten.

Was wir an Ort und Stelle sofort sahen: Wir waren der erste RTW, das allererste Einsatzfahrzeug am Unfallort! Für uns hieß das, im Eiltempo die ganze Lage zu peilen. Jetzt musste alles schnell gehen!

Auch das noch, dachte ich kurz, aber es gibt in einem solchen Moment keinen Spielraum, um solche Gedanken weiter zu spinnen. Voller Konzentration auf das multiple Geschehen, Hand in Hand, tust du das, was du kannst. Sortieren, wer war schwerstverletzt, wen konnte man erst einmal lagern oder an die Seite setzen. Wir sprachen uns mit wenigen Worten ab, um die Reihenfolge der Transporte vorzubereiten. Aber es geht niemals nur um Routine bei der Ersten Hilfe. Die Leute beruhigen, sie ansprechen, ihnen wieder den Blick öffnen – das hatten wir im Rettungskurs Zwei nicht gelernt, aber es war elementar notwendig.

Ich war im Flow: Kontakt zu den Opfern und Augenzeugen halten, keinen Menschen aus dem Auge verlieren. Auf alle mit irgendwelchen Allerwelts-Fragen möglichst normal zugehen: „Sind sie alleine hier oder in Begleitung? Haben Sie ein Taschentuch?" Mit allem eben, was mir gerade in dieser Situation einfiel und hilfreich erschien.

Nach und nach trafen immer mehr Fahrzeuge ein, so auch die Organisationsleitung. Da wir alle Patienten jeweils mit Nummern versehen hatten, konnten die eintreffenden Rettungs- und Krankenwagen direkt mit dem Transport der Verletzten beginnen. Es lief wie am Fließband. Alle wurden unverzüglich in den umliegenden Krankenhäusern untergebracht.

Keiner ahnte zu diesem Zeitpunkt, welcher Zufall ihnen das Leben gerettet hatte: In der Kommandozentrale der Bergbahn hatte sich ausnahmsweise ein Maschinist aufgehalten und die Notbremsung eingeleitet. Normalerweise geschah dort alles voll automatisch. Geistesgegenwärtig und beherzt hatte er zugegriffen. Lebensgefahr bestand deshalb für niemanden.

Weil es ein schöner Sommertag war und die Seilbahn außer Funktion, mussten etwa fünfhundert Menschen vom Gipfel mit Hubschraubern heruntergebracht werden. Währenddessen konnten wir ein wenig Luft holen. Ich stand neben Mathias, und wir bestaunten beide die nie vorher gesehene Ansammlung von Helikoptern in der Luft. In dieser ersten Pause ließ ich unseren Einsatz noch einmal in Gedanken Revue passieren. Es hatte sich einiges an Respekt vor der ganzen Situation in mir angesammelt.

„Stell' dir vor…", meinte ich zu ihm und fasste meine Eindrücke kurz zusammen.

Kaum hatte ich mit den Worten „…und wir waren die ersten hier!" geendet, klemmte sich ein Reporter einer Boulevard-Zeitung an meinen Arm. Offenbar hatte er hinter uns gestanden und aufgeschnappt, dass wir von Anfang des Rettungseinsatzes an dabei waren. Auf der Jagd nach Stoff für seine Schlagzeilen bedrängte er mich: „Ach so, Sie waren als erste hier! Ja, was war denn da los? Erzählen Sie mal, wie sah das hier alles aus…?"

Nur einen kurzen, ersten Moment dachte ich daran, höflich seine Fragen zu beantworten. Im gleichen Augenblick spürte ich, wie unangenehm sein Überfall auf mich wirkte, zumal ich nicht die richtige Adresse für solche Auskünfte war. Nein, entschied ich, für Schlagzeilen war ich nicht zuständig, gab es doch eine Organisationsleitung. Ich lächelte ihn an und ließ ihn wortlos stehen.

Auf der Rückfahrt vom Einsatz waren Mathias und ich ziemlich geschafft und redeten nicht viel.

„Wenn ich nochmal so einen Einsatz hätte, möchte ich den wieder nur mit dir machen!" unterbrach er unvermittelt das Schweigen. Das „nur" und das „dir" in diesem Satz hatte er besonders betont, auch wenn es ansonsten so klang, als hätte er sich Mühe gegeben, den Satz geradezu nebensächlich erscheinen zu lassen.

„Das war nicht ich", versuchte ich abzuwehren. Wie sollte ich ihm anders klarmachen, dass ich automatisch meine Aufgaben übernommen hatte, oder die Verselbständigung des Handelns in Person wurde. Hatten wir doch wie immer zusammen den Laden ohne Reibungsverluste geschmissen. Doch seine Schlussfolgerung wirkte auf mich wie eine warme Dusche nach durchfrorener Nacht.

Was er mir damit bedeutete, war mehr als ein einfaches Lob, es vermittelte mir das Gefühl von Anerkennung und Zugehörigkeit.
Was ich im Tal schmerzlich vermisste.

Bodenlos

Wie konnte es sein, dass ich einerseits mittendrin war und anerkannt wurde und auf der anderen Seite das Gegenteil vorherrschte? Diese bittere Erkenntnis wurde ein weiteres Mal vertieft.

Meine Leidenschaft war meine kleine Western-Stute. Weil ich mein Hobby ungestört, abseits von Blicken und Kommentaren im Tal genießen wollte, hatte ich sie ein ganzes Ende entfernt, in einem großen Stall im Nachbartal untergebracht. So viel hatte ich vom Leben im „Neider Tal" bereits verstanden. Es ging immer nur um Besitz, Geld und Materielles, das man sich aneignete, weil man sie den anderen nicht gönnte, nicht weil sie für einen selbst Nutzen hatten. Ich konnte das gar nicht nachvollziehen, solche Gefühle waren mir fremd. Es ging mir um meinen Sport, meine Passion, und meine Bindung an das Tier war innig.

Nach einiger Zeit mehrten sich die Anzeichen von tierschutzwidrigem, untragbarem Umgang mit den Pferden auf diesem Hof. Alle sahen die Striemen auf den Rücken ihrer Tiere, einige Tiere ließen sich plötzlich nicht mehr am Kopf anfassen. Mein Pferdchen, ein sehr sensibles Wesen, verschwand erst einmal in der hintersten Ecke des Stalls, wenn ich die Tür öffnete, obwohl es mich vorher immer freudig brummelnd begrüßt hatte. Aber keiner machte den Mund auf. Das konnte ich nicht aushalten. Ich ergriff die Initiative zu einem Gespräch mit allen Betroffenen und der Stallbetreiberin.

„Ist das so: Schlägst du unsere Pferde?" Warum sollte ich groß drumherum reden? Ich sprach aus, was alle befürchteten. Die Sache brannte lange genug auf unseren und den Seelen der Pferde.

„Was willst du denn jetzt?" versuchte sie auszuweichen.

„Ich will eine Antwort auf meine Frage. Hier und jetzt will ich das von dir wissen!", ließ ich nicht locker.

„Was meinst du denn damit?" Wieder ein Fluchtversuch.

„Werden die Pferde hier geschlagen, ja oder nein?" drängte ich sie.

Und dann kam ein schlichtes „Ja". Keine Erklärung, keine Ausreden, kein Beschönigen. *Wie? Sie hatte das zugegeben?* Auf mich wirkte es im ersten Moment wie ein Donnerschlag! Ich konnte es gar nicht fassen. Alle saßen da, mit aufgerissenen Augen, sprachlos. Aber es gab nichts daran zu deuten. Wir hatten Gewissheit.

Am nächsten Tag servierte die Besitzerin mir und allen, die am Gespräch beteiligt waren, mit großem Gehabe die Kündigung. Es kam nicht unvorbereitet für mich und ich hatte ihr nicht mehr zu sagen als:

„Was soll das denn jetzt? Du glaubst doch nicht etwa, ich würde mein Pferd noch hierlassen, jetzt wo ich weiß, dass du das Tier auch noch schlägst?" Meine Entscheidung war längst gefallen.

Aber wo eine neue Bleibe finden? Wer hatte überhaupt Platz für ein Pferd in näherer Umgebung?

Vielleicht wussten sie bei der Tierschutzorganisation etwas, hoffte ich. Dort hatte sich eine angeheiratete Verwandte meines Mannes, die ich schon seit unserer Hochzeit kannte, einen Namen gemacht. Sie war die Institution in Sachen Tierschutz.

Also rief ich sie an, schilderte meine Notlage. Emotional und, noch ganz unter dem Eindruck der unfassbaren Vorgänge, fragte ich sie:

„Hast du vielleicht eine Empfehlung für mich?" Sie kam auch aus Deutschland, war zugezogen, hatte es, „berühmt liiert", weit gebracht: Angefangen hatte sie mit einem Stück Land, später selbst einen Stall gebaut, dann einen Reitplatz, dann ein Restaurant eröffnet - alles auf einer unschuldigen Wiese. Ich fühlte mich ihr verbunden, sie kannte sich gut in der Szene aus. Dazu hoffte ich, nach der ganzen Geschichte, auf ihr Verständnis und ihre Unterstützung bei der Suche nach einem neuen Hof.

Mit dem, was dann kam, hatte ich um alles in der Welt nicht gerechnet.

Sie sezierte meinen Notruf unter dem Vorzeichen des absoluten Misstrauens: „Ob das jetzt so war, …" Das wüsste sie ja nicht. Und es käme ja immer wieder vor, dass sich Stallbetreiber solche Unterstellungen anhören müssten.

„Aber sie hat es doch zugegeben, vor allen Leuten! Die kannst du alle fragen!" wand ich verzweifelt ein. Als wollte sie jedem weiteren Wort von meiner Seite zuvorkommen, patzte sie in den Hörer:

„Und wir haben hier keinen Platz! Selbst wenn ich das hätte, dich wollen wir hier nicht haben!" und legte auf.

Ich war wie vom Blitz getroffen! Was für eine Ansage? Hatte ich sie doch gar nicht damit behelligt, sie solle selbst mit einem Unterstand für mein Pferd in die Bresche springen.

Vor diesem Telefonat hatten wir kein einziges Mal persönlich miteinander geredet, geschweige denn ein Problem gehabt. Was für ein Umgang! Ich konnte das nicht nachvollziehen, es sprengte mein Fassungsvermögen. In meinem ganzen Leben würde mir nicht einfallen, so mit jemandem umzugehen. Selbst wenn es meinen in Not geratenen Erzfeind beträfe, würde ich versuchen zu helfen.

Hatte ich Verständnis oder Unterstützung von meinem Mann erwartet, lag ich genauso schief. „Ja, die ist halt so. Lass` sie doch!"

Meiner Enttäuschung konnte ich mich nicht lange hingeben, musste ich doch mein armes Pferd ohne die Hilfe dieser Frau vom Tierschutz retten.

Es drängte die Suche nach einem neuen Stall. Am Ende war es gar nicht so schwer. Im Nachbarort hörte sich der dortige

Stallbesitzer meine Geschichte in Ruhe an und glaubte mir. Das war der Punkt, der meine Seele zur Ruhe brachte. Und über den neuen Stall habe ich mich natürlich auch gefreut.
Alles andere war für mich abgeschlossen, Schnee von gestern. Und das sollte auch so bleiben, als die besagte Tierschützerin bei mir anrief. In einem Ton, als wäre sie meine beste Freundin, säuselte sie ganz zuckersüß ins Telefon: „Grüaß di, servus! Ich wollt' nochmal nachfragen, wegen der Unterbringung, na wegen…"
„Stopp!", unterbrach ich sie, „du brauchst nicht weiter zu reden. Ich habe schon einen netten Menschen gefunden, dem Tierschutz wirklich wichtig ist und eine Zusage bekommen. Ich brauche deine Hilfe nicht mehr."
Dieses Mal habe ich aufgelegt. Das war vielleicht impulsiv, aber ich konnte nicht anders.

Spooky

Der Rettungswagen stand in der Garage, mein Mann und ich hatten gemeinsam Nachtdienst. Es war drei Uhr in der Frühe, als uns der Pieper aus dem Schlaf holte: Wahrscheinlich Reanimation, hieß es.

Sofort hellwach, sprangen wir ins Auto und fuhren los. Ich war selbst am Steuer. Es war stockdunkel, keine Laternen, kein Mond. Der Weg ging zunächst durch kleinere Ansammlungen von Häusern, dann wurde es einsamer. Stille rundherum, kein Mensch war unterwegs. Das Blaulicht verlieh der Nacht eine besonders unheimliche Atmosphäre. Wie aus dem Nichts blitzten die feuchten Dächer, die Fenster, Türen und Bäume in dem rotierenden Licht auf. Rhythmisch, nur einen kurzen Augenblick, um sofort wieder in das undurchdringliche Schwarz abzutauchen. Unterlegt vom reibenden Geräusch des umlaufenden Blaulichts im Inneren des Autos, das mit seinem monotonen rer-ror, rer-ror, rer-ror die Anspannung noch erhöhte. Auch langjährige Erfahrung schützt dich nicht vor dem Druck der Aufgabe, den Tod zu verhindern.

Wir kamen an. Es handelte sich um eine Vierundachtzigjährige, der Arzt war noch nicht da. Leblos zusammengesunken lag sie in ihrem Bett, fühlte sich bereits kalt an. Ihre

pergamentene Haut schimmerte violett. Schwerer Geruch hielt den Raum besetzt. Aber unabhängig von der eigenen Wahrnehmung ist die Aufgabe, sofort zu handeln. Wir legten die Frau, um einen festen Untergrund zu haben, auf den Boden neben dem Bett und begannen mit der Reanimation, mit Ambubeutel und der Herzmassage mit bloßen Händen.
Knack, ein Geräusch, das mir durch Mark und Bein ging. Beim Wiederbelebungsversuch war eine Rippe gebrochen. Es war zwar nicht ungewöhnlich, dass so etwas passierte, doch ging es mir durch Mark und Bein. Auch wenn kurz der Atem stockt, du machst weiter. Doch irgendetwas war in diesem Fall anders. Ein unheimliches Gefühl formierte sich in meinem Rücken. Diese seltsame Eingebung, nahm tief in meinem Inneren die Form von Gewissheit an:
Sie stand hinter mir, die alte Frau. Ich traute mich nicht, die Augen zu schließen oder mich umzudrehen. Die Situation fühlte sich ganz sanft und ruhig an. Sie schaute mir über die Schulter, verstand nicht, was wir da machten, warum wir nicht aufhörten. Kein Vorwurf, keine Anklage, nur ohne Einsicht in all das um sie herum. Es betraf sie nicht mehr.
Inzwischen war der Arzt angekommen und löste mich ab, als Ersthelfer konnten wir einen Schritt zurücktreten. Verunsichert blickte ich mich um, aber da war außer der Tochter niemand. Die ganze Zeit wurde ich das Gefühl nicht los: Sie ist im Raum, schaut uns zu, friedlich, als wollte sie uns sagen: Es ist alles gut.

Auch der Anblick der weiteren Behandlung durch den Arzt kostete mich Kraft, selbst wenn er keine Ähnlichkeit mit den auf spektakulär getrimmten Szenen der gängigen Fernsehkrimis hatte. Es blieb alles ganz unspektakulär. Professionell verrichtete der Mediziner seine Arbeit. Infusion, Elektroschock, Routine. Fast flehentlich wandte ich mich an ihn: „Hubert! Sie ist doch schon tot!"

Dann nahm ich ihre Tochter in den Arm, nahm sie beiseite, tröstete sie. Mehr war auch nicht mehr zu tun.

Die Verarbeitung eines solchen Einsatzes dauert Tage, wenn nicht Wochen. Ich bekam den Geruch nicht aus der Nase, konnte nichts essen, das Knacken der Rippe begleitete mich und holte das geisterhafte Geschehen dieser Nacht immer wieder in mein Bewusstsein.

Zwei weitere Ereignisse in dieser Zeit bereiteten meinen Entschluss vor, den zukünftigen Schwerpunkt meiner Tätigkeit bei der Rettung zu verändern.

Das eine war ein Notfall. Ein kleiner Junge musste mit Verdacht auf Blinddarmentzündung ins Krankenhaus gebracht werden. Mir hatten sie die Aufgabe überlassen, bei ihm hinten im Rettungswagen mitzufahren. Er musste unsägliche Schmerzen haben. Blinddarm-Durchbruch, wie sich später herausstellte. Behutsam, aber konsequent, versuchte ich ihn abzulenken. Stellte ihm alle möglichen Fragen: „Was ist denn dein Lieblingsfach in der Schule?" Sport. „Dann spielst du doch sicher gern Fußball!" Erzählte von meiner Aversion gegen meine komische Chemie-Lehrerin, entlockte ihm seine Probleme mit Mathe. Dabei waren wir uns schnell sehr einig. Die ganze Fahrt über sprudelten die Ideen aus mir heraus, um ihn zu erreichen und wach zu halten. Er wurde mit klarem Bewusstsein und in sehr gefasstem Zustand eingeliefert.

Erleichterung, mein Plan war aufgegangen, worüber ich mir vorher nicht im Klaren war. Ich bekam eine erste Ahnung: Das kannst du! Das ist etwas, was dir liegt! Menschen lesen, sie in extremen Fällen begleiten, ihnen helfen durchzuhalten. Ich erinnerte mich an unseren Einsatz an der Alpenhornbahn. Das gab meinen Gedanken eine aktivere, positive Richtung. Die Kraft zu einem endgültigen Entschluss ergab sich durch einen Krankentransport. Ein sehr kräftiger, großer Mann musste zur Therapie gefahren werden. Er war selbst bewegungsunfähig, ohne jede Muskelspannung im Körper, was ihn noch schwerer machte. Das alte Haus, das er mit seiner Frau bewohnte, lag hinter der Straße, eine direkte Zufahrt gab es nicht. Wir mussten also in einiger Entfernung halten, schnappten uns die Trage, gingen den Pfad zur Haustüre entlang, zwängten uns die steile, enge Stiege hinauf. Der Rückweg war unter dem Gewicht des Patienten ein ordentlicher Balance- und Kraftakt. Erst die steile Treppe wieder hinunter, dann der schmale Weg bis zur schrägen, stark abschüssigen Straße. Zwar war es Routine, aber die Schwerkraft übernahm. Es wären nur noch zwei, drei Schritte bis zur offenen Wagentür gewesen, als es passierte. Als mein Gehirn befahl: *Mach' die Hände auf!*

Ich hatte es nicht mehr unter Kontrolle. Das Geräusch, mit dem der Mann auf die Straße knallte, durchfuhr mich schmerzhaft. Unbarmherzig machte es mir klar: *Er ist mir auf die Straße gefallen!*

Noch bevor ich mich entschuldigen konnte, waren seine ersten Worte: „Ach, ich kenn' das. Ist nicht schlimm! Macht mir nichts aus!" begleitet von den Beteuerungen seiner Frau: „Nein, wirklich nicht, ich lasse meinen Mann auch ständig fallen. Er ist einfach zu schwer!"

Schließlich ging tatsächlich alles glimpflich aus. Aber ich war tief getroffen, untröstlich. Es war das schlimmste Erlebnis, was ich je im Dienst hatte! Das durfte nicht passieren!

Als der Patient, zum Glück unversehrt, angeschnallt im Auto lag, war für mich klar: *Das mache ich nicht mehr! Hier ist Schluss!*

Ich machte kein Body-Building, war klein und wurde auch älter. Man hätte sicherlich für weitere Fälle dieser Art alles organisieren können, denn bei solchen Transporten kam die Feuerwehr selbstverständlich zu Hilfe. Aber der Punkt war für mich erreicht.

Kriseninvention

Nach zwölf Jahren Notfalleinsätzen, in denen mir das Mitten-in-der-Nacht-Hochfahren von Null auf Hundert schon sehr zugesetzt hatte, wurde die Krisenintervention mein neuer Schwerpunkt, ohne die Einsätze bei der Rettung und den Funkdienst ganz aufzugeben.
An dieser Stelle klaffte schon lange eine Lücke im System, die unbedingt gefüllt werden musste. Die Einsätze selber waren die eine Sache, aber die Verarbeitung des Geschehens für alle Beteiligten war genauso wichtig.
Die Erfahrung mit großen, extrem tragischen Katastrophen wie dem Lawinenunglück in Galtür am 23. Februar 1999 hatte dem ganzen Land gezeigt, dass es an der Zeit war, die Krisenintervention, kurz KIT, zu institutionalisieren. Lange als „Erste Hilfe für die Seele" heruntergespielt, hatten auch die Letzten eingesehen, dass es mit der Bergung von Toten und Verletzten allein nicht getan war. Die psychosoziale Notfallversorgung wurde integrierter Bestandteil der Rettung. Landesweit wurden Ausbildungsstätten eingerichtet.
Ich hatte den soeben neu konzipierten, obligatorischen viermonatigen Lehrgang absolviert. So war ich die erste Frau und zunächst eine der wenigen fachlichen Hilfen für Krisenintervention vor Ort.

In der Ausbildung hatten wir in Rollenspielen gelernt, was die Psyche so macht, bei akut traumatisierenden Unfällen, Notfällen und Katastrophen und was zu tun war, wenn Betroffene nicht mehr handlungs- oder aufnahmefähig waren.
Eine Hilfe, die nicht nebensächlich war. Traumatische Erlebnisse führen die Menschen oft in einen Schockzustand. Verbunden mit einem Tunnelblick. Sie können nichts mehr klar wahrnehmen, reagieren wie betäubt. Obwohl nicht selbst Opfer, fallen sie in eine Starre oder werden unkontrolliert aktiv und verletzen sich. Immer sind sie genauso hochgradig gefährdet wie die sichtbar Verletzten.
Einer meiner ersten Einsätze führte zu einem kleinen Hotel. In der Nacht war, ohne Vorankündigung für alle Beteiligten, ein Mann in inniger Umarmung mit seiner Frau an einem Herzinfarkt verstorben. Als ich ankam, war sie von den Einsatzkräften bereits in ein Nebenzimmer gebracht worden. Plötzlicher Todesfall war in unseren Rollenspielen vorgekommen, allerdings war meine bisherige Praxis diesbezüglich minimal. Im Kurs hatte ich einmal die Rolle der Gattin des Mannes, der sich auf dem Dachboden erhängt hatte.
Ich löste den Notfall-Sanitäter und den Notarzt ab, die ihre Arbeit beendet hatten. Im Unterschied zu den Einsätzen bei der Rettung hatte ich viel weniger Druck: Es war alles schon passiert. Ich konnte mich ohne eventuell ein Leben retten zu müssen, auf den Fall vorbereiten. Am Ende der Fahrt

erwartete mich nicht das ewige Zuspätkommen, die Aussichtslosigkeit des eigenen Handelns.

Noch bevor ich in das Nebenzimmer zu der jungen Ehefrau hinüberging, brachte ich den Toten in eine würdige Position. Wir redeten miteinander, bis sie die Kraft gefunden hatte, sich zu verabschieden. Auch wenn Trauer ein mächtiges Gefängnis ist und sehr lange anhalten kann, hilft das Angesicht des Todes, die ersten Schritte wieder selbst zu tun und steht unbedingt am Anfang eines heilsamen Prozesses. Bei aller Konzentration und Professionalität, konnte ich den einen kurzen Gedanken nicht verdrängen: *Wie anders war es beim Tod meines Schwagers gewesen.* Meine Mutter hatte meine Schwester mit Psychopharmaka vollgestopft. Ich durfte den Verstorbenen nicht mal mehr sehen.

Als die Frau gefühlsmäßig so weit gekommen war, den Tod ihres Mannes als Tatsache anzuerkennen, rief ich den Bestatter an. Dann gingen wir gemeinsam mit ihrem Hund in die Nacht hinaus. Das hilfreiche Gespräch wechselte zwischen belanglosem Alltäglichem und abgrundtiefem Schmerz, zwischen Vergangenheit und der Gegenwart. Unsere Verbundenheit mit Hunden half uns dabei, immer wieder neue Ansatzpunkte zu finden.

Ich war voller Vertrauen in die weitere Entwicklung. Bis ein Mensch begreifen kann, annehmen kann, dass die Welt nicht einfach stehen bleibt und das Leben ohne den geliebten Menschen weitergeht, dauert es lange, manchmal sehr lange.

Aber der Weg zurück, zum Boden unter den Füßen, wird mit den allerersten kleinen Schritten geebnet, mit denen man seine Handlungsfähigkeit wiederfindet. Man kann die Menschen von ihrem Schmerz nicht erlösen. Sie brauchen Zeit, um ihre Fassungslosigkeit zu überwinden. Aber Begleitung, Ablenkung, Zur-Seite-Stehen, das hilft.

Irgendwann fand die junge Frau die Kraft, ihren Bruder anzurufen und ihn zu bitten, in der Nacht noch loszufahren, um sie am nächsten Tag zu unterstützen. Bis dahin blieb ich einsatzbereit in einem angrenzenden Zimmer, dankbar und zufrieden, dass ich diesen Schritt gemacht hatte.

Hilfe für die Einsatzkräfte

Es hieß: Verkehrsunfall, Felsstraße, direkt hinter dem alten Wasserwerk, Fahrtrichtung Talstation.
Ich besetzte den Florian und startete meine Arbeit. Am Funk bekam ich mit, wie die Einsatzkräfte vor Ort eintrafen, die Routinen abgewickelt wurden. Nur: Irgendetwas war anders als sonst, alle reagierten ungewöhnlich, seltsam. Schließlich rief ich den Kommandanten an:
„Sag' mal, was ist denn da los?" Langsam und verhältnismäßig leise kam die Antwort:
„Du, das ist der Mattes vom Schneider-Hof," und noch zögerlicher: „und der Kämmerer-Hans...
In meinem Kopf explodierte es. Alle kannten die Opfer, waren mit ihnen aufgewachsen, gemeinsam zur Schule gegangen, hatten als Jugendliche das Leben zusammen erobert.
„Und jetzt?" brachte ich mühsam heraus.
Es waren zwei ehemalige Feuerwehrkollegen, die nachts im Tal unterwegs waren.
Niemand konnte genau sagen, was passiert war, und niemand würde es je erfahren.
Soweit man es sehen konnte, war der Wagen in einer scharfen, fast rechtwinklig verlaufenden Linkskurve geradewegs gegen eine Felswand geschleudert. Beide waren tot, der eine

fast unkenntlich durch den Aufprall, der andere musste noch bis kurz vor dem Eintreffen der Rettungskräfte gelebt haben. Sie wussten: Sie waren zu spät gekommen. Eine dreiviertel Stunde oder auch nur eine halbe eher, sie hätten ihn vielleicht retten können.

Es war kein Versagen. Sie waren nicht zu langsam gewesen, hatten keine Fehler gemacht. Die Alarmierung war zu spät gekommen. Erst ein früher Spaziergänger hatte den Unfall am Morgen gemeldet.

Als die Männer vom Einsatz zurückkamen, war alles anders als ich es jemals erlebt hatte. Die Gesichter waren weiß, voller Entsetzen, die Gestalten erschüttert. Alle waren persönlich vom Tod derjenigen betroffen, die da entstellt gelegen hatten, und die sie bergen mussten.

Mir wurde deutlich vor Augen geführt: Krisenintervention würde jeder Einzelne brauchen können und ich wusste: *Das kann ich nicht allein!* Genau genommen konnte ich es gar nicht. Die Jungs waren mir alle selbst viel zu nah.

Zudem stellte ich mir vor, wie sich alle Einzelheiten ihres Einsatzes durch immer neue Gespräche in meinem Kopf vervielfältigen würden. Das zwang mir geradezu auf, nach einer anderen Lösung zu suchen.

Ich rief den Chefausbilder meiner Schulungsstätte an und bat um Verstärkung. Er sagte sofort zu, mit weiteren vier speziell ausgebildeten Mitarbeitern vom KIT ins Tal zu kommen.

In der kurzen Wartezeit auf diese Retter spürte ich zwar Erleichterung, die jedoch in nagende Zweifel überging. Hatte ich doch die Entscheidung zum Hilferuf einsam und eigenmächtig getroffen.

Während die Männer aufräumten, sich kramend versuchten abzulenken, holte mich meine Angst immer mehr ein. Schon beim Anruf hatte ich meinen ehemaligen Lehrer vorgewarnt: „Übrigens, es kann sein, dass nachher, wenn du kommst, keiner mehr da ist, dann trinken wir einfach einen Kaffee zusammen!" In der Wortwahl versuchte ich meine Sorge herunter zu spielen, innendrin sah es ganz anders aus. Ich sah mich unter verständnislosen, abwehrenden Blicken mit der KIT-Gruppe alleine dasitzen, sprachlos, einsilbig, mit meiner eigenmächtigen Initiative gescheitert!

„Vorgewarnt" hatte ich die Männer allerdings schon: „Passt mal auf, ich habe da ein Kriseninterventionsteam rauskommen lassen." „Ja, warum denn?" war die scheinbar entgeisterte Reaktion. Ich hatte es geahnt. Hatte ich es doch mit Kerlen zu tun, von denen nichts anderes zu erwarten war als: *Das brauch' ich doch nicht!*

Nein, eben doch!

Wenig später war mein Ausbildungsleiter mit dem ganzen Team eingetroffen. Und alle sind gekommen. Selbst die Polizisten und der Arzt, der die jungen Männer schon als Baby untersucht hatte, ihr Aufwachsen in seiner Praxis begleitet hatte. Auch er zermarterte sich den Kopf mit dem Gedanken, dass das ganze Leben doch noch vor ihnen gelegen hatte.

Alle sind gekommen und geblieben.

Später bestätigte mir mein Ausbilder, dass ich mit meiner Entscheidung richtig gelegen hatte. Dieses Ausmaß an Erleben war eine Sache für erfahrene Spezialisten, an der ich mich nur hätte verheben können.

Aufbruch

„Schlechter Umgang"

Dank eines Generationswechsels im Feuerwehrausschuss fand die größte Faschingsparty im Tal bei uns im Ort statt, in unserer Feuerwehrhalle. Alle Fahrzeuge wurden hinausgefahren, die längste Theke im Tal mit Lounge und Budenzauber drinnen und draußen aufgebaut. Die Stange der Feuerwehrmänner wurde zum Tanzen freigegeben – natürlich nicht so, wie manch einer das gerne gesehen hätte. Schon die erste Ausgabe der Feier war ein Erfolg, der durch die Decke schoss.

War ich schon bei früheren Karnevalsveranstaltungen mit kreativen Einfällen und preisgekrönten Kostümen dabei, hatte ich eine neue Idee für diese Großveranstaltung. Mein Vorschlag, eine Cocktailbar aufzubauen, fand Anklang und ich ging mit viel Herzblut ans Werk, um das perfekte Hawaii-Feeling zu entwerfen.

Der handwerkliche Teil zur Herstellung der Kulisse fand in unserem Wohnzimmer statt, meine Freundin Sabine half mir dabei. Konstantin war wie immer unterwegs, also konnten wir uns austoben. Werkstatt allein wäre ja langweilig gewesen, also lief die Musik und ein Doppelbock stand auf dem Tisch. Mit bester Laune bastelten wir eine Palme nach der anderen. Der Alkohol beflügelte uns. Wir vergossen Tränen vor Lachen, die Ausdünstungen des in rauen Mengen verbrauchten Klebstoffs, mochten ihren Anteil daran gehabt haben. Unser Engagement und die Produktion trübte das nicht, hatten wir doch zu jedem Zeitpunkt des Abends die Kontrolle über die ganze Aktion.

Als mein Mann nach Hause kam, fand er den Schauplatz Wohnzimmer unerwartet verändert vor. Noch bevor wir ihn mit unserem munteren Treiben anstecken konnten, riss er, eher weniger begeistert, die Fenster auf und spielte den Helden. Das ginge ja wohl zu weit und wäre viel zu gefährlich, klang es eher bevormundend als besorgt aus seinem Mund. Da wir es überlebten, konnten wir den späteren Erfolg der Cocktailbar auf dem Fest voll auskosten.

Unsere Gesundheit war nicht beeinträchtigt, das Sozialgefüge im Ort schon. Sabine wurde unter Druck gesetzt, durfte danach nicht mehr zu mir kommen.

Der Stempel vom „schlechten Umgang" machte die Runde. Zudem wurde meine über Jahre währende Freundschaft mit Hanna, die wie eine Schwester für mich war, gekappt, als sie heiratete und ihr Mann das Sagen bekam. So eine Frau wie ich sollte keinen Einfluss auf „seine Maus" haben.

Eine Frau, die schon mal einen derben Spruch draufhatte oder sich erlaubte, aus der klassischen Rolle zu fallen, war bei vielen Männern unerwünscht. Bei der Feuerwehr war das etwas anderes, da spielte das keine Rolle. Ich war dort ja

„einer" von ihnen und mein Verhalten eckte nicht an. Als wäre ich nicht ein und dieselbe Person.

Zu Hause fühlten sich die Männer in ihrer Rolle wohl, auf ihr Eigentum, ihre Frauen, aufzupassen. Was durchaus nicht immer erfolgreich gelang. „Seine" Hanna ging letztlich fremd und ihre Ehe wurde geschieden.

Das hatte sie also auch ohne mich geschafft. Und mit Sabine bin ich bis heute befreundet, selbst aus der Ferne.

Giftpfeile

Es war aber nicht das Einzige, was in mir wühlte.
Meine Schwester hatte nach ihrem Auszug bei uns eine Zeit lang, zunächst an den Wochenenden, bei meiner Mutter gewohnt. Dann war sie ganz zu ihr gezogen, um sich, wie sie vorgab, besser um sie kümmern zu können. Dahinter stand lediglich das Desaster ihres gekündigten Jobs und eines verkrachten Versuchs, sich mit dem Vertrieb von mobilen Toilettenanlagen selbstständig zu machen. Mich wunderte, dass ich meine Mutter nie mehr ans Telefon bekam und sie selbst auch nicht mehr anrief.
Der Paukenschlag kam mit dem Anruf meines Vaters:
„Hör mal, was läuft da eigentlich schon wieder gegen dich?"
SCHON WIEDER? – Also war es all die Jahre davor auch schon so gewesen?
Mein Vater hatte sich eingemischt, obwohl er dem eigentlich vollkommen abgeschworen hatte:
„Ich habe mit deiner Mutter telefoniert und du hast bei ihr Hausverbot!"
WIE BITTE? Nebenbei hatten sie meinem Vater auch noch erzählt, ich wolle mich umbringen.
„Du konntest bisher noch nie was dafür!" beruhigte er mich.
„Für die Funkstille hat deine Schwester gesorgt".

Das Wegnehmen war ihr als Kind vorgemacht worden. Ich war das Nesthäkchen, das ihr den Platz bei der Mutter weggenommen hatte. So drehte sie jetzt den Spieß um und nahm mir im Alter die Mutter weg.

Ich ließ nicht mehr locker, bis ich meine Mutter ans Telefon bekam.

„Sag mal, stimmt das mit dem Hausverbot? Stehe ich irgendwann bei dir vor der Tür und komme nicht rein?"

„Nein, nein", versuchte sie abzuwiegeln, „dein Vater lügt!" Aber das ließ ich ihr nicht durchgehen, und am Ende des Gesprächs war klar, dass sie den Machenschaften meiner Schwester voll und ganz aufgesessen war. Sie schwor, dass es ihr unendlich leidtue, und wir verblieben mit ihrem festen Versprechen, mich bald wieder anzurufen.

Was nicht geschah.

Übrig blieb der Schmerz der Leerstelle.

Von ihrem frühen Tod erfuhren wir anderen Geschwister nur nach und nach. Irgendwann rief mich meine andere Schwester an, ich machte gerade an der Nordsee Urlaub. Auch sie hatte es durch die Nachbarn auf der Straße erfahren. Wie ein Schlag in die Magengrube traf es mich: Mama war gestorben. Sie war sogar schon beerdigt – anonym. Nicht einmal Abschied nehmen war für die anderen ihrer Kinder möglich. Später erzählte mir mein Neffe, dass meine Mutter oft weinend vor dem Telefon gesessen hatte. Sie hatte keine Wahl, meine Schwester hatte sie unter Druck gesetzt:

„Wenn du die Loni anrufst, kannst du ihr gleich sagen, sie soll kündigen und dich pflegen, ICH bin dann weg."

Jetzt wusste ich, warum mein Vater mich vor meiner Schwester gewarnt hatte: „Für die brauchst du einen Waffenschein!"

Neben der Trauer war es wieder da, dieses alte Gefühl von Ausgeschlossen-Sein.

Die letzte Schneeflocke

Die Entfremdung im Tal war so groß, dass der Zusammenhalt zwischen Konstantin und mir immer brüchiger wurde. Ich hatte mich daran festgehalten, die Illusion der heilen Welt nicht zerplatzen zu lassen, die Demütigungen zu verbergen.

Unsere Zweisamkeit, unser großer gemeinsamer Lebensentwurf, spielte sich nur noch in einer Art Blase ab. Das Nebeneinander, das Auf-den-anderen-Warten machte mich angespannt, ohnmächtig, bisher mir völlig unbekannte Gefühle. Auch er wirkte extrem gestresst, obwohl er zumindest in unserem engen, abgeriegelten Mini-Kosmos Ausgang hatte. Ich blutete immer mehr aus, rutschte in den Teufelskreis der Selbstkasteiung und Seelenlosigkeit meiner Umgebung immer weiter hinein.

Wie sollte ich dem ganzen Treiben noch Einhalt gebieten? Ich hatte nicht mehr die Kraft, diesen sinnlosen Kampf fortzuführen, der keine andere Aussicht hatte, als die, dass es noch schlimmer würde.

Das zwischenmenschliche Vertrauen war weg. Gegen die soziale Isolation waren auch die Menschen, mit denen ich verbunden war, und die es bis heute noch in meinem Leben gibt, kein Allheilmittel. Ich hatte Freundinnen, mit denen ich mich verabreden oder wegfahren konnte, sah jeden Tag Menschen. Aber diese Gelegenheiten reichten nicht, um meinen sozialen Tank aufzufüllen.

Wenn ich so demonstrativ nicht gegrüßt und mir mit Verleumdungen nachgestellt wurde, überwältigte mich das Gefühl der Fremdheit, ein Schmerz, der sich in meine Seele hineinbohrte und mich letztlich selbst zur Fremden werden ließ. Gab es doch nicht einmal den Versuch zu erfassen, was mich als Mensch bewegte, was ich empfand und dachte. Selbst der mir am nächsten stehende Mensch verstand meine Nöte nicht. Mich umgab ein Gefühl der Verlorenheit, das durch unsere Beziehung nicht aufgefüllt werden konnte. Auch er litt unter dem wie eine Bleidecke auf uns lastenden Widerspruch.

Einsamkeit war keine unbekannte Größe im Tal. Was waren die Beweggründe, sich von einer Brücke zu stürzen? Was spielte sich in Menschen ab, die als einzigen Ausweg aus dem Alleinsein nur den Tod sahen? Es gab viele dieser Geschichten, mit denen sich aber niemand wirklich auseinandersetzen wollte. Alle schauten am liebsten weg. Darüber zu sprechen hätte bedeutet, den Schutz zu verlieren, den man sich mühselig aufgebaut hatte. Dunkle Gedanken würden Gestalt annehmen. Offen für Probleme zu sein, hätte bedeutet, die Konsequenzen ertragen zu müssen, den eigenen Anteil daran zu hinterfragen.

Anpassung schafft nur die Illusion der Zugehörigkeit!
Ohne mir darüber im Klaren zu sein, unterdrückte ich alles, was mich ausmachte, aber nicht zu den anderen passte, mit den entsprechenden Konsequenzen für mein eigenes Selbstwertgefühl. Ohne Selbstbewusstsein macht man sich unsichtbar. Wie sollte ich noch in den Spiegel schauen können, wenn ich mich mit meiner Offenheit, meiner Direktheit, mit all dem, was mich ausmachte, weiter verleugnen musste?
Es bedurfte nur der initialen Zündung, der letzten Schneeflocke, die die Lawine ins Rollen brachte.
Nach fast fünfzehn Dienstjahren, kam tatsächlich eine weitere Frau, Matti, aus unserem Freundeskreis zur Feuerwehr. Ich verspürte eine richtige Mission, sie in den Funkdienst einzuarbeiten. Es hatte sich etwas bewegt! Damit es ihr nicht so erging wie mir damals, band ich sie in die Vorbereitung des jährlich stattfindenden Feuerwehrfestes mit ein. Im großen Kreis von Beginn an aktiv dabei zu sein, war der beste Weg zur Integration für sie, dachte ich.
Mein Ressort bei dieser Großveranstaltung war immer noch die Bar, die ich thematisch jedes Jahr aufs Neue aufwändig gestaltete und vorbereitete. Die Bar sollte dieses Mal als Hexenkessel aufgemacht werden, mein rheinisches Talent für solche Aktionen war wie immer gefragt. Alle Beteiligten hatte ich perfekt auf Böse getrimmt, perfekt geschminkt, wie ich es damals beim Bauerntheater abgeschaut hatte. Für diese Aktion kam ich auf den letzten Drücker von meinem

Aufenthalt aus Köln zurück. Das Fest stand kurz vor der Eröffnung. Große Hektik überall, Zeitdruck und, das Adrenalin schoss mir verstärkt durch die Adern, es fehlte die Sahne für das namensgebende Getränk an der Bar, den Punsch mit dem Titel „Heiße Hexe". In aller Eile hastete ich aus der Halle, zurück über den Hof, traf Matti, die als einzige Frau aus der Vorbereitungsgruppe nicht als Hexe verkleidet war und tat ihr hilfesuchend den Mangel kund:

„Hey, wir haben keine Sahne!", rief ich ihr hastig entgegen, hoffte auf Hilfe oder einen spontanen Einfall von ihr. Denn nicht nur Einsatzkräfte bei der Feuerwehr, sondern auch Sahne konnte man schließlich nachalarmieren.

Nie hätte ich mir vorstellen können, was ein solch banaler Satz ins Rollen bringen kann.

Matti drehte sich wortlos um und ging.

Hatte ich sie mit meinem auf Grusel geschminkten Gesicht erschreckt?

Sahne konnte ich noch irgendwo auftreiben, aber damit war das eigentliche Problem nicht erfasst. Es ging um mehr.

Nur dauerte es ein bisschen, bis es bei mir durchsickerte. Das Fest begann und der Abend nahm seinen Verlauf. Komisch, warum redete keiner mit mir?

Alles, was Alkohol enthielt, kam auf der Hexen-Theke zum Ausschank. „Flying Hirsch" und Jägermeister, alles außer dem titelgebenden Punsch, womit Dekoration und Konzept hinfällig geworden waren. Mittendrin Matti, avanciert zum

Mittelpunkt aller Aktivitäten, um sie herum Lachen, geschäftige Heiterkeit, gute Laune. Ich stand allein am Ende der Theke, isoliert, als „Barchefin" de facto abgesetzt.

Was hatte ich verpasst?

Als ich das schließlich zur Sprache brachte, wurde ich von Matti mit einem spitzen „Kann sein!" abgebügelt.

Sie sagte nicht mehr und nicht weniger. Wie ein gut platzierter Hieb in die Magengrube. Die Luft wollte mir wegbleiben. So kannte ich mich gar nicht. Normalerweise hätte ich kurzerhand gesagt: „Hey, das war nicht so abgesprochen. Ich übernehme hier kurz mal wieder!" Aber die Verhältnisse waren schon „gekippt", ich hatte tatsächlich die Glocken nicht früh genug läuten gehört.

Ein fataler Zustand. Losheulen? Hilfe suchen? Selbst bei meinem Mann lief ich auf. Als ich, tief getroffen und verunsichert, zu ihm ging, stand ich der Hilflosigkeit in Person gegenüber, konfrontiert mit dem für ihn Unmöglichen: Offen Partei für mich zu ergreifen.

Es prallte regelrecht alles an ihm ab. Meine Verwirrung, dass ich gar nicht mehr wüsste, was los wäre, keiner mehr mit mir reden würde und ich anscheinend in meinem eigenen Projekt unerwünscht war, schien ihn gar nicht zu erreichen. Als ich schließlich nur noch den Ausweg sah, das Fest zu verlassen und nach Hause zu gehen, hatte ich im Hinterkopf noch die Spur der Illusion, er würde mich aufhalten und mir helfen, die anderen an unsere Abmachungen zu erinnern.

Er wolle keinen Ärger, da könne man jetzt nichts machen. Seine Haltung war für mich die Spitze des Eisberges.

„Fahr' erstmal nach Hause, reg' dich ab. Dann schauen wir mal", meinte er abschließend zu mir. Auch hier war ich abgemeldet.

Ich ging. Alle möglichen Gedanken schossen mir in den Kopf. Natürlich war ich verletzt. Aber da war noch etwas anderes.

Hatte ich nicht schon die Tour nach Köln unternommen, weil ich wusste: *ich musste raus*. Weil ich gespürt hatte, dass mein innerer Verschleiß unerträglich wurde?

Das Ende der Fahnenstange war erreicht, im Grunde war meine Entscheidung schon lange vor dem Fest gefallen. Als hätte das Verhalten der anderen nur noch meinen unbewussten und unausgesprochenen Beschluss gespiegelt, gingen sie ihrer Wege. Ich war schon lange raus.

Warum hatte ich nicht schon längst konsequent und offen einen Schlussstrich gezogen und mich aus der Enge des Tals befreit?

Ich hatte Angst. Konstantin hatte mir vermittelt: Wenn du gehst, habe ich niemanden mehr – du bist meine Familie! Er hatte keine Geschwister, die Eltern waren beide tot. Ich habe mich nicht getraut, ihn zu verlassen.

Am nächsten Tag kam er zu mir:

„Ich bin dafür, dass ihr ein Konfliktgespräch führt, ihr zwei, Matti und du!"

Ihr zwei? Was kam denn jetzt?
Wütend fuhr ich ihn an:
„Soll das ein Scherz sein? Was habe ich denn gemacht? Weil ich gesagt habe: *Wir haben keine Sahne?*"
„Ich möchte gerne, dass das wieder in Ordnung kommt", beharrte er. „Ich möchte keinen Krach bei der Feuerwehr. Ihr müsst ja auch zusammenarbeiten, im Funkdienst. Unterhaltet euch mal."
Das war also zum vorhergehenden Abend alles von seiner Seite.
„Ok", meinte ich, enttäuscht.
„Aber mach die nicht fertig, oder?" setzte er nach.
„Danke! Was denkst du denn von mir?" gab ich empört zurück.
Wir trafen uns nach der Feuerwehrprobe am Mittwochabend im Büro der Einsatzleitung. Konstantin rutschte nervös auf seinem Stuhl herum und fragte: „Soll ich jetzt dableiben, oder macht ihr das alleine?" Aber es klang wie: *Bitte, lasst mich da 'raus!*
„Nee, kannst gehen!" konnte ich ihn beruhigen, es war ohnehin meine volle Überzeugung, dass das Gespräch allein unsere Sache war. Ich würde niemanden verletzen. Klarheit zu schaffen, würde allen helfen.
„So, Matti, was war denn los", ergriff ich das Wort, ihr gegenübersitzend.
„Du hast mich angemacht!" trotzte sie zurück.

Das war mitnichten so. „Willst du wissen, wie das wäre, wenn ich dich wirklich anmachen würde?" fragte ich sie ganz unverblümt.

„Nein, lieber nicht, das hat schon gereicht" zog sie sich etwas kleinlaut zurück.

„Dann will ich dich, bevor wir hier noch lange rumreden, mal was fragen: Wer von uns beiden ist am heutigen Morgen aufgestanden, hat sich im Spiegel in die Augen geschaut und war mit sich im Reinen? Du, die sich gedacht hatte, der blöden Kuh werden wir's mal zeigen und hinter meinem Rücken alle aufgewiegelt hat oder ich, die gesagt hat: „Wir haben keine Sahne?"

„Na du, Loni", gestand sie ohne zu zögern ein.

In ruhigem Ton fuhr ich fort, den Ablauf vom vorherigen Abend ins Bewusstsein zu bringen:

„Ich habe nicht gesagt, du blöde Kuh hast vergessen, die Sahne zu besorgen, sondern lediglich: Wir haben keine Sahne. Weder habe ich dir die Schuld in die Schuhe geschoben, noch habe dich beleidigt. Ich war verzweifelt. Ich habe erwartet oder gehofft, dass du zu mir sagst: Ja stimmt, Mist, was machen wir denn jetzt? Warte mal, da finden wir eine Lösung. Vielleicht hattest du ja zu Hause sogar noch welche. Stattdessen drehst du dich um und gehst. Und jetzt sitzen wir hier und müssen ein Konfliktgespräch führen. Das ist doch überflüssig."

„Ja, Loni, du hast recht. Ich habe es so nicht gewollt. Es tut mir leid!" Ihre Reaktion auf mein Quasi-Selbstgespräch war ehrlich.

Worum ging es eigentlich? Ich versuchte ihr, die gesamte Dimension des Treibens auf dem Fest vor Augen zu halten: „Ihr im Tal verlangt von mir, dass ich euch mit Samthandschuhen anfasse. Und ihr tretet mit Bergschuhen nach mir! Und weißt du, was das mit mir macht?"

Wir gingen am Ende im Frieden auseinander. Ich bin ihr heute noch dankbar dafür, dass sie den Stein endgültig ins Rollen gebracht hat. Die letzte Schneeflocke auf dem Berg, die die Lawine auslöste.

Als ich nach Hause kam, schaute mich Konstantin erwartungsvoll an: „Und? Habt ihr euch unterhalten? Was ist denn dabei rausgekommen?"

Ich konnte nichts anderes mehr sagen als:

„Ich gehe. Ich gehöre hier nicht hin. Ich passe nicht hier rein. Es kann nicht sein, dass ich mir mit diesem einen Satz: *Wir haben keine Sahne* ein Konfliktgespräch einhandele. Ich wurde gemobbt und sie hat sich entschuldigt. Und ich möchte gerne gehen. Jetzt und für immer."

Als er dann tonlos antwortete: „Dann wird das wohl besser sein" und ich dabei das Gefühl hatte, er meint es dieses Mal auch genauso, wie er es sagte, musste ich schlucken. *Echt jetzt?* Aber ich empfand es in diesem Moment als Befreiung.

Spürte Energie, ging auf den Dachboden hoch und fing an, Kartons zu packen.

Man sollte sich das immer gut überlegen, wenn man sagt: Ich gehe. Was das für Konsequenzen hat, Arbeitslosigkeit, keine Bleibe finden, Konflikte, Abhängigkeit. Beim zweiten Mal wusste ich das.

Sackgasse

Ich passte nicht zum althergebrachten Schema im Tal. Jeder Versuch, mich da hinein zu zwängen, war zum Scheitern verurteilt. Mein Ausgangspunkt waren die Aufgaben, die mich angezogen und gereizt hatten. Dabei konnte ich mich beweisen, hatte Erfolg, es machte Spaß, ich konnte mithalten, war dabei. Das alles ergab einen Sinn für mich und darin sah ich einen Wert für alle.
Eine Frau, die tut, was sie will und dazu noch offen ausspricht, wie sie die Dinge sieht – un? -möglich!
Dann hat die Frau ihren Job auch noch gut gemacht! Sie ist nicht gescheitert! DARAN nicht!
Das Durchbrechen der traditionellen Rollenmuster wurde zur Bedrohung für jahrhundertealte Gewissheiten. Das Neue bedroht, weil es Veränderung mit sich bringt. Es stellt infrage, wie du lebst, wie du immer gelebt hast, worin du eingeschweißt bist. Angestammte Rollen, mit ihrem Versprechen von Sicherheit, geraten durcheinander.
Oder andersherum werden vielfach eigene Wünsche und verborgene Sehnsüchte erst wach, wenn die Möglichkeit zur Umsetzung eines alternativen Lebens vorgeführt wird.
Die Realität gesellschaftlicher Macht ist brutal, weil sie Ausbrecher nicht mehr aufnimmt. Das Abgeschlossen-Sein ist

Schutz davor, dass das Neue den eigenen, herkömmlichen Platz anzweifelt, ihn bedrohen, oder sogar angreifen könnte. Deshalb bleibst du die Fremde.

Diese Rolle konnte ich nicht durchhalten. Jeder bleibt Mensch, angewiesen auf Zugehörigkeit, Sicherheit, Gesellschaft. Die Gefühle melden sich, verlangen ihr Recht, fangen an zu brennen. Ich musste ihnen nachgeben, sonst hätte ich mich selbst verlassen. Veränderung kann schmerzhaft sein. Aber nichts schmerzt auf Dauer so, als dort zu bleiben, wo man nicht hingehört.

Im Käfig der Traditionen gefangen, fühlte ich mich nicht mehr wohl in meiner eigenen Haut. Konstantin war gefangen im Tal. Dort verwurzelt, durch alle möglichen Fäden verbunden, hatte er keine Anker außerhalb. Er war einer von Ihnen. Er gehörte dazu. Er wurde geschätzt und anerkannt, so wie er war.

Seine Identität im Tal ließ keinen Platz für eine neue Rolle und einen anderen Lebensweg. Wären wir beide von außen gekommen, wäre vielleicht eine gemeinsame Zukunft möglich gewesen.

Ich war der Dorn im Auge, ein permanenter Stachel. Das Tal duldete nicht, dass ihr Konstantin eine Preußin genommen hatte, die sich nicht anpasste. „Revolution" im Tal, selbst wenn wir sie gemeinsam durchgestanden hätten, barg für ihn die Gefahr, selbst mit rauszufliegen. Ein unauflösbarer Konflikt. Es konnte zu keinem Konsens kommen.

Die Regeln waren eisern. In meinem Fall wurden sie mit gemeiner Wucht verteidigt.

Aber eine Frau mit vierzig, die einen dicken Brummi fahren darf, mehrere Feuerwehr-Kurse absolviert und gelernt hat, sich durchzubeißen, kann sich nicht zufriedengeben mit einem Stempel, den ihr das Umfeld aufdrückt. Sie greift zu, wenn sich ihr die Gelegenheit zur Veränderung, zur Entwicklung, zur Erfüllung ihres Lebens bietet. Sie tritt hervor und steht dafür, dass es auch anders geht, macht den Job bei der Feuerwehr und geht zur Rettung, auch als Erste oder Einzige.

Alle haben daran gearbeitet, dass sich das ändern sollte. In diesem Sinn war das Tal eine Sackgasse für mich. Ich bin aus freiem Willen gegangen. Um auf diesem Weg, für mich, die Werte wie Offenheit, Toleranz, Respekt und Vielfalt zu bewahren. Die Hoffnung auf eine bessere Zukunft dort gab es nicht mehr.

Es war eine schwere Zeit, aber es war auch eine gute Zeit! Ich hatte in der schönsten Sackgasse der Welt gelebt. Hinter mir lagen die wunderbaren Berge, die liebgewonnenen Menschen, Heim und Herd, die spannende Arbeit und die einmalige Gemeinschaft bei Feuerwehr und Rettung.

Ohne die Bereitschaft, etwas hinter sich zu lassen, geht es nicht nach vorn. Ich hatte mich mit der Zukunft zu beschäftigen. Was zählt, ist immer auf sich selbst zurückkommen zu können, sich auf die eigene Kraft zu besinnen und sich darauf zu verlassen. Auch wenn erstmal die Blackbox wartet. Ein Weiter-So kostet sehr viel mehr Kraft, auch wenn es nicht unmittelbar spürbar ist.

Gefährlich wäre es in meinem Leben nur dann geworden, wenn die Kräfte nicht mehr gereicht hätten, mich selbst aus der Sackgasse zu befreien. In diesem Sinn hatte ich auch dieses Mal wieder Glück, hatte ich jemanden getroffen, der mir auf die Sprünge half, in diesem Fall war es Matti.

Ich wollte in dieser Flut von Widersprüchen nicht untergehen. Ich wollte mich nicht länger immer und immer nach der Decke strecken müssen, um Anerkennung zu finden. Ich wollte raus aus dieser Rolle, immer zu polarisieren. Ich wollte nicht mehr ständig in einer völlig anderen Wertewelt zerrieben werden.

Ein Stück vom Tal und einige Menschen darin bleiben trotz allem immer in meinem Herzen!

Angekommen

Bei sich zu bleiben, bringt früher oder später die Kraft mit sich, den Zugang zu einer neuen Normalität zu finden, in der es solche gefährlichen Widersprüche, wie ich sie erlebt hatte, nicht gibt. Schneller als erwartet, fand ich meinen Weg. In Köln wieder Fuß zu fassen, dauerte nicht Jahrzehnte, nicht einmal Jahre oder Monate. Ein Moment, ein klitzekleines Erlebnis, war dabei charakteristisch.

War ich zunächst einmal in meiner Gewohnheit verstrickt, mich klein zu machen und auf Samtpfoten herum zu schleichen, pflegte ich das alte Verhalten, bloß niemandem zu nahe treten zu wollen, bloß kein Aufsehen oder gar Ärger zu machen. Auf meinem neuen Pferdehof traute ich mich nicht, jemanden anzusprechen, hielt mich abseits.

Das kam im Rheinland ziemlich schief an. Keine Kölsche Seele konnte das richtig interpretieren oder gar verstehen.

„Wat is, warum setzte dich nicht zu uns? Oder sind wir dir nicht fein genug?" schallte es mir aus einer Ecke entgegen, in der fröhlich ein Geburtstag gefeiert wurde.

Wie? Die meinten mich? *Nichts lieber als das*, jubelte ich innerlich, und so wurde der Bann gebrochen. Als wäre es die Initialzündung für das Aufleben einer langen verschütteten Vorstellung von Menschlichkeit und Zusammenleben gewesen, zerbröselte nach und nach die mir selbst auferlegte Fiktion der Unsichtbarkeit.

Ich fand auch die Kraft, die alten Familienbande zu prüfen. Auch aus meiner Sippenhaft musste ich mich mit viel Aufwand befreien. *Meine* Familie! Wie lange hatte ich mich abgestrampelt, um so zu sein wie die anderen, wie meine Geschwister. Ich war doch mit ihnen verwandt! Aber sie hatten es nie akzeptiert, was aus dem Nesthäkchen geworden war, Neid und alte Rollen beherrschten den Umgang miteinander. Viele solcher Gelegenheiten machen mürbe. Oder du stößt dich ab. Noch heute bin ich froh, dass ich es nicht geschafft habe, so zu sein wie sie.

Es gibt kein Gesetz, dass die Familie, in die du hineingeboren wirst, auch passt. Nach meiner Rückkehr war ich nur noch mit meinem Vater bis zu seinem Tod eng verbunden.

Mein Leben heute?

Allen Unkenrufen, Vorhersagen und Zuschreibungen im Tal zum Trotz genieße ich die Vorzüge solider, über Jahre unveränderter Verhältnisse, im Job, in meinen Beziehungen, in meinem Umfeld. Verbunden mit dem Gefühl, endlich angekommen zu sein. Mein Pferd zog in seinen Altersruhesitz ein, in den Stall meiner Kindheit ganz in der Nähe.

Der Kreis hat sich geschlossen. Ich war angekommen, in meinem Leben. Eine gute Voraussetzung, um neue Ideen zum Blühen zu bringen.

Würde ich rückblickend etwas anders machen?

Ja, genau an den beiden Stellen, an denen ich mich selbst verlassen, mein Handeln mit Erwartungen an andere verknüpft habe. Einmal, als ich meine Mutter zu mir geholt habe, mit der Hoffnung verbunden, sie würde mir mal zur Seite stehen oder für uns kochen. Nur vom eigenen Vorteil auszugehen, auch nur einen kurzen Moment, wie mächtig auch immer er sich in den Vordergrund drängen mag, geht niemals gut aus. Das habe ich mir gemerkt. Das andere Mal war, als ich wieder zu meinem ersten Mann zurückging. Anzunehmen, es würde sich alles um mich herum ändern, wenn ich mich nur genügend anpasse, versperrte mir die Sicht auf den eigenen Weg.

Epilog

Die gemeinsamen Tage mit meinem Vater in Köln waren gezählt. Während seiner kurzen, schweren Erkrankung verbrachte ich am Ende viele Stunden an seinem Bett. Die Themen flossen, die Gespräche waren unaufgeregt, wohlwollend, klärend.
Noch im Krankenhaus dachte er selbst am wenigsten daran, dass ihn die Kräfte verlassen könnten und machte sich Gedanken über seinen bevorstehenden achtzigsten Geburtstag. Er war vor allem beunruhigt, weil er um die Spannungen unter uns Geschwistern wusste.
„Mach' dir keine Sorgen, Papa!" beruhigte ich ihn. „An deinem großen Tag sind wir alle Nebendarsteller. Das bekommen wir schon hin!"
Er schien unendlich erleichtert.
„Ja wirklich? Dann möchte ich mit euch nochmal auf einem Schiff durch die holländischen Grachten fahren."
Etwas unsicher, als wolle er seinem Glück noch nicht richtig trauen, fragte er nach: „Meinst du das geht? Eine Woche? Ich bezahle das alles!"
„Oh je, Papa," meinte ich und schaute mit theatralisch verdrehten Augen zur Decke, „das halte ich nicht aus! Nach einer Woche habe ich mindestens eines meiner Geschwister

von Bord geschmissen..." und fügte mit strenger Miene hinzu: „Vier Tage müssen reichen!"

Wir lachten beide herzlich.

Er ließ es sich auch an einem seiner letzten Tage nicht nehmen, mich, seine jüngste Tochter, mit liebevollem Blick in „feste Hände", die meines zweiten Mannes, zu übergeben. Es war nicht zu spät für die Rolle des Brautführers, die ihm im Tal aufgrund meiner Rücksichtnahme auf die dort herrschenden Sitten und Gebräuche verwehrt geblieben war. Auch wenn das Geleit in diesem Fall nur auf wenigen Zentimetern stattfand. Dieser Moment holte alles auf.

Er starb noch vor seinem achtzigsten Geburtstag. Zimmer 369 Palliativstation, dort kam die Familie zusammen. Aber so wie damals, bei der erfolglosen Wiederbelebung der alten Frau, fühlte ich jemanden hinter mir stehen, mich angenehm beobachtend.

Am selben Tag verabredete ich einen Termin mit meinen Geschwistern, mein Bruder buchte ein Boot und so leiteten wir die letzte Fahrt meines Vaters in die Wege. Nach der Einäscherung wollte er anonym beerdigt werden. Ich hatte ihm noch entlocken können, dass wir Kinder einen Ort dafür aussuchen dürften.

So trafen wir uns an seinem achtzigsten Geburtstag auf dem Schiff, Urne mit an Bord. Es gab sein Lieblingsessen, sein Bild stand die ganzen vier Tage auf dem Tisch. Ich habe mein letztes Versprechen an ihn eingelöst.

Und was wäre passender für meinen Vater gewesen, als die Urne einfach heimlich zu versenken? Klar, es war ein bisschen illegal. Wie bei seinem Führerschein und allen Gelegenheiten, wo er sich im Kleinen, ohne jemanden zu übervorteilen, „sein" Recht einfach genommen hatte. Voller Stolz hätte er unsere Aktion nur so kommentiert: „Das sind MEINE Kinder!"
Die Beerdigung brachte eine Zeitlang Burgfrieden unter uns Geschwistern mit sich, aber die Verbindung trug nicht. Vielleicht waren wir ja wirklich nicht verwandt, zumindest unsere Seelen waren es nicht.

Über die Entstehung des Buches

Wir trafen uns das erste Mal zufällig, auf einem ländlich gelegenen Hof außerhalb von Köln und kamen ins Gespräch. Alles fügte sich schnell zusammen, ein Projekt wurde entworfen. Das Anliegen, eine Welt zu beschreiben, in der es immer noch Mut braucht, als Frau eigene, neue Wege zu gehen, traf auf eine Lebensgeschichte. Wir waren sprichwörtlich Feuer und Flamme.

Damit bekam gleichzeitig eine viele Jahre altes Vorhaben neues Leben. Der Vater hatte bereits ein Schreibprogram für ein Buch angeschafft. Dabei war es geblieben und mit ihm war die Idee erst einmal gestorben. Die alte Software war inzwischen lange überholt, nicht aber die Inhalte. Ein neuer Anlauf wurde per Handschlag besiegelt.

Darauf bauten viele gemeinsame Abende auf, in denen die Inhalte gesammelt wurden, und es folgten viele Tage und lange Nächte, in denen daraus ein Roman entstand.

Die vielen gemeinsamen Stunden brachten mehr als nur ein Buch hervor: Eine kreative Freundschaft mit viel Energie und Blick nach vorn. Dafür sind wir doppelt dankbar.

Mein Dank (Loni)

∞ gilt dem Zufall, der uns beide zusammengebracht hat und für die gemeinsame Gespräche, die, über Jahre hinweg, zur Entstehung des Buches geführt haben

∞...gilt dem Glück, jemanden gefunden zu haben, der für meine Gefühle genau die richtigen Worte gefunden hat und viele Gedanken in - aus meiner Sicht - sehr schöne und passende Sätze gekleidet hat

∞...gilt meinem jetzigen Mann, der mich immer zu diesem Schritt ermuntert und mir den Rücken dafür freigehalten hat – zeitlich und räumlich

∞...gilt nicht zuletzt meinem Vater, der mir von seinen Fähigkeiten, zu analysieren, zu strukturieren, Entscheidungen zu treffen und auch durchzusetzen, einiges mitgegeben hat und der mir, nach aller Unnahbarkeit uns Kindern gegenüber, noch auf dem Sterbebett, bevor es zu spät war, seine tiefe Verbundenheit offen zeigen konnte

Mein Dank (Any)

∞ gilt der wichtigsten Person in meinem Leben seit über fünfzig Jahren. Ohne sie hätte dieses Buch wahrscheinlich niemals das Licht der Welt erblickt. Von der Idee bis zur letzten Seite standest du mir mit klugen Gedanken und Anregungen zur Seite, hast mir immer wieder Mut gemacht, das Projekt in die Tat umzusetzen und bis zum Ende durchzuhalten. In vielen zähen Momenten hast du mir geholfen, mit deinem guten Gespür für Zusammenhänge und der besonderen Fähigkeit, das Handeln der einzelnen Menschen mit dem geschichtlichen und gesellschaftlichen Rahmen in Verbindung zu bringen, so manchen Knoten in meinem Kopf zu lösen. Danke für deine unendliche Geduld für die tausende von Stunden meines Abtauchens in die Welt des Schreibens und die unermüdliche Ermunterung auf den Durststrecken

∞…gilt einem weiteren Geburtshelfer des Buches, Uli, unserem Freund und Wegbegleiter seit Jugendzeiten. An seinem unbeirrbaren, mutigen Vorgehen, bis er selbst erfolgreicher Journalist und Autor wurde, durfte ich immer wieder teilhaben und das ließ meine Kräfte wachsen, nicht zuletzt durch seine Lesungen und die Kreise, die er mir damit eröffnet hat

∞...gebührt ebenso Ute, unsere langjährige Freundin, denn ohne sie wäre das Lesen des Buches so manches Mal im Nebel von Gedankenstrichsätzen und Schreib-Akrobatik stecken geblieben. Danke, dass du keine Mühe gescheut hast, die Sätze zu glätten und die Bezüge darin ordentlich zu schleifen. Was verständliche Sprache und Genauigkeit angeht, habe ich durch deine unermüdlichen Rotstift-Korrekturen viel gelernt.

Über die Autorin

Im Ruhrgebiet aufgewachsen und geprägt, ist sie inzwischen über die Hälfte ihres Lebens in Köln beheimatet. Nach ihrem Studium in Bochum unterrichtete sie lange Jahre Mathematik und Sport, engagierte sie sich als Personalrätin und arbeitete im Themenbereich Gleichstellung von Männern und Frauen in Beruf und Familie. Sie erlebte aktiv spannende Zeiten, in denen politisch und gesellschaftlich viel bewegt wurde, verbunden mit der Erfahrung, dass es immer wieder vom Mut der Menschen abhängt, Grenzen zu überwinden und Mauern zum Einsturz zu bringen, nicht zuletzt in den Köpfen der anderen.

Dieses Buch entstand aus der Überzeugung heraus, dass mutige Schritte von Vorreiterinnen ein Erfahrungsschatz sind, der dazu beiträgt, Kraft und Ideen für ein selbstbestimmtes Leben zu entwickeln. Schritte, die gleichzeitig aufzeigen, dass die Überwindung eines in Vorurteile eingeschnürten Rollen- und Menschenbildes eine niemals endende Herausforderung bedeutet.